海南历史文化

HAINAN
HISTORY & CULTURE

第四卷

主　编　闫广林
副主编　刘复生　常如瑜

社会科学文献出版社
SOCIAL SCIENCES ACADEMIC PRESS (CHINA)

主　　　编：闫广林

副 主 编：刘复生　常如瑜

编辑部成员：闫广林　刘复生　张朔人
　　　　　　常如瑜　张　睿

文 字 校 对：沈　琦

主办：海南省历史文化研究基地
　　　海南大学海南历史文化研究基地

卷首语

　　海瑞是一个有争议的清官。

　　当时的万历皇帝就很矛盾，说海瑞"虽当局任事，恐非所长，而用以镇雅俗、励颓风，未为无补"。后来的民间评价更是势不两立。批评者骂他大奸极诈，欺世盗名，诬圣自贤，损君辱国；赞誉者夸他禁绝馈送，裁革奢侈，躬先节俭，振风肃纪，以至远近望之，隐然有虎豹在山之势，其功安可诬也！爰兹发迹，在黄仁宇关于海瑞的著名判断——古怪的模范官僚——之中，矛盾依旧，只不过是从道德批评转化为政治批评而已。

　　海瑞不要钱，不怕死，连骂他的人都承认他是"古今一真男子也"，的确相当模范，模范到了后来的士大夫只能敬仰而难以践行的地步！他反对欺压百姓的土豪劣绅，反对奢侈浪费的贪官污吏，反对败坏国事的权贵显贵，也反对凡事调停、做事圆滑的乡愿。甚至冒死犯上，去反对梦想长生、不理朝政的大明皇帝！这种刚正不阿、替天行道的事迹，实在是中国历史上极为稀缺的书写资源。

　　一切历史都是当代史、都是思想史。时至海瑞诞辰500周年之际，我们《海南历史文化》特别组织编写了"海瑞专辑"，以体现今日之历史学家和海南学者关于海南文化名人海瑞及其思想的一些考证、分析、比较、评述，以示纪念，以飨读者。

目 录

- **本卷特稿**

三生不改冰霜操　万死仍留社稷身 ………………………… 张江南 / 3

- **思想研究**

从道不从君
　　——明代海南士大夫的政治选择 ………………………… 闫广林 / 17
海瑞精神与海南文化 ………………………………………… 叶显恩 / 32
海瑞的权力价值观与嘉隆万官场生态 ……… 张明富　张颖超 / 41
海瑞廉政思想探究 …………………………… 陈封椿　沈　琦 / 56
土地兼并与反兼并的论争
　　——海瑞与江南地方士绅抗辩的议题 …… 周伟民　唐玲玲 / 67
海瑞心性论 …………………………………………………… 史振卿 / 76
试论海瑞的教育思想 ………………………………………… 王天巍 / 86

- **诗学探讨**

从"天地精神"看海瑞的诗学观 …………………………… 熊开发 / 101
海瑞诗歌创作及其思想变迁 ………………………………… 海　滨 / 114
探踪辨典求真心
　　——从用典看海瑞内心世界 ……………………………… 李向阳 / 132

从士本位到官本位
　　——论明清小说中海瑞形象的历史错位 …………………… 郭皓政 / 146

· 治黎策疏

海瑞治黎策疏的历史背景 ……………………………………… 李长青 / 159
海瑞治黎思想研究 ……………………………………………… 安华涛 / 172

· 海瑞其人

关于海氏迁琼世系的考证 ……………………………………… 阎根齐 / 187
《治安疏》成因考 ……………………………………………… 李　勃 / 203
"偏激"的海瑞 ………………………………………………… 薛　泉 / 226
一种人生　两极评价
　　——《论海瑞》与《评新编历史剧〈海瑞罢官〉》
　　…………………………………………………… 常如瑜　岳　芬 / 240

· 综　述

海瑞研究史综述 ………………………………………………… 沈　琦 / 257
海瑞诞辰五百周年学术研讨会会议综述 ……………………… 纪晓娇 / 274

本卷特稿

三生不改冰霜操　万死仍留社稷身[*]

张江南

承闫广林教授美意，令我以海瑞为题，略论海瑞于当今读书人之意义。我于有明一朝，素无深究，深恐言不及义，然盛情难却，唯有勉力一谈。

一

海瑞其人，自明以来，声名甚旺，庙堂乡野，明清及当代，皆有议论，然各言其旨，海瑞之形象，相互冲突，究考之，其大类如下：

（一）海瑞夫子自道。《严师教戒》为海瑞中举前后所写，为其一生言行之标榜，文中以"存天理、遏人欲"为纲领，以头顶三尺之神明为自律之警戒，誓言去私就公，去欲就道，继绝学、辅君王，惠百姓。其言斩钉截铁，毫无妥协。"呜呼！公之出处生死，其关于国家气运，吾不敢知；其学士大夫之爱憎疑信，吾亦不敢知；苐以公之微而家食燕私，显而莅官立朝，质诸其所著《严师教诫》，一一契券，无毫发假，孔子所谓强哉矫，而孟子所谓大丈夫乎，古今一真男子也！"[①]

---

[*] 万历元年（1573），海瑞亲临无锡谒顾可久祠，并作《谒先师顾洞阳公祠》诗，诗文如下："两朝崇祀庙谟新，抗疏名传骨鲠臣。志矢回天曾扣马，功同浴日再批鳞。三生不改冰雪操，万死仍留社稷身。世德尚余清白在，承家还见有麒麟"。（陈义钟编校《海瑞集》下编，中华书局，1962，第512页）顾可久（1485～1561），字与新，号洞阳，无锡人，正德九年（1514）进士，历官行人司行人、户部员外郎、广东按察副使。直言敢谏，两遭廷杖，列"锡谷四谏"之首。他在督学广东时，曾选荐海瑞等一批优秀人才。著有《洞阳诗集》。

[①] 梁云龙：《明故资善大夫南京都察院右都御史赠太子少保谥忠介刚峰海公行状》（以下简称《海公行状》），海瑞：《备忘集》卷10《附录》，文渊阁《四库全书》本。

（二）《明史》及《四库提要》之海瑞。对海瑞其言行有较为全面之记载，其评价也貌似公允："瑞生平学问以刚为主，故自号刚峰，其入都试时即上《平黎疏》，为户部主事时上《治安疏》，憨直无隐，触世宗怒，下诏狱，然世宗复阅其疏，亦感动太息，至拟之于比干。后巡抚应天，锐意兴革，裁抑豪强。"① 此处所言，以其性情刚直为要，其以刚直之性对君，则言无所隐，不畏触犯；对同仁则严苛；对豪强则裁抑。"惟公廉贞之气，钟于南方，挺生哲人，直毅以刚，嘉靖末年，以敢谏著，威触雷霆，分甘刀锯，圜扉长系，正志从容。"其言以士子角度发言，嘉褒之余，似有言其刚有余而柔不足，缺乏变通，有悖礼制之瑕。

（三）《御批历代通鉴辑览》《御定资治通鉴纲目三编》之海瑞。此二书为供有清一代帝王考历史得失，以史为鉴之用。其书于嘉靖"久不视朝，专意斋醮"之过借海瑞之书论之颇详。② 嘉靖虽九五至尊，海瑞亦待之如学童，耳提面授，声色俱厉，直如面晋。"帝得疏大怒，抵之地，顾左右趣执之，无使遁。"③ 然"帝默然少顷，复取读之，为感动太息，留中者数月，曰：此人可方比干，第朕非纣耳。"④ 此书意在规诫君王有纳谏之胸襟，淡化异族入主之意味，因此刻意渲染海瑞之忠君爱国，"嘉靖朝诸大臣多以青词干进，谄谀成风，从未有以斋醮为非者，海瑞疏陈痛切，其忠君爱国之忱，自然溢于楮墨，视明代掠浮词而抗疏者，大相径庭矣……瑞疏云：使诸臣亦得洗数十年阿君之耻，置身于皋夔伊傅之列，天下安得不治，是瑞亦久见于此矣。"⑤ 其意与修《明史》添加《贰臣传》意味略似。再者强调其清廉勤政，饱负民望，"初瑞自南京谢病归，高拱、张居正相继当国，俱惮瑞峭直，中外交荐，卒不召，及居正卒，吏部始拟用，累迁南京右都御史。瑞力矫偷惰，百司悚恐。至是卒〔万历十五年（1587）冬十月——引者注〕，佥都御史王用汲入视，葛帏敝篋，有寒士所不堪者，因醵金为敛，百姓罢市送者数百里不绝。"⑥

（四）当代之海瑞。当代之海瑞与前截然不同，其前后趣味亦迥异。

---

① 《四库全书总目提要》卷172《备忘集》，文渊阁《四库全书》本。
② 《御批历代通鉴辑览》卷110，文渊阁《四库全书》本。
③ 《御批历代通鉴辑览》卷110，文渊阁《四库全书》本。
④ 《御批历代通鉴辑览》卷110，文渊阁《四库全书》本。
⑤ 张廷玉等编撰《御定资治通鉴纲目三编》卷25，文渊阁《四库全书》本。
⑥ 《御批历代通鉴辑览》卷110，文渊阁《四库全书》本。

当代海瑞之塑造肇始于吴晗，"海瑞是我国十六世纪有名的好官、清官，是深深得到广大人民爱戴的言行一致的政治家。他为了封建统治阶级的长远统治，减轻农民和市民的负担，向贪婪腐朽的封建官僚、大地主斗争了一生。"① 此言为其后海瑞之评论掘基立柱，与此前迥异之处是以马列之阶级论为圭臬，以阶级利益为标向，论及其余。其《海瑞罢官》，借马列以释海瑞，枉民意而立山头，亦似有为文人侧身新政争位，于武装操柄中保留士人政治传统之意。正因后者，吴氏但遭灭顶之灾，但其阶级阐释，却为新兴模范，海瑞遂成为"敢把皇帝拉下马"之造反英雄。后改革开放，行市场之道，保集权之制，贪腐横行，慵惰弥漫，全民逐利，伦常坠地。与此同时，当局倡海瑞之清廉勤政，士子言刚峰之力行敢言，以望矫正时弊。更有地方政府，行"文化搭台，经济唱戏"之策，发掘地方名人，美其名曰"弘扬文化"，海瑞之名几与商标同义，可堪一笑。

（五）民间传说之海瑞。此类传说多以小说戏剧传世，如《生死牌》，海瑞多为护民之清官，不畏权势，为民申冤，此乃鱼肉之顺民之自我慰藉耳。

（六）《万历野获编》《见只编》等野史稗谈中之海瑞。"海忠介公有五岁女，方啖饵，忠介问饵从谁与，女曰，僮某。忠介怒曰，女子岂容漫受僮饵，非吾女也，能即饿死，方称吾女。此妇即涕泣不饮啖，家人百计进食，卒拒之，七日而死。余谓非忠介不生此女。"② 今人黄仁宇于其《万历十五年》中据此痛诋海瑞，责其"以礼教杀人"，有违近世普世之人本思想。③ 海瑞在世，几受弹劾，然正史于此，多言之不详，仅有海瑞之申辩，无戴凤翔、房寰弹劾之具体。④ 然《万历野获编》于此多有记载，其《昼夜用刑》《海忠介被纠》《海忠介抚江南》《台疏讥谑》诸条，⑤ 言之凿

---

① 吴晗：《海瑞集·论海瑞（代序）》，陈义钟编校《海瑞集》上编，第1页。
② 姚士麟：《见只编》卷上，中华书局，1985，第3~4页。
③ 参见黄仁宇《万历十五年》第5章"海瑞——古怪的模范官僚"，中华书局，1982。
④ 海瑞《被论自陈不职疏》："奏为自陈不职，恳乞天恩亟赐罢别，选贤能以当重任事。臣于今三月初二日见邸报，该吏科给事中戴凤翔论臣沽名乱政，大乖宪体。"（《备忘集》卷1，文渊阁《四库全书》本）《明史》卷226《海瑞传》载："都给事中舒化论瑞迂滞不达政体，宜以南京清秩处之。帝犹优诏奖谕。已而给事中戴凤翔劾瑞庇奸民鱼肉搢绅，沽名乱政。"（中华书局，1974，第5931页）
⑤ 沈德符：《万历野获编》卷21、卷22、《补遗》卷3，中华书局，1959。按：此书名为小说，四库全书未收，然四库全书所收《浙江通志》《钦定续文献通考》多有引用，实有其价值，非为村言野语。

凿。《昼夜用刑》条言何以尚"探知上无杀瑞意,故上此疏钓奇博名,且疏内云:臣已收买龙涎香若干,为醮坛祝延圣寿之用。其词谄佞,故上烛其奸,而深罪之。"有明一朝,臣子煽君卖直,售奸携私,故为弊端。此条明言何以尚,暗指海瑞。《海忠介被纠》条言海瑞"抚江南,立意挫抑豪强",然"滥受词讼";"道路公差,所经冒滥";"又不谙民俗,妄禁不许完租";"妻妾相争,二人同日自缢"。《海忠介抚江南》条言海瑞"一意澄清,而不识时务,好为不近人情之事",且慢待有救命之恩之同志何以尚,以至决绝。《台疏讥谑》条则嘲讽海瑞学问粗陋。所言颠覆前论,海瑞之形象,轰然倒塌,其言是非,暂难断决。

以上所言诸种海瑞之形象,迥乎不同。所以为分辨者,为论海瑞于当今读书人之意义廓清地基也。何者为海瑞?先明此意,然后发为议论,所论才能几无偏差。然当代西人后现代史学断言历史不可全然复原,此语与我国旧语"诗无达诂"差可模拟,体贴深刻,深契吾心。然此言并非决然相对之论,否定一切,而是申明以往谓之为事实者,实为事实与意义二重之叠加,以意义为纲要,排列事实,中杂虚构,其着重处为所申之意。不明此意者,往往以此为事实,或以为历史全然虚构,诚如胡适所谓"任人打扮的小姑娘"。此种误解,流毒广播。实则此论认为:事实之核实,不但必须,而且可能;意义之阐发,居于事实,却又有自由伸展之可能,此种阐发,构成我等基于历史的生命意义构建。由此本文追问之问题为:海瑞形象之构建中何者为事实,何者为意义?不同时代之意义阐发,其建构之价值观念及所面对之历史处境,与当下读书人安身立命有何启迪?对此我逐一申论之。

二

观上所论,海瑞平生事实,无甚异议,但言有所恻隐。分歧所在,实对其意义之阐发尔。由是我先罗列海瑞生平确认之事实,以供随后之分析。

海瑞平生所为,公认且最为彰著者有:

一是律己　清贫自守,廉洁为官,"葛帏敝籝,有寒士所不堪者"。[①]

[①] 《御批历代通鉴辑览》卷110,文渊阁《四库全书》本。

二是谏君 一者海瑞为户部主事时上《治安疏》。① 二者嘉靖"久不视朝，深居西苑，专意斋醮，督抚大吏争上符瑞，礼官辄表贺廷，臣自杨最、杨爵得罪后，无敢言时政者"，② 海瑞独上疏，申明君道，规谕至尊。

三是规臣 "力摧豪强，抚穷弱"；③ 惩治慵懒。

四是事功 兴修水利，"力行清丈，颁一条鞭法，意主于利民"。④

夫子有"听其言，观其行"之谕，孟子有"知人论世"之谕，言海瑞于当今读书人之意义，首当梳理海瑞其人之言行，根究其言行背后之道理及语境，明其所作所为之缘由，以此由象及理，以普遍之道理推及当今之读书人。否则管窥以为全豹，胶着以为圭臬，变化全失，不仅无益于士子，反有害于当世。海瑞其人，皈依心学，知行合一，究其道理，莫若概括其行，参照其言，以此彰显其所遵行之道理。然知行一体，未尝无涉偏颇自欺，因此参照歧论，钩沉历史，重构语境，于具体语境中判断其得失高下，由此推及当今，几无差矣。

观上述海瑞一生行事，诚如梁云龙《海公行状》所言："质诸其所著《严师教戒》——契券，无毫发假（参见前文注释）"，因此解读《严师教戒》为了解海瑞一生行事之关键。

《严师教戒》⑤ 以阳明心学为宗，发明良心，申曾子"吾日三省吾身"之教，谨严立其士子之身，以天理人欲为对峙，视弘道与谋私、弘道与贼德、精进与馁懈为水火两端，择前而弃后，以求生而为人，无愧天地，"至善是心之本体，只是明明德到至精至一处便是然，亦未尝离却事物，本注所谓尽夫天理之极而无一毫人欲之私者得之。"由是观之，其论以立士子之人为本，"本立而道生"，一心上承天理，下化诸行，"心即理也。此心无私欲之蔽即是天理，不须外面添一分。以此纯乎天理之心发之事父便是孝，发之事君便是忠，发之交友治民便是信。与仁只在此心，去人欲存天理上用功便是"。⑥ 其为臣、为同僚、为父，皆是一心之化用，天理人欲之对峙，化为律己、谏君、规臣、事功，律己之严谨，化为谏君之憨

---

① 海瑞：《严师教戒》，陈义钟编校《海瑞集》上编，第1~2页。
② 《明史》卷226《海瑞传》，第5932页。
③ 《明史》卷226《海瑞传》，第5931页。
④ 《明史》卷226《海瑞传》，第1932页。
⑤ 海瑞：《严师教戒》，陈义钟编校《海瑞集》上编，第1~2页。
⑥ 王守仁：《王文成全书》卷1《语录一》，文渊阁《四库全书》本。

直，规臣之严苛，事功之急迫。由此，海瑞一生所学，深得王学简易之精髓，毫无支离散漫之状。

心学为中国历史流变之一阶段产物，对其意义的理解有待勾勒其思想史的背景，以更大之背景来阐发其于有明一朝的关系，如此才可能深入理解海瑞其人其行之意义，才能够勾画出于当下读书人之意味。

今人余英时《士与中国文化》于中国士阶层之变化言之甚详，多有发明，其所论"道"与"势"之分野实为了解中国思想史之一大关键，其间消涨变化，足于构成中国历史变化之根本脉络。① "知识分子代表道统的观念至少自公元前四世纪以来已渐渐取得了政统方面的承认。"② 然秦汉之统一势涨道消，以至道出于势，其后互有消涨。赵宋一朝为中国历史文化一大景观，余氏《朱熹的历史世界——宋代士大夫政治文化的研究》③ 论之甚详，要言之，其论延续《士与中国文化》之阐述，论述有宋一代士大夫何以能够恢复原始儒家气度，重申"道""势"分野，道尊势卑，建立道统，规范政统。其论于了解海瑞有极大帮助，因有明一代"驱除鞑虏，恢复中华"，思想文明直承两宋。

宋代道统之复兴，肇始理学。"周子曰：无极而太极。上天之载无声无臭而实造化之枢纽，品汇之根柢也。故曰：无极而太极，非太极之外复有无极也。太极动而生阳，动极而静，静而生阴。静极复动，一动一静，互为其根，分阴分阳，两仪立焉。"④ 以太极之上复推无极，以分隔体用，其意甚深，尝试言之。秦汉一统，势涨道消，"王者，人之始也。王正则元气和顺、风雨时、景星见、黄龙下。王不正则上变天，贼气并见。"⑤ 王与道合二为一，其赫赫然为神乎，"阳始出，物亦始出；阳方盛，物亦方盛；阳初衰，物亦初衰。物随阳而出入，数随阳而始终，三王之正随阳而更起。以此见之，贵阳而贱阴也……达阳而不达阴，以天道制之也……上善而下恶，恶者受之，善者不受……是故春秋君不名恶，臣不名善，善皆归于君，恶皆归于臣。"⑥ 由此王权独大，究其根源，在阳与道合之论，王

---

① 余英时：《士与中国文化》第 2 章 "道统与政统之间"，上海人民出版社，1987。
② 余英时：《士与中国文化》，第 122 页。
③ 参见余英时《朱熹的历史世界——宋代士大夫政治文化的研究》，三联书店，2011。
④ 周惇颐：《周元公集》卷 1，文渊阁《四库全书》本。
⑤ 苏兴撰《春秋繁露义证》卷 4《王道第六》，钟哲点校，中华书局，1992，第 101 页。
⑥ 苏兴撰《春秋繁露义证》卷 11《阳尊阴卑第四十三》，钟哲点校，第 324~325 页。

与道合据此而来。宋儒明察秋毫，明晰此论体用混淆为根本，因此肇始之端就拈出无极一语，轮廓天地，区分体用，道为公共，"道，体乎物之中以生天下之用者也"，① 乾坤皆为用，各有偏颇，互为矫正。由此董氏"阳尊阴卑"之论烟消云散，士大夫所尊者，天道也。帝王乾阳也，臣子坤阴也，乾坤合为道之用，乾阳主生，坤阴主养，负阴抱阳，云施雨降，大道昌明。内庭外庭、中央地方、官方民间，互为阴阳，相辅相成，各为纠正，以顺天道。由此杜维明承继钱穆先生之说，以为中国古典政治架构中亦有相互制衡之近代民主政治之要素。②

至此，有宋一朝士人人格建构与政治哲学迥异秦汉，此一趋势经宋学诸派延续而下，陆王心学"满街圣人"之论扶持个人，于皇权则实为极大之消解。朱元璋有明一朝肇始即强伸皇权，打压武人及士子，一变赵宋优待士人之常规，以文祸、廷杖、八股取士，取消宰相而以内廷大学士代之等羞辱、瓦解士子，其意即消解士人日渐强盛之势力，独大王权。然风气已成，士子中王学兴盛，外庭制衡内庭之力不减，黄仁宇析嘉靖二十余年不上朝，非独为修道，实为无力抗衡外庭，以此消极对抗，③ 此言甚为有理。

三

海瑞即于此环境中成就其一生，其所行所言，与时代之潮流，几无不合，试详言之。

（一）其以心学立身，以良心为天道之宅所，立己及人，以至事功，此前已论述，不赘。现就其细目，但言一二。

1. 出世与入世。"夫人生天地，有是耳目口鼻之形，付之以天地万物之性，天地以生物为心，生人之理尽生意也，天地间尽此生意，是故君子出而仕，人不负天与性在是，道在是，人皆可为尧舜亦在于是，丈人荷蓧，具耳目口鼻之形而不知万物一体之义，葆真抱一，饥则食，渴则饮，保之何益？见孺子将入于井而无怵惕恻隐之心，非人矣。余尝仰之，赋与

---

① 王夫之：《周易外传》卷1《乾》，中华书局，1977，第1页。
② 参见杜维明《一阳来复》，陈引驰编，上海文艺出版社，1997。
③ 参见黄仁宇《万历十五年》，中华书局，1982。

即之，孔子终身之事，其云有道之仕，有定仕也，其云无道之隐，无定隐也，意有所在，截然对待之，辞不可因之遂谓为截然对待之道，出处二字不可并论，去就二字亦不可并论。"① 海瑞以天地生人之理，道出入世为不负天性，与此逃避则难称其为人，"人生天地间，只是一性分，是所固有，见之日用，只是一职分，惟所当为，舍性分言，高奇未见其能高能奇矣"。② 由此可知海瑞憨直敢言、不避锋芒，凡事极端之道理，其为尽人之职分而已。

2. 履道与谋食。"君子之仕所以行其义，臣子之义分无彼此，而以言高行道自诿，失君子出仕义矣。天地间无可以生此身者，为之可也，舍农工商之养自己，出区区于抱关击柝之禄，由人制者焉，大贤君子之所为宁若此哉？孔子平日进以礼，难于进也，退以义，易于退也，乘田委吏，安然受之而不辞，盖亦顺其举授者而无容心焉，亦且行道之端所系耳，事君敬其事，而后其食。为贫以进，宁复能后其食耶？孟子平日执不见诸侯之义，分庭抗礼，直若壁立万仞之不可即者，莫非刚且大者为之，斯言一出，吾恐气体亦有所不充集，义所生者或不能，长江大河浩浩然而来矣。"③ 此一段对其清贫自守、无欲则刚操行之阐发淋漓尽致，甚合夫子"君子谋道不谋食。耕也，馁在其中矣；学也，禄在其中矣。君子忧道不忧贫"④ 之论。

（二）其政治哲学中之君臣关系。"天下第一事以正君道，明臣职，求万世治安事。君者天下臣民万物之主也，惟其为天下臣民万物之主，责任至重，凡民生利瘼，一有所不闻，将一有所不得知而行，其任为不称，是故事君之道宜无不备，而以其责寄臣工使尽言焉，臣工尽言而君道斯称矣。昔之务为容悦谀顺曲从，致使实祸蔽塞，主不上闻焉，无足言矣。过为计者则又曰君子危明主，忧治世。夫世则治矣，以不治忧之；主则明矣，以不明危之，毋乃使之反求诸督，失趋舍矣乎，非通论也。臣受国恩厚矣，请执有犯无隐之义，美曰美，不一毫虚美，过曰过，不一毫讳过，不为悦不过计，披肝胆为陛下言之。"⑤ 由此可见，君为阳为生，臣为阴为

---

① 海瑞：《备忘集》卷2《出处》，文渊阁《四库全书》本。
② 海瑞：《备忘集》卷2《严光》，文渊阁《四库全书》本。
③ 海瑞：《备忘集》卷2《孟子为贫而仕议》，文渊阁《四库全书》本。
④ 《论语·卫灵公》。
⑤ 海瑞：《备忘集》卷1《治安疏》，文渊阁《四库全书》本。

养,君臣皆为道用,相辅相成,相互纠正,共成天道。阳为用,既有其偏,阴即补之,此为臣之职分,尽职即为循天道而行,尊良心而发,否则即为私心屏障,于德性良心有愧。由此可知谏君之憨直,既有个性,更为良心天道,其无所畏惧,有赖天道之至大至刚。

(三)抑制豪强,护佑细民。"善言仁者莫如伊川,伊川之言曰仁者以天地万物为一体,天地万物为人性所必有,天地万物为人道所当行。仁,人性也,少有不尽之分,而生人之道缺矣。我祖宗设官分布寰宇,待守令至隆,律守令亦急而峻。夫其特于守令加之意者,盖天地万物之性于守令也体之专,天地万物之性于守令也行之切。广土众民,君子欲之,欲我性也。是故寒为之衣,饥为之食,争夺焉与之息,有伦理焉讲明使之知所趋,事为之制,曲为之防,犹之吾身。言身则疴痒呼吸之必调,言道则起居食息之惟慎,是故守率守之职,令率令之职,而性道行乎其间矣。慨自性学不明,国法日久弛玩,谋家利己之念胜彼万物一体之初,不曰官所以行吾性也,而曰资之以荣吾家也,操笔而儒者操戈而盗,苏老泉未若远之可忧万里京师之琼,实当之间阎疾苦之情,憔悴之状,生灵之命悬于守令不悬于天子,尤有难乎,其为言者矣。"[①] 由此可见,其所作非为其他,良心外显发而为仁而已。

四

由是观之,海瑞与其时代契合,以时代之精锐思想为安身立命之本,坚守砥砺,成就其一生之行事。然其思想行事,往往矫枉过正,有失中道。其《乡愿乱德》云:"古有诡随上容之说,即乡愿意也……今天下惟乡愿之教入人人最深,凡处己待人,事上治下一以乡愿道行之,世俗群然。称僻性,称所行大过者,多是中行之士,谓如此然,后得中道。善处世则必乡愿之为而已,所称贤士大夫不免取道乡愿,调停行之。乡愿去大奸恶不甚远,今人不为大恶必为乡愿,事在一时,毒流后世,乡愿之害如此……孟子之功不在禹下,当以恶乡愿为第一。"[②] 此一议论,于阴阳决然

---

① 海瑞:《备忘集》卷1《赠周柳塘入觐序》,文渊阁《四库全书》本。
② 海瑞:《备忘集》卷8《乡愿乱德》,文渊阁《四库全书》本。

对待，非此即彼，有违中庸之道，但失大易阴阳相辅相成之意，沈德符谓其"大抵忠介之清，冠绝一时，无端性褊而执，既以清骄人，又以清律人，至形之谩骂，人多不堪，然服其名，不敢抗。"① 诚乃持中之论也，析其弊端，在动辄以己为道义标榜，如此视异于我者必为奸邪，必除之而后快，由此行事必褊狭极端，无容人之量，乏成事之机，时人对海瑞"不更事"之讥，未必无理。其于王学，陷于独尊自我之境，有失偏颇，违背和而不同之宗旨。

比对北宋神宗时王安石、欧阳修、司马光、苏轼等诸贤，熙宁变法，王安石高才桀拗，借神宗之信任，独断专行，排挤异见，其余诸贤，尽皆被贬。然诸人以道义为共识，政见分歧，不妨私谊，唱和不绝，坦诚进言。得势不为非分之举，于异见者尽显尊重。此乃中华中庸大道模范之显现。

海瑞言行思想及其背景已作如上分析，其于当今读书人之意义，暂作如下论述。

（一）务必担负起阐发民族足于安身立命之道统，并为众人所公认。以此为基础，才可能以道统对抗权力，并重新获得权力认可，由此重新建立士阶层，重塑读书人的社会价值。此道统之阐发应延续历史，由历史中寻求源于天命与土地的形而上根基，由此才能够获得超越个体生命、足以为民族安身立命的道统基础。谨守中庸之道，体验大易生生不息之意味。此为我民族千百年开启之一绝大天地，足以与其他民族并称，为我种族千年历史血脉不断，兆亿生灵安身立命之根本。由此出发，才可能建构奠基于民族生命根底的文化、制度、文艺。

（二）务必行砥砺反省之功夫，消解小我之私，在自我生命中体会大我道统生生不息之道，以此涵养浩然之气，从中发扬出仁、智、礼、义、勇等诸般高尚之品格，由此获得抵御小我受欲望诱惑、战胜权势威逼利诱困境之利器，实现以自我生命彰显大道之使命，呈现悲悯情怀，持圆通之智慧，以"千万人，吾往矣"之勇气，践行仁义礼乐，此为当今读书人重获社会尊重，凝聚民众力量，获得与权势抗衡之力量的关键。

今日之读书人，其病在昧、浮、贪、怯四字。昧于闻道，因而无立命

---

① 沈德符：《万历野获编·补遗》卷3，第886页。

之根基，学术为人，皆浮躁不堪，行为思想，全受欲望指示，因而贪图财货名利，抑或一时的安逸舒适，略有所得，怯意便生，如"鸱得腐鼠，鹓雏过之，仰而视之曰：吓！"[1] 徒增一笑。今权势独大，空前绝后，为现实诸弊端之根源，拯救时弊，以此为病根。然当今读书人上述四病深入骨髓，于权势非但毫无对抗之力，甚至主动阉割对抗之心，视其如主子，逐肥尘而餐冷炙，容朝三暮四之戏弄，以至斯文扫地，全无人形。上述两条，看似空洞无物，无甚紧要，然却是治疗昧、浮、贪、怯四病之根本，此四病得救，挽救溃败之社会，避免生灵涂炭，进而昌盛国运，富民强国，未尝无望。故海瑞之启示，以兹为大。

(作者单位：海南大学人文传播学院)

---

[1] 《庄子·秋水》。

思想研究

从道不从君

——明代海南士大夫的政治选择

闫广林

君主是从原始社会的氏族族长、部落酋长、宗教领袖演变而来的封建统治者。周王朝封邦建国时期，君臣等级名分确定下来，臣子对君主只能从一而终，即《国语·晋语》所说的"事君不二，是为臣。"但是到了春秋战国时代，王纲解纽，礼崩乐坏，传统的世卿世禄制日渐式微，郡县制之欲出。在此君臣关系背景下，孔子与时俱进地提出了"以道事君"的政治原则，孟子也始终不"枉道而从彼"，倡导并善养浩然正气，推崇并践行傲岸的"大丈夫"形象，自觉肩负起并捍卫着士大夫阶层作为"道"的承担者和传播者的历史责任，历代延此而不废并形成悠久的中国文化传统。

由儒家传统文化哺育成长起来的明代海南士大夫阶层及其代表人物丘濬、海瑞，亦复如此。

一

丘濬本来就是一个不谙世情、特立独行的人。清代明谊所撰修的《琼州府志》说他："文章雄浑壮丽，四方求者沓至，碑铭序记词赋之作，流布远迩，然非其人，虽以厚币请之，不与。"[①] 虽有人肯出大价钱，但若非

---

① 明谊修，张岳崧纂《道光琼州府志》卷33《人物志》，周伟民主编《海南地方志丛刊》，李琳点校，海南出版社，2006，第1461页。

真诚，还是"不与"，个性相当鲜明。后来的丘濬，自从他34岁〔明景泰五年（1454）〕开始进入仕途之后，20多年一直在翰林院任一般吏员，其间因两广用兵平乱世，提出切合实际的建议，受英宗皇帝的嘉许，在官场上才开始引人注目。直到60岁才被提升为礼部侍郎，掌管国子监，成为朝廷的高级官员。又过了11年，已经71岁了，才以礼部尚书的身份进入内阁，成为内阁大学士，达到明朝仕宦的顶峰。如此大器晚成的政治履历，一生常在帝王边从事修撰工作，已经贵为礼部尚书和内阁大学士的丘濬，在那个"十年寒窗无人问，一朝成名天下知"的封建社会里，却依然怀着《述怀》诗所说的"誓言追往哲，绝彼尘累迁。立足千仞岗，游心万古天"①的心态，为官则"时时怀隐忧，念念思民艰。"厉其坚贞之节，以守岁寒之操，"仕以达道，学以明道，文以载道"；立朝不干名势，介然以清节自励，其言论当时被认为是"议论高奇，人所共贤，必矫以为非，人所共非，必矫以为是。"②关于南宋奸相秦桧，世人独责之而不责高宗，但丘濬则不以为然，甚至认为奸相秦桧非承宋高宗意旨，绝不敢杀其大将，所以真正应对岳飞之死负责的，应该是宋高宗而非秦桧。学不阿是的狂者之风，由此可见。

秉承着这种特立独行的个性，丘濬不断上疏议政，履行以道事君的原则。他曾恳请弘治帝能够"体上天之仁爱，念祖宗之艰难，正身清心以立本而应务，谨好尚不惑于异端，节财用不至于耗国，公任使不失于偏听"，③"上之所好尚者，在乎仁义而不在功利也，在乎儒教而不在佛老也，所用度者，在乎俭朴而不在奢靡也，在乎节省不在浪费，所任用者，在乎贤良而不在嬖倖也，在乎正直而不在谀佞也。"④而且对这位年事已高的"笔墨"之吏来说，更为难能可贵的是，他不仅敢于秉笔直书，上疏议政，针砭时弊，而且敢于拒绝真龙天子的不情之请。例如，弘治皇帝曾经命他为道教的三圣真经之《玉枢》《北斗》作文，他竟然进《乞免撰〈玉枢〉、〈北斗〉二经序文奏》说："内臣传旨令臣等撰《玉

---

① 李贽：《续藏书》卷11《内阁辅臣·丘濬》，中华书局，1974，第207页。
② 邓世龙辑《国朝典故》卷61《王文恪公笔记》，许大龄、王天有点校，北京大学出版社，1993，第1377页。
③ 《明史》卷181《丘濬传》，中华书局，1974，第4809页。
④ 丘濬：《论厘革时政奏》，周伟民等点校《丘濬集》第8册，海南出版社，2006，第3978页。

枢》《北斗》等经序文，臣未解其义，不敢下笔。切观此二经所载……无疑必是巫觋小人假此以惑世诱民，为衣食之计耳！"直言回绝，并举圣祖之例解释说：

> 圣祖明断，载在信史，将以为天下万世法，况今日皇上践皇祖之位而承其宗祀者哉……若此二经类皆卑下之见，鄙浅之辞，不过幸人疾厄敛其钱财，教人醮祭因而求索，此正古人所谓左道惑众之事，幸而上闻，圣朝以宽大为治，不即诛毁，幸矣，岂可又以宸章天语而表章之哉。臣等职忝辅导，苟有所见不敢不言，甘冒天威，不胜恐惧之至。①

体现了他抵制"邪教"、异端的决心。尤其是《大学衍义补》，更是守正出奇。《大学》为儒家经典，汉时杂入《礼记》之中，宋时人始大力表彰，列入《四书》。宋儒真德秀作《大学衍义》，发挥格物、致知、诚意、正心、修身、齐家诸义，但缺治国平天下部分。丘濬博采六经诸史百家之文，加按语抒发己见，补其所缺，成《大学衍义补》，并且认为，《大学》一书，原于一人之心，该夫万事之理，关乎人民之生，功用极于天下之大。为人君者不可以不知，为人臣者不可以不知。以道从君的谏言颇为中肯。而且他把"正帝王"列为首篇，并用民本思想劝诫帝王说：

> 天下之事，莫不有其初。家之立教，在子生之初。国之端本，在君立之初。盖事必有所从起之处，于所从起之处，而豫为之区处，则本原正而支派顺矣。②
>
> 盖天下国家，有治则有乱，有安则有危。然乱不生于乱，而常生于治之时；危不起于危，而常起于安之日。惟人君恃其久安，而狃于常治也。不思所以制之保之，于是乱生而危至矣。③

---

① 丘濬：《乞免撰〈玉枢〉〈北斗〉二经序文奏》，周伟民等点校《丘濬集》第8册，第3991页。
② 丘濬：《大学衍义补》卷首《审几微 察事几之萌动》，周伟民等点校《丘濬集》第1册，第26页。
③ 丘濬：《大学衍义补》卷首《审几微 炳治乱之几先》，周伟民等点校《丘濬集》第1册，第35页。

由于这种防微杜渐的考虑，卷帙浩繁且长达160卷的《大学衍义补》，其主体就是"治国平天下之要"，其核心就是"正朝廷"。在这核心内容中，丘濬不仅分出"总论朝廷之政""正纲纪之常""定名分之等""公赏罚之施"若干子目，而且讨论了"人君当体天地生生之德"，"人君应任人为公"，"人君应大辟贤门，慎择贤臣"，"人君应广开言路，疏通壅蔽"，"人君应修德以正纲纪"，"人君之刑赏，不可徇一己之私心"等一系列执政问题，从多个方面加强了制度上对人君的制约，并多有"人君居圣人大宝之位，当体天地生生之大德"，"夫朝廷之政，其弊端之最大者，莫大乎壅蔽"[①] 之类的批评性言论，体现了"民为贵、社稷次之、君为轻"的儒家思想传统。在皇权极度膨胀的时代，这种思想实属难得；而对于一个年事已高的阁员，这种思想更属罕见。

但总而言之，从道不从君的丘濬仍然是一个守正出奇的政治人物。因为与100年后的海瑞相比，他还是一个以君王为中心的保守主义者，他的叙述立场是统治立场，他的思想倾向是辅助而不是批判。海瑞在从道不从君方面，更加特立独行和更加彻底激烈，留下了诸多事迹，更具天道的意义。诸如对延平府督学拒行抱拳之礼而与另两人成"笔架博士"，对胡宗宪公子行嘲弄之礼而罚没金子数千两，对首辅严嵩之爪牙鄢懋卿行简陋之礼因而得罪权贵，受到弹劾。当然，在海瑞的事迹中，最能体现他特立独行的性格和从道不从君的精神的，还是最著名的冒死直谏的故事：

> 时世宗享国日久，不视朝，深居西苑，专意斋醮。督抚大吏争上符瑞，礼官辄表贺。廷臣自杨最、杨爵得罪后，无敢言时政者。（嘉靖）四十五年二月，瑞独上疏曰……帝得疏，大怒，抵之地，顾左右曰："趣执之，无使得遁！"宦官黄锦在侧曰："此人素有痴名。闻其上疏时，自知触忤当死。市一棺，诀妻子，待罪于朝。僮仆亦奔散无留者，是不遁也。"帝默然。少顷复取读之，日再三，为感动太息，留中者数月。尝曰："此人可方比干，第朕非纣耳。"[②]

---

① 丘濬：《大学衍义补》卷1《正朝廷 总论朝廷之政》，周伟民等点校《丘濬集》第1册，第40~41页。
② 《明史》卷226《海瑞传》，中华书局，1974，第5928~5930页。

什么奏折、什么意见、什么语言，竟至于龙颜震怒？要立刻缉拿，"无使得遁！"原来海瑞给皇帝上的《治安疏》，简直就是犯上作乱！因为他开头便是要"为直言天下第一事，以正君道、明臣职，求万世治安事。"接着便是批评嘉靖皇帝修斋建醮，相率进香，仙桃天药，同辞表贺，一意修真，过于苛断等等，指责他"陛下之误多矣，其大端在于斋醮"，警告他"天下之人不直陛下久矣"，然后才是希望。希望他能够幡然悔悟，日御正朝，百废俱举，百弊划绝，节省之，振作之，做粲然复兴的贤明之君。其中有犀利语言如下：

> 陛下则锐情未久，妄念牵之而去矣。反刚明而错用之，谓遥兴可得而一意玄修。富有四海，不日民之脂膏在是也，而侈兴土木。二十余年不视朝，纲纪弛矣。数行推广事例，名爵滥矣。二王不相见，人以为薄于父子。以猜疑诽谤戮辱臣下，人以为薄于君臣。乐西苑而不返宫，人以为薄于夫妇。天下吏贪将弱，民不聊生，水旱靡时，盗贼滋炽。自陛下登极初年，亦有之而未甚也。今赋役增常，万方则效。陛下破产礼佛日甚，室如县罄，十余年来极矣。天下因即陛下改元之号而亿之曰："嘉靖者，言家家皆净而无财用也。"[1]

说陛下不能励精图治，被妄念迷惑，违背刚明的本质；以至于崇信道术，搜刮民脂民膏，大兴土木，二十多年不理朝政，法纪废弛；说陛下与太子长年不相见，实有悖于父子之情；因为猜疑诽谤而杀戮羞辱臣下，有悖于君臣之义；整日游宴西苑而不思回宫，实有悖于夫妇之情。贪官趁机横行霸道，民不聊生，加上水旱之灾频繁，盗贼作恶气焰日益嚣张。因此，陛下改元号之时，天下人都猜想："嘉靖者，言家家皆净而无财用也。"

像这样的措辞十分犀利的上疏，史无前例、古今罕见。尽管大陆主流文化中也有谏官文化，也出现过名臣魏征，但他们在侍明君的立场下，常常谏言不露，密陈所见，潜献所闻，难以直道而狂，产生冲击性的批判力量，海南的海瑞则与众不同。他知道如此一来，自己必死无疑，于是上疏前遣散家人，买好棺材，安坐家中，等人来抓。这是比死谏还悲壮的悲剧情境。而扮演悲剧主角的，却是来自"海外蛮荒之地"的一名小小的官员

---

[1] 海瑞：《治安疏》，陈义钟编校《海瑞集》上编，中华书局，1962，第218页。

（海瑞当时为户部云南司主事，正六品），并不是什么三朝元老或达官显贵。好在嘉靖皇帝虽然奢靡，却不昏聩，听宦官的解说并"默然"之后，"少顷复取读之，日再三，为感动太息。"所以海瑞只是被投入大牢，没有立即处死。皇帝死后，他反而声名大振，官也越做越大，又继续孤军奋战，斗贪官劣绅，为黎民百姓出头，既赢得了"海青天"的美名而流芳百世，也因为"大逆不道"而备受批评，成为中国历史上最有争议的人物之一。

二

孔子在《论语·子路》中曾经说："不得中行而与之，必也狂狷乎！狂者进取，狷者有所不为也。"狂者，进取于善道；狷者，守节无为。狂者兼济天下，特立独行，体现了一种理想主义和入世精神；狷者清高自守，有所不为，显示了一种豁达态度与淡泊境界。一张一弛、一进一守之间，体现了儒家文化对真性情的推崇亦即"直道"，内不以自欺，外不以欺人。在从道不从君的政治选择中，这种人生哲学便以一种政治哲学的追求，贯穿在古代士大夫的仕道生涯中，不仅有兼济天下的狂愚，而且有独善其身的狷介。同时也成为海南明代士大夫不约而同地集体无意识，一个极为罕见的群体现象，一个极为独特的地方人文景观。即可以仕则仕，可以止则止，独治其身以立于世间，不失其操。

其实，相业中的丘濬，虽然所进良言不胜枚举，但收效甚微以至于心中也很无奈。诚如其言：

> 今则阅世久历世多，始知天下之事，思之非不烂熟，但恐做时不似说时，人心不似我心。①

心之所至，情之所然，"六疏求归未得归，可堪临老履危机"，六次上书，乞求还乡。思乡告老之疾，为历代官场所罕见。这种怀乡意识，在晚年丘濬那里，不仅直接以"思归""思家""思亲"为题作诗，而且以"怀乡"入诗，体现出强烈的家园情结。体现在性灵文字中，仅《重编琼

---

① 丘濬：《入阁辞任第三奏》，周伟民等点校《丘濬集》第 8 册，第 3960 页。

台稿》中的怀乡诗就不下 80 首。《甲午除夕》（之三）有"家乡千万里，注想黯销魂"一句，写在京位居高官，依然怀念家乡和亲人。《春兴》有"老来肌骨怕寒侵，无夜家园不上心"① 一句，极其生动地表现了诗人思念故乡、盼望早日归隐的强烈感情。《梦想偶书》《岁暮偶书》二诗，有秋来归梦、不堪老去、乞得身闲，甚至"一生功业付空谈"，以求"看鱼听鸟过残年"，浩然归老。在京华惊悉仕途好友邢宥病逝时，潸然泪下，特作《哭邢克宽都宪》一诗，说自己"故人老死我何堪，泪眼汪汪望海南。"

海瑞亦不逊色。海瑞以身作则矫正弊端，但"帝屡欲召用瑞，执政阴沮之"，不断有奸佞上疏诽谤诬蔑。晚年的海瑞，这位"古怪的模范官僚"，也越来越看清了大明王朝的这种险恶的局势，也看清了自己的困难处境，于是七次上书恳求告老还乡，还作《乞终养疏》怀念母亲说"母之待臣，虽年当强仕，日夕相依，不殊襁褓。"② 作《告养病疏》告诫皇帝说："今举朝之士皆妇人也，皇上勿听之可也。宗社幸甚，愚臣幸甚。"③ 在其著作中也不时出现的"琼州""琼乡""吾琼""吾乡"等词句，甚至复出后的万历十五年，他还写信给学生梁云龙说："年七十有四，非作官时节。况天下事只如此而已，不去何为！"退居心情依稀可见，但"屡疏乞休，慰留不允"。其间，只有隆庆四年（1570）四月，海瑞才得以辞去右金都御史巡抚应天十府回海南故乡闲居，如愿过了 15 年的狷介生活。

与丘濬、海瑞相比，明代海南贤邢宥的狷介生活则更为完美也更有诗意。邢宥为官时尤以善断疑案而著称，而且相当清廉，是一个众口皆碑的清官。他任苏州知州期间，"一本情理，不出奇，不立苛，惟省役均赋，节浮费，以便民为主。不期月，政化民洽，歌颂之声，播闻远近"。④ 但成化六年（1470），邢宥因上京议事，看到的却是一个腐败的朝野，一群只知争宠窃禄的内阁大臣，竟成了"纸糊三阁老，泥塑六尚书"。失望之余，感叹"藩参即领一州易，都宪重兼百政难"，说自己"逢人莫话归来日，

---

① 丘濬：《琼台诗文会稿》卷 5《春兴》，周伟民等点校《丘濬集》第 8 册，第 3889 页。
② 海瑞：《乞终养疏》，陈义钟编校《海瑞集》上编，第 224 页。
③ 海瑞：《告养病疏》，陈义钟编校《海瑞集》上编，第 242 页。
④ 丘濬：《明故中顺大夫都察院左金都御史邢公墓志铭》，王瑞明等点校《丘濬集》第 9 册，第 4500 页。

未语先沾泪满衣",担心自己"吾当全晚节,岂俟人驱逐",遂作《归休途中》一诗抒狷介之情:

> 枉尺何劳计直寻,一官尝抢旧儒巾。
> 时当岁晏芳心歇,风入高秋病骨侵。
> 圣主独怜章累上,列卿同贶酒频斟。
> 投簪莫讶归来早,倦鸟惟应恋故林。①

因此,成化六年(1470)秋,邢宥再三上章请求"致仕"回海南文昌老家。去官还乡后,筑"湄丘草亭",自号"湄丘道人",读书著述自娱,放情山水。还作《海南村老歌》坦然地说:

> 生平安分只随缘,临老休归得自然。
> 两脚徐徐行实地,一心坦坦对青天。
> 月因近日光常减,竹到经霜节愈坚。
> 记得唐人好言语,相公但愿汝无权。②

值得特别关注的是,以思归、乞归为主题的独善其身情结,不仅个性化地体现在丘濬、海瑞这两位杰出的代表人物身上,而且还普遍地存在于明代海南士大夫的精神世界里,以至于成为一种特色独具的地方化的政治文化现象,而与中原大陆任何一个地方文化形成鲜明的区别。所以,当我们今天浏览明代海南士大夫的政治生涯的时候,便会自然发现:

明代名臣唐胄,31岁中进士,被授官为户部山西司主事。父亲去世,他回乡守孝,之后因不愿同流合污而以各种理由,致仕在家乡二十年,办西洲书院、修《琼台志》、编白玉蟾诗文集等。"甘陪菊淡阶梅瘦,不惹蜂狂与蝶颠"。岭海巨儒钟芳晚年告老退乡,以读书为乐,有人曾求他代谋些私利,均遭回绝。他说:"我守志,犹如寡妇守身,岂可晚而失节!"礼部尚书王宏海,因屡上疏净谏不得采用,数次托病乞休,获准辞官后在定安县城创建"尚友书院",教授弟子;海瑞的老师郑廷鹄,官至江西参政,

---

① (明)邢宥:《归休途中》,刘美新等点校《湄丘集等六种》,海南出版社,2006,第31页。
② (明)邢宥:《海南村老歌》,刘美新等点校《湄丘集等六种》,第34页。

后以母老乞归，常踏歌行吟于郊野，在石湖边筑室，著书以自娱；丘濬的门生陈繗，官至翰林检讨，辞官乞归，有《思乡》一诗，发出了"水隔江海云隔空，几番离思水云中"的感叹，说自己的心情是"相关日暮知何处，云自西飞水自东"；张子翼，曾任广西陆川知县，因与时流不合而卸任归田。还有尚书廖纪，为了完成"上以彰朝廷宠誉之恩，下以展愚孙久旷之礼"的心愿，曾回故乡省亲祭祖，并在法云寺作诗留题："不须赋远游，此地即丹丘"。更有海南四大才子之一的王佐借《禽言九首》发出"不如归去，中原虽好难长住"的感叹，其情如炽。

三

海南历史文化，是一种深受大陆农业文化尤其是大陆儒家文化所深刻影响的岛屿文化。因此，以率性直道为根性的明代海南士大夫，及其从道不从君、从清不从浊的狂狷精神与兼济天下和独善其身的人格魅力，当然与中国传统的儒家文化密切相关，是孟子以降如屈原、李白、苏东坡等不以物喜、不以己悲的中国传统士大夫的人格承续。但与此同时，海南岛既然是一个被茫茫大海所包围的封闭的海岛，便自然具有与大陆文化不尽相同的特殊性。换言之，明代海南士大夫从道不从君的狂狷精神，既得益于大陆农业文化及其儒家精神，又得益于海南地方文化。倘若如此，我们就应该研究海南历史文化的这些特殊性对明代海南士大夫的深刻影响。

一是区域地理的影响。亚里士多德早就认为，地理位置、气候、土壤能够影响个别民族特性与社会性质。这一论点虽然无法解释包括古希腊在内的人类各民族的历史进程和文化模式，但影响深远，乃至成为被法国启蒙思想家孟德斯鸠发展出来的"地理环境决定论"。据此决定论看来，从道不从君之所以能够成为海南士大夫自觉的政治选择，当然与其地理环境直接相关：在茫茫大海中的海南岛上，在一个独立自足的地理单元中，地势中间高耸，四周低平，依次自内而外地由山地、丘陵、台地、平原构成环形层状地貌，梯级结构非常明显；几大河流皆发源于中央山脉，向四周辐射，缓缓入海，常水期河水清澈见底，地理权威却不突出；上千种植物丰富多样，有的在换叶、有的在开花、有的正处在生长阶段，难以看到某种野果成片地出现，看到一种树木一统天下的局面；既没有险峻的山脉，也没有神秘的沙漠,既没有嵯峨的高原,也没有辽阔的草原,既没有雄伟的老虎,也没有漂亮的骏马,缺少一种唯我独尊的标志,而且缺少中国历代封建社会权力斗争的影响。自然生态的多元存在极其优美而非壮美的性质,虽然没有为海南岛培育出海岛英伦那样的民主机制,却也没有为海南文化提供偶像崇拜的文化地理学基础,因而使得明代海南士大夫天生有一种直道而行、率性而为的集体无意识,能够皆以民生为准,甚至从道不从君。

二是移民社会的支持。当时的中原大陆,地主豪右大量占有土地,然后把土地租佃给无地的农民,由农民自行开发与耕种,缴纳地租。在此基础上形成封建的等级制度。中国封建等级制度是按品级、身份、地位、门第来划分等级的,并规定着有特权和无特权的两大类,而在每一大类中间,又各有若干不同的级别。特权等级程度不同地享有着对土地占有权、对劳动者人身隶属以及因优越于"常品"而来的免租、免役、免罪刑的特权,程度不同地具有因军权、行政权、司法权、管理权和章服特权,以至割据一方,甚至左右皇权、废立皇帝,"土田名器,分划大尽"。而无特权的劳动农民,不论是下焉者近于奴隶,还是上焉者居于"庶人""良人",只能安于被支配的地位,"天有十日,人有十等。下所以事上,上所以共神也。"① 否则就是"犯上作乱"。

但海南就不同了。海南自古以来就是一个移民社会。到了宋代,移民人数迅速增加到10万之众;到了明代,又增至30多万人;到了清代末年,更达到200多万人。而移民的来源,遍及福建、广东、广西、湖南、湖北、江西、浙江等地。移民历史相当悠久,移民来源相当广泛。除此之外,值得我们注意的是,海南移民社会还普遍具有一个相当鲜明的特点,那就是家族主义的拓荒传统。因为这一传统,海南的历史上的人身依附关系亦即等级关系并不严格。一直到现代社会,都是如此。诚如《海南岛志》所言:

> 海南孤悬海外,距中土辽远,在昔水土气恶,视为虫蛇所居。汉晋之间,一再罢弃。洎乎唐代,乃复置版籍,移军屯戍,而谪官罪囚窜逐流配之迹,遂由是日繁。自唐讫宋,其间五百年,中土之人,流

---

① 《左传·昭公七年》。

寓岛中，子姓繁衍，已万有余户。高雷对海之民，或远渔留居，或避乱南徙，生聚日众。滨海之地，编氓散布，北部尤稠。①

也就是说当时海南无主荒地极多，最早期进入荒岛海南的移民，只要踏上这个海岛，就可以垦得或租来土地以供耕植。因此，他们首先选择的是地理位置优越的地区来定居开发，以后随着人生活和生产发展的需要，才不断变动居住地域，引起人口的重新分布。对此情形，20世纪30年代的中山大学农学院教授林缵春，在对海南文昌、琼东、乐会、儋县等4县52村进行相关调查后总结说："可见来琼的初民，不是流民，便是难民了。他们既难于奔命，则其缺乏资金以多置田地，或扩大其经营，可不待言。而且在他们只得到一块安身之地，即以引为满足而不事多求。至其后来者，及其繁衍的子姓，又因地广易获，多迁别地耕种，先由交通较便的琼山、文昌、琼东、乐会而渐至较偏的万宁、陵水、儋县、崖县等地……琼崖各处所以散布小农经营，其原因即在乎此。"② 因为小农经营，所以土地所有权比较分散；而因为土地所有权比较分散，所以自耕农比较普遍，佃农较少；自耕农比较普遍，所以建立在土地租佃关系之上的人身依附关系、社会等级关系和社会约束力量，远不如中原大陆那样严格和发达；而因为日常生活中的人身依附关系较为松散和软弱，所以这种松散软弱的社会关系及其所养成的原始淳朴民风，及其所熏陶下的明代海南士大夫，在普遍缺乏如同中原大陆封建社会那样的强大的约束机制的生存条件下，能够特立独行，率性而为，狂狷而仕，乃理所当然。

第三是宗法社会的影响。实际上，古代海南社会约束机制的缺乏，还与历代行政建制密切相关。

历代封建王朝对海南岛的治理，虽然因时不同而态度有别，大多采取或掠夺，或放任，或羁縻的政策，使得海南从来没有也不可能成为某个政权赖以生存的基础。前者如汉武帝。汉武帝在本岛设置郡县的意图，后来的东汉史学家班固说得很明白："遭文、景玄默，养民五世，天下殷富，财力有余，士马强盛，故能睹犀布玳瑁，则建珠崖七郡"。③ 所以汉元帝很

---

① 陈铭枢总纂，曾蹇主编《海南岛志》，神州国光社，1933，第73页。
② 林缵春：《琼崖农村》，国立中山大学农学院推广部，1935，第9~10页。
③ 《汉书》卷96下《西域传下》，中华书局，1962，第3928页。

容易听取贾捐之的建议，罢去珠崖郡，仅置朱卢一县。后者如三国时期的吴国，"建置初期，事属草创。虽设官治理，但未建整套官僚机构。其治理政策的总原则是：意在'羁縻'，实行松散统治。"① 所以"长吏无设，虽有若无。"即使有些郡县派了官吏管理，这些官吏也因远离朝廷而"类不精核"，多自放恣，数反违法，朝野忽视已相沿成习。国家本位和国家法在海南基层社会的统治支配地位相当有限。后因征掠过度，引起黎人反抗，以至海南历史上的绝大部分时间都只有州府这类二级行政区划，而且均环岛设置，鲜有移置腹地者；以至海南长期成为朝廷谪贬政敌和犯人之地，往往被称为"夷""蛮"，置于外化之列。说明封建王权在海南的霸权力量远不如在大陆那么强大，古代海南政府从来就不是一个强势的政府，古代海南社会的治理端赖于以祖先崇拜为核心的村落家族组织，古代海南属于一个非常突出的宗法社会。

在很多情况下，国家法在基层社会的作用十分有限，地方社会秩序主要由民间法进行调整，民间法在与国家法之间的"分工"方面，具有相当重要的作用。而且更重要的是，因为孤悬海外，远离中国政治的中心，因为较少受到大陆那样由于战争征伐、权力斗争、改朝换代等重大事件的革命性冲击，所以这种以祖先崇拜为核心的村落家族及其家族主义，在海南终于得到了更加纯粹的继承和更加顽强的坚守。以至于在谱牒文化、宗祠文化中形成德育传统。

梁漱溟曾经把中国封建社会的社会结构概括为"职业分途，伦理本位"。这种概括是为了彰显中国古代社会的自身特色，以"职业分途"对应西方的阶级对立，以"伦理本位"对应西方的个人本位。这种概括并不完全符合实际，但其注重社会自身结构问题的思路，则为学界所普遍重视。沿着这种思路我们发现，散见于海南宗祠谱牒中的祖训家训的主体，其实并不是专门论述谋生计的"治生"祖训和专门论述管理家庭财物以节制用度的"制用"祖训，而是强调德行的"德馨"祖训。基于这种伦理本位，在长期的从政的历程中，丘濬从村落家族进入政治中心之后，一直坚持着故乡的德馨精神及其民本立场，以至于成为一代名臣。难能可贵的是，家传的德馨精神不仅孕育了影响丘濬执政立场的人生观，而且发展成

---

① 吴永章：《黎族史》，广东人民出版社，1997，第24页。

了劝勉君王修养的政治观，把皇帝的品德列为治国的首务。为此，他先后进献五言绝句《青宫勉学》、七言绝句《青宫勉学》和七言律诗《青宫勉学》，要小皇帝记住：

> 祖业起艰辛，皆由俭与勤。每当温饱处，常念冻饥人。
> 治必期尧舜，学须宗孔朱。百家皆小道，不是圣贤书。①
> 创业虽难保更难，朝兢暮惕不遑安。请看积土为山者，九仞功亏一篑间。②
> 出多入少用无余，库藏焉能得不虚。幸矣苟安犹自可，卒然急变欲何如。寸丝粒粟皆珍惜，片楮分银渐积储。官府足财民足食，万年基业永无虞。③

还有："玉食在金屋，当思祖创艰"；"生长深宫里，宁知饥与寒"；"布匹丝丝累，盘餐粒粒艰"；"时时常在念，宗社永奠安。"如此等诗文，典型地代表了海南文化的沃土上所培育起来的海南士大夫的德馨精神、赤子之情和以道从君之心。

四是科举制度的作用。如前所述，海南是个移民岛，本岛人口中不但有数量众多的从全国各地渡海入琼的平常百姓，而且还有中央派遣或贬谪的官员，亦即文化精英。在以苏东坡及其东坡书院为代表的文化精英的启蒙努力之下，那些本身就有大陆儒家文化基因的内地移民，多崇尚读书，注重文教，以求科举成名，光宗耀祖。"及文宗潜邸时，公卿宰辅相从来琼者盖不少，而气化寖改……为士者咸务诗书，秋闱春榜科不乏人。"④ 在此背景中，古代海南书院便随着海南社会的需求和经济的发展，尤其是随着封建"王化"的逐步加强和大陆移民的大量到来，而始于两宋、盛于明清，分布在交通便利、财物富庶、人口稠密的琼山、儋州、澄迈、文昌、临高、会同、昌化等岛之北部、西北和东北一带。

---

① 丘濬：《琼台诗文会稿》卷3《五言绝句》"青宫勉学"其四，其六，周伟民等点校《丘濬集》第8册，第3772页。
② 丘濬：《琼台诗文会稿》卷4《七言绝句》"青宫勉学"，周伟民等点校《丘濬集》第8册，第3822页。
③ 丘濬：《琼台诗文会稿》卷5《七言律诗》"青宫勉学"，周伟民等点校《丘濬集》第8册，第3864页。
④ 唐胄：《正德琼台志》卷7《风俗》，彭静中点校，海南出版社，2006，第138页。

由于各种主观和客观的十分复杂的历史原因，海南书院既没有忠诚地继承先秦儒学的原道传统，也没有很好地继承宋明时期大陆书院的"穷理"问道精神，反而合乎逻辑地步入一条以育人为目的、以科举为目标的实用理性的道路。"以诗书礼乐之教，转移其风俗，变化其心"，促进和加强了海南风俗的儒家化改造，使儒家的政治理想成为海南古代社会的集体无意识，成为一种社会的自觉，甚至产生了明代名臣王弘诲"奏考回琼"的事件。其结果民风丕变，民德皆新。如琼山县"民风淳朴，俗敦礼仪，尚《文公家礼》……及丘深庵著《家礼仪节》，故家士族益多化之，远及邻邑"，临高县"读书善俗"，万州"儒者多取科第"，儋州"家习儒"，"人知教子，青衿之士日以增盛，群试于有司者至三百余人"。① 邢宥的《海南村老歌》，对这种文化改造现象的必然结果，有过生动的表述

> 海南村老非真村，家能识字里能文。读书大意破孟论，险夷巧拙知区分。得钱只欲买书读，不置田庐与子孙。②

科举考试的主要资源是儒家思想，儒家思想的政治追求是"修身齐家治国平天下"，明代海南的士大夫和内地的士大夫一样，潜意识中有一种建立在民本主义立场上的天命观和帝王观，相信君权神授，相信作为上天委任于人间的代理人，皇帝应该受到天命的约束。因此笃信"天下有道，以道殉身；天下无道，以身殉道。"此中的政治逻辑，学者萧功秦所言即是：

> 根据儒家的哲学预设，统治者天子之所以获得统治天下的权力，是天命所赋。然而，只有当天子的行为符合天的意志时，其统治的合法性才能够保持下来。而天意又是与儒家的道德同一的，如果当政者一意孤行，违背天意即儒家的道统，那么他就失去了合法性。天人相应，具有了很重要的政治意义，这就是古代的天命观。天是有意志的。天的意志表现在什么地方呢？天命无常，唯道是处。这个道，就是儒家的圣人之道。圣人之道是儒家人伦道德的体现。这样，儒家就

---

① 唐胄：《正德琼台志》卷7《风俗》，彭静中点校，第151页。
② （明）邢宥：《海南村老歌》，刘美新等点校《湄丘集等六种》，第34页。

形成了一种特殊的政治逻辑：人君只有顺应天道，才能具有合法性，而天道即圣人之道，就是儒家的道统，因此，就形成这样一个命题，即圣人之道是高于君统的，那就是儒家所说的"从道不从君"的观念。[1]

（作者单位：海南省历史文化研究基地）

---

[1] 萧功秦：《从历史看儒家文明的生命力——萧功秦教授在宁波图书馆"天一讲堂"的讲演》，《文汇报》2008年06月29日。

海瑞精神与海南文化

叶显恩

海瑞（1514~1587）出生于海南省琼山县金田下村（今海口市），与丘濬同村。他一生经历正德、嘉靖、隆庆、万历4朝，亦即16世纪的中后期。在明王朝，是由盛转衰时期；在中国的传统社会，则系商品经济发展转型的时代，由俭入奢，贪欲膨胀的时代。由于世界新大陆的发现，东方航线的开通，葡、西、荷、英等西方殖民者先后东来，打破了由中国控制的南海传统贸易的格局。南海贸易已经扩及大西洋和太平洋彼岸的南美洲。尤其是广州—马尼拉—墨西哥太平洋丝路的开通，既促进了江南地区蚕丝业的发展，也因广州市场的转型而带动了广东商品经济的发展。由于海外贸易的带动，中国内部商品经济得到了令人注目的发展。江南、东南沿海等地区扩大经济作物的种植，商业化深入农村。平民百姓日常生活的消费品日益成为商品结构的主要组成部分。总的说来，人民的生活水平有所提高。

商品经济的发展带来了贪欲横行，奢侈成风。官场败坏，贿赂公行。道德水准下降。皇帝以皇庄名号带头兼并土地，下属官僚竞相侵夺民田。各级官僚以贪污为能事。有文献记载：正德、嘉靖之前，为官者空囊返回乡里，父老笑迎，啧啧称赏；如遇贪墨官僚还归，则嗤之以鼻，不屑与之往来。嘉靖、隆庆之后，世风大变。当官的以贪赃为能事，保持清廉的被姗笑为痴呆。[①] 有人做过统计：《明史》记载的129位"循吏"（清廉官吏）中，明初81年间有114人，明中期71年只有10人，后期（1522~

---

① 万历《新会县志》卷2《风俗》："正、嘉（16世纪）之前，仕之空囊而归者，闾里相慰劳，啧啧高之；反之，则不相过。嘉、隆以后，仕之归也，不问人品，第问怀金多寡为轻重。相与姗笑为痴牧者，必清白无长物也"。

1644）122年竟然只有5人。① 原以功名上进者，纷纷"弃儒从商"。甚至农民也受经商风气的影响，以"拙业力苦利微，弃耒耝而从之"，② 就是说，农民嫌耕田辛苦而得利不多，干脆也经商去。颇与20世纪80年代初改革开放之时，大刮下海从商之风相似。

海瑞正是生活在道德沦落、风气败坏的时代。他处污泥而不染，以其高风亮节、志洁行清，屹立于天地间，立下光于日月、章于云汉的政绩丰碑。在漫长的中国历史上，为社会做过贡献而受称颂的循吏、清官指不胜屈。但像海瑞那样被作为刚正、正义的化身而传颂千古，甚至奉之为神而"绘象祭之"③者，历史上唯有宋代的包拯可与之相比拟。从明末以来出现的《朝阳凤》《吉庆图》《正义烈》《五彩舆》《德政坊》《海忠介公案》《海公大红袍》《福寿大红袍》等大量戏剧小说，反映了人民对他的怀念和敬仰持久不衰。由此可见，给人影响最深，震撼最大的莫过于无形的精神力量。

对于海瑞其人其事，应该作为一个独特的社会现象来加以研究。海瑞价值的再发现，必然对现实起针砭时弊，激浊扬清的作用，也有助于其精神的有效传承。

从海瑞身上表现出来的复杂的社会现象，不是一篇短文所能厘清的。下面我只就海瑞精神及其与海南文化的关系，发表一些浅见，以期引起文化界作更广泛、更深入的研究。

一 苦节自厉的廉洁奉公精神

海瑞以宋明新儒（理学）的入世苦行，④ 以天下为己任的思想，来锻铸自己的人品气质。自幼便注重人品的培育、修炼。在他看来，这是做人

---

① 徐泓：《明代社会风气的变迁》，邢义田、林丽月主编《台湾学者中国史研究论丛》，中国大百科全书出版社，2005，第292~318页。
② 屈大均：《广东新语》卷14"谷"条，中华书局，1985，第372页。
③ 王国宪：《海忠介公年谱》，陈义钟编校《海瑞集》下编，中华书局，1962，第600页。
④ 由慧能发端的入世苦行，到宋代已扩及教外的世俗社会。儒、道起而效之，形成儒、佛、道三足鼎立。新儒（理学）的彼岸世界与佛教的不同。佛教的彼世背离此世，陷于虚幻；而儒学的彼世却面对此世，与此世相连，是本于天的实理。宋儒提出的"存天理，来人欲"，引发出积极的入世苦行精神，以天下为己任。海瑞是宗奉王阳明一派的新儒。可参阅拙作《海瑞唯求合法，不恤流俗的精神》，朱逸辉主编《丘濬海瑞评介集》，海南出版社，2004，第712~720页。

做事的根基。"正己"才能正人,"成己"方能成物。海瑞年轻时写的《严师教戒》一文,是约束自己的庄严誓文,亦名《自警词》。在此文中说,人的一生应按照圣人的话,一一学着做。人不能白活。不白活并非是指要中高科、做大官,而是见了钱财、美女,是否会动心,做人是否心口如一,俯仰无愧。做人:不能见大官就巴结,见了富人就心虚气馁;不能有点成绩便心高气傲,不能嫉贤妒能;不能只会说不会做,说空话充好人;不能存私心,谋私利。并发誓:"瑞有一于此,不如速死"。字里行间充满一股逼人的浩然正气。

他的生活、行事,终其生都以自立的誓言一一对照去做。他以苦节自厉,耿介淡泊自持。明制,知县薪俸不多,收入主要靠"常例"收入。他革除"常例"(即从田粮里甲征收中所得)等陋习(以今天话说是"灰色收入"),只领法定薪水过活。所以,他只能穿布袍子,吃粗米饭。衙门有空地,自己种菜,家人上山打柴,作些补贴。这种清贫的生活,连寒士也不堪其苦。

海瑞自从出任南平教谕起,按照惯例,每到一地便根据纲纪国法,制定施政的规条。别的官僚虽然也都照做,不过这是为了虚应故事,装样子而已。而海瑞却是"字字实事""先自身始",言行如一。其目的在于重振朝纲,树立国法的权威,大破地方流行的种种乡俗、旧例。他先后在不同任职地制定的"南平教约""淳安兴革条例""兴国八议""督抚应天条约"等条例、条约,都一一执行,从不苟且。他上京或出外巡视地方民事,也破除俗例,严格按照他制定的条约执行,力求简朴节约,不扰民,不给下属添麻烦。

他官由教谕到巡抚,做了十七年官,只从薪俸节余下来的钱,买了一间值120两银子的住宅,此外别无添置。祖传的10亩田,清丈少了1亩8分。他知道后要求一定照实算。罢官里居16年,家徒四壁,囊空如洗。万历十五年(1587)十月四日死于南京任上。病危弥留之际,"无子姓兄弟一人在侧",也"无一语及身后事"。[①] 死前三天,兵部送来柴薪银多算了7钱,也叫人扣回去。佥都御史王用汲入视时,全部家产只有俸金10多两银子,旧袍数件,忍不住哭出声来。他只好与同僚商量,凑钱为海瑞办丧

[①] 梁云龙:《海忠介公行状》,陈义钟编校《海瑞集》下编,中华书局,1962,第543页。

事。他的死生言行，无不显现出对国家、对人民的大爱；无不昭示出不计荣辱得失，慨然以无私奉献自任，显现了他坦荡无私，廉洁奉公的精神。

二　刚正不阿与鞠躬尽瘁的耿介精神

无欲则刚，无私则无畏。海瑞终生刚正不阿，为重振朝纲，不畏权奸，与贪官污吏斗争了一辈子。这种精神，早在他首任南平儒学教谕时接待上司的礼仪就表现出来了。有一次，延平府知府等一班官员前来南平儒学视察。海瑞及两位训导并列走在前面，率县学里的学生恭迎。大家皆行下跪礼，唯海瑞屹立，仅作揖为礼。他处中间一揖，左右两侧训导下跪，形同一笔架，又因瑞字上角是山字，所以官员们看状故意惊叫道："何来山字笔架竖在这里？"海瑞感到受辱，准备辞职回乡，因延平知府的挽留而未果。海瑞明知迎上司当下跪的礼俗，之所以揖而不从俗下跪，是为了遵守明代《会典宪纲》中的规定。学校与别处不同，不下跪是为了维护师道尊严。

对其上司，乃至当朝宰辅，只要有违反国法朝纲之举，海瑞都奋起反对。他任淳安县知事时，"（胡）宗宪子过淳安，怒驿吏，倒悬之。瑞曰：'曩胡公按部，令所过无供张。今其行装盛，必非胡公子。'发橐金数千，纳之库。驰告宗宪"。[①] 看，胡宗宪总督的儿子路过淳安，胡作非为，吊打驿吏。他没收他所带的银两，并报告胡宗宪说，此人冒充总督公子，为非作歹，败坏总督声誉。弄得胡宗宪哭笑不得，只叹倒霉。又如，严嵩的党羽、都御史鄢懋卿出巡查盐政，带着小老婆，乘坐五彩舆，作威作福，贪污勒索，地方不堪其苦。海瑞告诉他，牌告上写着："素性俭朴，不喜逢迎"，但您所到之处，却铺张浪费，也许是下属地方官瞎张罗的缘故。我淳安县地方小，实在承担不起大驾。鄢都老爷，只好含怒绕道而走。他不仅一扫当时对上逢迎谄媚之风，而且敢于批墨吏的逆鳞，顶住了来自上峰的歪风邪气。

万历元年（1573），海瑞正被罢官闲居老家，本有同僚建议起用他。当时因万历皇帝处于幼冲之年，由首辅张居正独揽朝政。吕调阳为科举会

[①] 《明史》卷 226《海瑞传》，第 5927 页。

试总裁，张居正以子托之，由此而引起物议。海瑞闻讯致书吕调阳说："今年春，公当会试天下士，谅公以公道自持，必不以私徇太岳（张居正号'太岳'——引者注）；想太岳亦以公道自守，必不以私干公也。唯公谅之"。① 这里他用调侃的口吻说，首辅的公子要参加科举会试，您吕调阳应当坚持公道，想不会为首辅而讲私情；首辅也必当讲求公道，不会干预您秉公办事的。看，义正词严，可破奸人阴谋，可寒权臣之胆！海瑞明知，经他这么一搅局，重新出仕自然泡汤了。在他看来，为维护"大我"，牺牲"小我"是值得的。类似的例子不胜枚举，这里只略举一二罢了。

最为惊世骇俗的还是1564年海瑞奉调回京任户部主事时，给嘉靖皇帝上疏一事。他竟敢痛骂嘉靖皇帝自以为是，不上朝，拒绝臣工诤谏，一味迷信道教。弄得君道不正，臣职不明，官贪将弱，暴动四起，还妄称要当尧舜。嘉靖一看，气得发昏。仔细一想，又觉得说中了他的软肋。听到他上疏前连棺材都准备好了，更是一愣，觉得此人倒可比得上比干，自己还不是纣王啊！顿起怜悯之心，只把他关进诏狱，留下一条命。他连都御史、总督，乃至皇上都敢惹，还怕谁？通过他的嘉言懿行，铸成刚直正义的化身而为人们所传颂。

需要特别指出的是，处于贪欲横行、枉法徇私成风、吏治败坏、冤狱丛集的嘉靖、万历年间（16世纪），即使在万历初年有权相张居正柄国，实施雷厉风行的吏治改革，但依然不能挽回吏治腐败的局面。但是，海瑞用言行铸成的刚正不阿，为重振朝纲义无反顾地献身精神所发出的威慑力，却使他所到之处，歪风邪气顿然停息。抚吴期间，以工代赈，疏浚吴淞江和白茆（近人研究，认为海瑞治理吴淞江和白茆水利，对后来上海的崛起发挥了很大作用）。清理狱讼，均田均税，推行一条鞭法，以及遣散募兵等。无一不是办实事，从不讲空话、套话。"令下无敢不行者，一时传诵。民情若出汤火，贪墨吏望风解印绶去"。② 平民百姓欢欣鼓舞，而那些有贪墨罪状的官僚，惊恐万状，望风而逃。整顿吏治的成效，验证了他终生坚守的"正人先正己"的信念，显示出他刚正不阿，为朝纲社稷鞠躬

---

① 海瑞：《与吕调阳书》，陈义钟编校《海瑞集》下编，第476页。
② 黄秉石：《海忠介公传》，陈义钟编校《海瑞集》下编，第563页。

尽瘁的精神。

三 "有怀如海"的气度与胸襟

总观海瑞的一生，总是在坎坷曲折中前行的。他多次遭到弹劾，降过职，罢过官，坐过监狱。但是，他毫无畏惧，毫无气馁，显示出百折不挠的坚韧精神。他心怀广宇天地宽，坦坦荡荡，不计较个人恩怨得失。他以海量的情怀，包容强加于自己的不公平。他在担任应天十府（相当于今江苏、安徽两省大部分地区）巡抚任内，政绩卓著，却遭反对派弹劾，任期只七个月便被撵下了台。他给操江都院吴时来的信中说道："百凡区画，止幸吴淞江成功之速而成耳。余垂成中止。奈之何？奈之何？这等世界，做得成甚事业？从此入山之深，入林之密，又别是一种人物矣！有怀如海，忙不及述，统祈体谅。"① 他的施政计划，除进展快的吴淞江水利一项完成外，其余由他开创的即要成功的事业中断了。如此的挫败，固然痛心疾首，但他没有退缩、泄气。他退入林泉后，打算开辟另一人生。他说，我的心胸、我的怀抱，有如大海般开阔，我正忙着呢，没法向老友您（吴时来）细说，请体谅。可见他正筹划罢官退居家乡后新的人生。

在海瑞看来，万事可变，但他"志于道"的初衷是不能变的。他在官场上以古圣贤做榜样，正风俗、兴教化，力求变无道为有道，力图让老百姓体会到儒家的仁政。他仁爱化民，爱民如子，看到老百姓的饥寒，便认为是自己的过失。同老百姓谈话，又严肃，又温和，从不摆官架子。罢官乡居后，手中无权，但仍将他的思想诉诸笔端，通过为人写的大量序文、书信，传播开来。他褒扬和肯定一些好官员的施政举措；批评、抨击贪赃枉法的不正之风和奢侈浪费的现象。旨在激浊扬清，制造和高扬清议，为他的理想即心中之道，奋斗不息。

海瑞乡居16年后，在清议的压力下，忽然被朝廷起用。他已经72岁高龄了，还是愉快地赴任。他出任的南京吏部右侍郎署吏部尚书，本是属安置性质的闲官。他不因闲官而无所作为，到任便把多年来各衙门出票要市面上商户无偿供应物品的陋规禁格了。还发话说，要南京五府的百姓，

---

① 海瑞：《复吴悟斋操江都院》，陈义钟编校《海瑞集》下编，第441页。

负责南京千百个官员的出入用度，难怪百姓苦了。吏部是六部之首，怎能不先想到百姓？"闲官"，一到他手又有作为了。

海瑞历经三番四次的打击、挫败，受尽冷嘲热讽，人情冷暖，但他从不计冤屈、不计荣辱、不计恩怨、不计得失、不计升降，依然淡定前行，依然执守"志于道"的理想，充满海量的包容精神。这种精神，无疑源自源远流长的海南海洋文化的深厚积蕴。

海瑞的海量包容精神是和丘濬，以及全真道南宗五世祖白玉蟾等是一脉相承的。海瑞以"心胸怀海"自道；白玉蟾12岁便借"织机"一诗以抒怀："大地山河作织机，百花为锦柳如丝；虚空白处作一匹，日月双棱天外飞。"丘濬更以《海仪》一诗表达大海般开阔的心胸。他还在"五指参天"一诗中写道："五峰如指翠相连，撑起炎州半壁天。夜盥银河摘星斗，朝探碧落弄云烟。雨余玉笋空中现，月出明珠掌上悬。岂是巨灵伸一臂，遥从海外数中原。"以五指山喻为一只巨掌，要伸入碧空摘星揽月，要从海外遥向中原指点江山。这正是海南人海量的情怀和气度的表征。以海瑞和丘濬、白玉蟾为代表所体现出来的海量的包容精神，是海南深厚的海洋文化底蕴所使然。反映了海南海洋文明深厚的历史底蕴。

值得注意的是海瑞和丘濬、白玉蟾都出生于琼山县。据近人研究，自秦汉至唐代，临高语族群（《汉书》称"善人"，明清文献称"熟黎"）。是以南渡江以西的地域为其居住的基地，即约相当于今的琼山、澄迈、临高和儋州一带（地方文献上，称南渡江以西一带居民所操的临高语为"河西黎语"）。并在环岛其他地方与黎族人杂居。而琼山县是汉代建置珠崖郡以来郡、府、县治所在地；处于本岛北部，与大陆联系最为便捷，是南北往来的必经之地；是海南政治、经济、文化的中心；是文化海南从此起航的圣地。此地得风气之先，并引领潮流。经与隋朝冼夫人带来的俚人相融合，又经唐宋受贬官谪臣带来中原文化滋润的临高族群的文化，再与闽南文化相碰撞、相融合，终于到了明代累积出深厚的文化底蕴，引发海南人文郁起的局面。① 明代以降蔚成以白、丘、海思想为核心的海南海洋文化

---

① 关于被湮没的临高语族群的历史，可参阅陈江主编《曾有千年历史辉煌的临高语族群》，海南出版社，2012。

现象。

碧海青山是人与自然互通灵犀的媒介，山海清淑之气，蔚为人文。海南的青山绿水和一望无垠的海洋，造就了以白玉蟾、丘濬、海瑞为楷模的精神榜样。试问：没有浩瀚南海的熏陶，哪来白玉蟾、丘濬、海瑞的海量情怀；没有五指山的滋润，何来丘公伸臂中原，指点江山的怀抱？这正是海南海洋文化的产物。

由白玉蟾而传到丘濬、海瑞，海量的包容精神，前后相传，成为海南人共同的精神境界。2011年香港全球海南商人大会上，一致通过《海商宣言》，确定以"海量的情怀"作为海南商人的精神境界，并以海商作为海南商人的专称（已经登记注册）。

海南文化，无疑是丰富多彩的。但就其地域特征而言，是属于典型的海洋文化。海是传播文化的桥梁，易于集纳各种文化，易得文明的先机。它具有开放、包容、创新、进取的特性。是一种重商重利的文化。海洋文化所孕育的重商、冒险、开放、扩张的精神，被认为是欧洲人自大航海时代以来能够称雄全球，并创造近代文明的原因。欧洲人因此而引以为豪。

这里我要特别指出，由海瑞和白玉蟾身上所表现出来的海量包容的精神，是我们海南文化的核心。海南省的子民必将抖擞这种海量精神，张开双臂，迎来四海来客，经融会来客带来的各国的文化而得到自身文化的进一步提升，以圆建造国际旅游岛的梦。

我们知道，海洋文化固有的潜在优势和厚积薄发的特点，要在商业发展到一定程度之后才能呈现和发挥。历史已经证明：正是15世纪末新大陆的发现及而后东方航线的开通，肇始了世界性贸易的时代，西欧的海洋文化才有可能扩张、影响世界。在中国也同样，唯有到了近代，国门被打破，可以与各国进行自由贸易往来之后，广东为代表的海洋文化才成为引领时代之潮流，引发了一系列的民主革命和工商业的近代化风云。我们可以预期：作为海洋大省的海南，从目前的发展水平看似显滞后。但随着对南海开发的加深，在可以预见的将来，海南必将成为中国经济发展的引擎。

末了，还要指出的是，海瑞是我们海南人的翘楚，已成为引领我们前行的精神路标。四百多年前，他犹如一缕紫烟在南溟海甸冉冉升起，给海南带来了一片辉煌，也给我们带来诸多的沉思。今天高扬海瑞的精神，使之深入人心，成为震慑贪官污吏和不正之风的精神力量。这样，将有助于催生反腐斗争，廉政建设的新局面。

2014年1月5日匆匆脱稿于海龙湾幽篁室

（作者单位：广东省社会科学院）

海瑞的权力价值观与嘉隆万官场生态

张明富　张颖超

海瑞，琼山人，生于正德九年（1514），万历十五年（1587）去世。在人世走过了73个春秋。一生清正廉洁，刚正不阿，与宋代包拯齐名，有"海青天"之誉。后世一提到清官，很自然就会想起这个响亮的名字。在中国文化的悠长时空里，"海瑞"已俨然成为清官文化的一个象征符号。

然在浩如烟海的文献资料中寻觅海瑞的信息时，我们发现人们一方面在仰望其高尚人格，唏嘘赞叹的同时，另一方面对其为官行事也多有不解，或谓其"痴"，谓其"憨直"，谓其行事偏颇，更有人攻其"沽名乱政"，[①] 觉得海瑞不通人情世故，以"怪人"目之。直至黄仁宇先生在《万历十五年》一书中尚称其为"古怪的模范官僚"。[②] 那么，海瑞的为官行事是不是真的难以理解？人们对海瑞"怪"的认知是因何而形成的？我们试从海瑞的权力价值观及其与嘉隆万官场生态的矛盾冲突中做一解读。

一　海瑞权力价值观的内涵

权力价值观是指人们对权力价值的认识和主观评价，它是价值观的一部分，是价值观在权力层面的集中体现。在不同的时代，权力价值观是不同的，它是一定历史条件的产物，受到社会文化的深刻影响。同一时代的权力主体和权力客体的权力价值观也往往会存在一定的差异，权力主体的

[①]　《明史》卷226《海瑞传》，中华书局，1974，第5931页。
[②]　黄仁宇：《万历十五年》，三联书店，1997。

权力价值观决定权力使用的方向。

海瑞，嘉靖二十八年（1549）中举，两次会试不第后，遂于嘉靖三十二年谒选吏部，授福建南平县儒学教谕，时年已39岁矣。后历淳安知县、兴国知县、主事、应天巡抚等职，官至南京都察院右都御史，卒于任。一生"高标绝俗"，仕途坎坷，为官时间长达22年。其权力价值观具有丰富的内涵。

（一）出仕为官，掌握权力的目的是行义、行道，致君尧舜，实现天下大治

海瑞认为，君子是应该出仕的："夫人生天地，有是耳目口鼻之形，付之以天地万物之性。天地以生物为心，生人之理尽生意也。天地间尽此生意，是故君子出而仕人，不负天与，性在是，道在是，人皆可为尧舜亦在于是。"从哲学的高度阐释了君子出仕的合理性与正当性，认为君子出仕是履行天地所赋予的职责。而世人则禀孔子"邦有道则仕，邦无道则隐"之说，将仕、隐"对待言之"，做僵化的理解，把二者的关系加以绝对化。海瑞认为，这是不对的。他说，孔子虽有是言，然观其"终身事业"，"春秋之时，是亦无道而极者矣。齐、鲁、蔡、宋之郊，流行辙环，日不舍置。"栖栖惶惶，周游列国14年，谋求各国君主的赏识，知其不可为而为之。这究竟是隐还是仕呢？进而对春秋时"以时而隐"者如丈人、荷蓧等给予严厉的批评："丈人、荷蓧，耳目口鼻之形而不知万物一体之义。葆真抱一，饥则食，渴则饮，保之何益。见孺子将入于井，而无怵惕恻隐之心，非人矣。"丢弃天下万物之责，逃避天下责任，葆真又有什么价值呢？"有定仕"，"无定隐"，不可把二者对立起来。"万物一体，天之与我，则不以一时而辍。"孟子云："得志与民由之，不得志独行其道。""得不得，时也。"而须"志念如一"，"此正是有定仕无定隐之道。"①

然"天地间惟道最大"。"士在行道"，非"为贫而仕"，不能把出仕当作谋生的手段。谋生有多种途径，从事农、工、商业皆可获取物质资料，"无非资身之策"。如为贫而仕，"一仕于人，则制于人。制于人则不得以自由。制于人而望于人者，惟禄焉。且云非出处之正。吁！非其正者

---

① 海瑞：《出处》，陈义钟编校《海瑞集》下编，中华书局，1962，第318~320页。

而可以谓之出乎？以不正之出，悬望禄之思，此其心何如也！君子之仕，所以行其义。"为贫而仕，怀望禄之思，受制于人，即为出之不正，就丧失了出仕的正当性。这是贤人君子所不为的。"天地间无可以生此身者，为之可也。舍农工商之养自己出，区区于抱关击柝之禄由人制者焉，大贤君子之所为，宁若此哉！"孔子云："事君敬其事而后其食。""为贫以进，宁复能后其食耶？"① 为贫而仕势必"攘攘利往"，贪黩枉法。

权力也不应是保住爵位和进一步向上攀援的工具，持有权力的人要"尽分称职"，有担当。"夫人莫不有真性，率真而行之，即古所谓仅得一官，亦可小试。苟不尽分称职，金玉其外而败絮其内也，即陟巍科，登膴仕，徒玷官常耳。"② 仁爱之心，人人具有，以不忍人之心行不忍人之政，不论官职大小，皆可行道。如不能尽到应尽的职分，左右弥缝，圆融巧宦，即使高官厚禄，也无可称道之处。海瑞对弥漫于官场的这种乡愿之气深恶痛绝。"盖乡愿馁其浩然之气以从俗。浩然之气孟子身有之，见乡愿若为身害。故言之详、恶之痛。今天下惟乡愿之教入人最深，凡处己待人，事上治下，一以乡愿道行之。世俗群然称僻性、称所行大过者，多是中行之士。谓如此然后得中道、善处世，则必乡愿之为而已。所称贤士大夫，不免正道、乡愿调停行之，乡愿去大奸恶不甚远。今人不为大恶，必为乡愿。事在一时，毒流后世。乡愿之害如此！""孟子之功不在禹下，当以恶乡愿为第一。"③ 批评乡愿左右调停，为害甚大，认为君子应养浩然之气于一身，不为贫贱所移，富贵所淫，威武所屈，而身肩道义。明朝的状况让海瑞很是失望："我朝诸公稍陟高位，便是全然模棱养望，因因循循，度日保官。孟子谓'自以为是不可以入尧舜之道'，今之谓也。国无幸矣，民无望矣。"官员因循保位，无所作为，是国家不宁，民生不安的重要因素。满怀忧患之情的海瑞，对曾有恩于他的徐阶毫不留情地予以抨击，批评徐阶为首辅之时，"畏威保位"，"容悦顺从，而随事调和"，"无能改于先帝神仙土木之误。律之大臣以道事君之义"，"诚歉然矣"。将徐阶比做"一味甘草"，戏称之为"甘草国老"。谓其"为佐为使则可"，以之辅弼

---

① 海瑞：《孟子为贫而仕议》，陈义钟编校《海瑞集》下编，第310页。
② 海瑞：《主簿参评》，陈义钟编校《海瑞集》上编，第147页。
③ 海瑞：《乡愿乱德》，陈义钟编校《海瑞集》下编，第318页。

君王，"和柔之义胜，直方之德微，此其所以误也。"① 大臣应秉直方之德，担负起天下兴亡的重任，复三代之治，致君于尧舜之境。

（二）权力的使用方向是为民，"可哀"之民是权力的服务对象

出仕乃为行义、行道。海瑞论之甚明。而道、义为何？安民、养民是也。安民、养民是行义、行道的主要内容。对此海瑞有深刻的认识和不凡的论述。其作于嘉靖四十一年仲夏的《淳安县政事序》云："君子何仕于人哉？天生一物，即所以生万物之理。故一人之身，万物之理无不备焉。万物之理备于一人。故举凡天下之人，见天下之有饥寒疾苦者必哀之；见天下之有冤抑沉郁不得其平者必为忿之。哀之忿之，情不已，仕之所由来也。然君子居穷，应一身一家其事易；及应举入官，事为髎辕，人为奸欺，日临于前而不能操吾明且刚者以应之，谓能应事之善焉，不可也。且身当利害得丧之冲，始于执义，终于舍义随俗。宾客之怂恿，室人之交谪，始于为人，终于舍人为己。初仕，良心扩充之未能，私心之梏丧，而可哀可忿之在民者，与我不相关矣。吁！仕云乎哉！"② 君子为何要出仕呢？君子之所以出仕为官，是因为同情饥寒交迫、痛苦不堪的百姓，是因为见到百姓受到冤屈却控告无门而心生愤怒。同情和愤怒交织在一起，情感愈加强烈，不能自已，遂不得已出而为仕。出仕是为了除民瘼、兴民利。通过科举考试进入官场，事情丛杂，人事纷纭，日处其中，如不能"明且刚"，扩充善端，窒息私欲，则势必同于流俗，追逐私利，将百姓疾苦置诸脑后。出仕完全成为谋取个人利益的工具。这样的话，则与出仕之本义彻底相悖了。这样做官还有什么意思呢！这还能叫"仕"吗？！

海瑞《政序》云："学者内以修身，外以为民；爵位者，所托以为民之器也。故服所以温体也，而以体温服则愚；爵位所以庇民也，而以民庇爵则悖。古之人盖有遗其身、忘其家以急民者矣，况所重不若身与家者乎！爵位者，物之寄者也；身者，生而有者也；家者，与身俱有也：故爵位不若家与身。身家重矣，而古人为民轻之，何之？为有重于家与身者在

---

① 海瑞：《乞治党邪言官疏》，陈义钟编校《海瑞集》上编，第227页。
② 海瑞：《淳安县政事序》，陈义钟编校《海瑞集》上编，第37页。

也，非民之独重，为心之可解者重也。故曰：'君子不以其所以养人者害人。'故曰：'杀一不辜而得天下，不为也。'夫爵位者，亦君子所借以养人者也，而持一身之爵位，以比于天下，若毫末之着马体也。今以爵位之故，坐视吾民之困苦、饿冻、冤抑，而不为之所，是以所以养人者害人，杀无辜以争马体之一毫也，岂不左计矣哉！于彼有毫末之得，而于此有丘山之失矣。"然今"民之尚有失其所者，有司未尽应也。"① 反复申论，爵位、官职所赋予的权力，是用来为老百姓谋福祉的，而不是相反，不能把关系搞颠倒了。古人急百姓所急，想百姓所想，以致遗其身，忘其家，并不是他们没有认识到身家的重要，而是认为养民、庇民比身家更为重要。一身之爵位、官职与天下百姓安危相比，即如骏马高大身躯上的一根毫毛。如为保爵位、官职，坐视百姓生活于水深火热之中而熟视无睹，甚至心安理得，则是以本为养民的权力害民、杀民。即使以此保住了权位，于己有毫末之得，但百姓则受苦深矣，甚至可能民心尽失，造成社会动荡，天下所失有如丘山之大。民之流离失所，皆是掌权的官吏未能尽到应尽之责所引发的恶果。

其《兴革条例》亦云："夫天地所以生一物，即所以万物之理。故一人之身而万物之理备焉。万物之理备于一人，故万物之责亦萃于一人。君子之仕也，彼万物之责身有之，故身求以尽之。如饥之必食，渴之必饮，有负而必求其酬，有约而必其践，不得已而然也。今人不以行义视君子之仕，以荣身及亲当之。意向一差，是以百端施用，无一而可。昔人谓士非不修之家也，至应举入官，耽利禄，慕荣途，患得患失，靡所不至，不能不坏焉。"君子有安民、养民之责，履行这一职责，既是君子自身内在的需求，实现自我价值的需要，也是民众迫切的渴求，这就犹如欠债必须偿还，有约定必须如期践行一样，使命在身，不得不然。而今之人则把出仕做官当作荣身显亲的终南捷径！动机、观念的不纯，理想信念的缺失，则使其在掌握权力后，为所欲为，为个人的利禄权位无所不用其极，将民众疾苦置诸脑后！这样的人充斥于官场，国家岂有不坏之理！因此批评在学的士子"所希在荣利"，同时也指出了当时教育的失误，"今上人之鼓舞诸士子者，尽声势也。细推论之，多不协义。"② 认为以高官厚禄诱导士子的

---

① 海瑞：《政序》，陈义钟编校《海瑞集》下编，第329页。
② 海瑞：《兴革条例·生员》，陈义钟编校《海瑞集》上编，第53页。

功利化教育是危险的。禄位追求既内化于心，"入官之后，其声势更有大焉，将无慕之乎？"① 上下官员尽皆逐利，国家百姓将何以堪！

其他类似的论述尚多，无一不充满了对害民官员的痛恨和对当时国家权力异化的深深忧虑。如云："君相父母天下，守令父母一区，其责一也。一人有罪我陷之，一人饥寒我饥寒之。是其可以易称也哉！况今天下士舍其行道行志之义，幸应举为家图庆，得官为己利，曰要做官则不得不随此俗套，圣贤入官之道即一日也做不得。每事借口无害于义，从俗可也。呼！今之所谓从俗，宁古之所谓从俗也哉！士而入官，举止语默动与民关，举止语默动为民累，其事其心，盖不止于未仕之前，失己而已，而于人无与焉者也。"② 圣天子代天抚民，各级官员皆负有养民教民之责，有一人饥寒，有一人犯罪，皆是未称其职。这一古老价值远去了，代之以现实官员"为己"的权力导向，严重背离了圣贤的做官之道，而官员却安之若素，毫无一丝道德失范的焦虑，以"从俗"自解！官员的举止言行与其未仕之前不同，动与民生相关！官员皆为自己，民众疾苦不系于心，蝇营狗苟，百姓遭殃啊！海瑞对官场的这种萎靡现状痛心疾首："今之时何时哉！子得一官之荣，又望子满为足家之计。财帛世界，见可欲而心无止足焉，又富家习气也。"③ 官场为富家习气熏染，俨然一"财帛世界"、生意之场！海瑞力求探索造成这一现状的原因，并提出解决办法："学为己，仕为人，其义不讲久矣。以故天下之人，坐受仕人之害。"④ "圣天子为天下择官，地无缺官。天下不见官为天下利，独见官为天下扰。大端在不晓官民义利之辨，先无以洗其心，身家在念，贪取毒焉。"认为天下之民受仕人之害，官员的行为不是利天下，而是扰天下的原因在于圣学不讲，官员不晓义利之辨。力倡"仕学融会"，⑤ "学而优则仕，仕而优则学"，重建官员失落的价值。这一办法不论是否有效，但和海瑞的其他观点一样，凸显了其为民的权力价值取向。

（三）权力应保持自身的圣洁性，不容腐败

权力为民、用以行道得以实现的前提，是权力必须保持自身的圣洁

---

① 海瑞：《生员参评》，陈义钟编校《海瑞集》上编，第151页。
② 海瑞：《赠顾弘宇荣序》，陈义钟编校《海瑞集》下编，第363页。
③ 海瑞：《赠丁敬宇父封君寿诞序》，陈义钟编校《海瑞集》下编，第390页。
④ 海瑞：《赠大尹吴秋塘德政序》，陈义钟编校《海瑞集》下编，第388页。
⑤ 海瑞：《赠钟从吾晋灌阳掌教序》，陈义钟编校《海瑞集》下编，第382页。

性。资本化或商品化的权力是无法达成行道的目的,也是不能用以安民、庇民的。恰恰相反,腐败的权力,会害道、害民,引起社会动荡,民心不附。海瑞对此有着清醒的认识。他认为,保持权力自身圣洁性的途径有四。

首先,居官者要守义洁己,明于义利之辨,经得起金钱美女的诱惑:"入府县得钱易易焉,宫室妻妾,无宁一动其心于此乎?昔有所操,今或为恂恂者一易之乎?财帛世界,无能矻中流之砥柱乎?将言者而不能行,抑行则愧影,寝则愧衾,徒对人口语以自雄乎?"① 做官不能贪污财钱,迷恋华屋美妾,要坚持操守,堂堂正正,问心无愧。更不能利欲熏心,"一旦绾半通得一邑,遂沾沾然色喜,埋没真心,不惜廉耻,多方掊克,以充囊橐,朘生民之膏,填溪壑之欲。"② 为钱财所役,丧失官德。

其次,官员的财务开支要分清公私,清清爽爽。其为应天巡抚时,所颁《续行条约册式》云:"今后各官事出于公,用此公银,余银贮库候申作正用。若拜客帖、私衙烛,自己事也,用俸金办。请过客、请同僚乡官、行庆、行吊,自己事也,自举自办。如两京官敛分金,不得侵用公银。伊尹一介不以取诸人,一介不以与诸人,言交际也。交际而然,况财之在民,事干仓库,可以一介取之耶!学莫先于义利之辨。居官临财,正分别义利之际。其有不分公私,混行支用,虽额数余银,亦以赃论。"③ 对所属官吏谆谆告诫。

再次,不取民财以奉上司,不超标准接待过往官员。地方官员定期进京朝觐述职,为明朝定制。本为朝廷对地方官员进行考察的一种有效的制度。曾几何时,蜕变为京官收受贿赂的通渠。"人谓朝觐年为京官收租之年。""故外官至期盛辇金帛以奉京官。上下相率而为利,所苦者小民而已。"海瑞认为,这是极不正常的,"夫此举在京谓之礼,在外究之则为赃。"坚决予以抵制:"纵沿习成风,上下一律",也要悉行禁革,"上官未必执此为我罪也。"④ "我辈读书知礼义识事几人也,纷纷之说,皆谓要做官则不得不如是。然则举天下而尽不为上官之赂也,吏部能尽不迁转之

---

① 海瑞:《严师教戒》,陈义钟编校《海瑞集》上编,第1~2页。
② 海瑞:《知县参评》,陈义钟编校《海瑞集》上编,第144页。
③ 海瑞:《续行条约册式》,陈义钟编校《海瑞集》上编,第255~256页。
④ 海瑞:《兴革条例》,陈义钟编校《海瑞集》上编,第40页。

耶？举天下而又尽惟上官之赂也，三五年考察，吏部能尽不黜之耶？"① 这些做官的人纷纷"裹金帛以赂人，欺朝廷而窃荣禄，罔朝廷以免刑罪"，是不知礼义、不识事体。地方接待过往官员的标准有明确的规定，但一些地方官员为取悦上司、减少麻烦，常剥民以超标准接待。究其所以，"百姓口小，有公议不能自致于上；过客口大，稍不如意辄颠倒是非，谤言行焉。"百姓没有政治话语权，过往官员位高言重，可以颠倒黑白，影响舆论。厚待过客，也有迫不得已的原因。海瑞洞悉至深："今人居官克百姓取悦上司，大抵为毁誉计也。夫士如黄金美玉，市有定价。虽一时是非颠倒，事久论定，爱者之口不能使增，憎者之口不能使损。纵已有失，如日月食焉，求以更之。白圭之玷，磨之而圭如故矣。若取民财，事弥缝术，今日存一术心，今日加一玷矣。明日存一术心，明日加一玷矣，尚可为美玉乎！君子行事取快于心，不当较毁誉于外，欲为美玉，可以事弥缝术哉！"② 认为君子有如黄金美玉，价值自有论定，不会因为过客之誉而增价，也不会因为过客之毁而减值，不必计较过客的毁誉，更没有必要取民财以事弥缝，与之周旋。

最后，书吏也不容其取人钱财。海瑞引曾任严州知府龙可溪之言，"谓容吏书取钱，犹人之纵容妻妾犯奸。"并颇表认同，认为"此言足以发人羞恶之心，破世俗姑息之论。""借公受取，侵渔百姓"，与强盗劫财没有什么差别。③ 当然，还有重刑惩贪的主张（详见后文）。

二 海瑞权力价值观的特点

海瑞的权力价值观由三部分构成：掌握权力的目的是行义行道，致君尧舜，天下太平；权力服务的主要对象是可哀之民；权力要达成行义行道的目标和切实服务民众，养民庇民，必须保持自身的圣洁性，不容腐败。此三者密切联系，共同构成一个有机的整体。思想观念是人类历史上一条流动的河流。如把海瑞的权力价值观放到中国历史的长河中考察，我们就

---

① 海瑞：《兴革条例》，陈义钟编校《海瑞集》上编，第57页；海瑞：《吏书参评》，陈义钟编校《海瑞集》上编，第153页。
② 海瑞：《兴革条例》，陈义钟编校《海瑞集》上编，第105~106页。
③ 海瑞：《兴革条例》，陈义钟编校《海瑞集》上编，第41页。

会清楚地发现，海瑞的权力价值观具有三个显著的特点。

(一) 继承性

海瑞的这一思想观点无疑是深邃的，闪烁着智慧的光芒，表现出缜密的思维。但任何时代、任何个人的思想意识、价值观念，都不是凭空产生的，除了必须依赖现实土壤为其提供必要的环境外，还必须凭借已有的思想材料，从中吮吸养料。海瑞权力价值观的形成也毫不例外。海瑞幼年孤苦，四岁丧父，母亲谢氏"教之诲之，口授《孝经》《学》《庸》诸书，辄能成诵。出就外傅，必择严师托之。"自幼即受到良好的儒学教育。14岁"欲学为圣贤"；28岁读书郡庠，① 37岁举于乡。儒学伴随其成长，儒家的思想观念浸淫于心，孔孟、张载、程朱、陆王等，这些在儒学发展史上具有划时代意义的思想家都对其影响至深。从其文集中可以明显地看到，孔子"出仕以行道""修己以安人""修己以安百姓"；曾子"仁以为己任，死而后已"；孟子"养浩然之气""得志泽加于，不得志修身以见于世"；张载"民吾胞，物吾与""仁者与天地万物浑然一体"等思想，都是海瑞赖以构筑其权力价值观体系的基本材料。儒家思想是其权力价值观得以形成的丰沛的活水源头。

(二) 超越性

凡有价值的思想，都是时代性和超越性的统一。对海瑞的权力价值观也应作如是观。海瑞的权力价值观产生于明代中后期的特定场域，又系对儒家思想的继承和发挥，甚至可以说，是儒家思想铸就了海瑞的权力价值观体系。儒学思想固然是在中国传统农业文明的环境中形成的，也在某种程度上具有与现代文明不完全相融的总体特征。同时，孕育海瑞权力价值观的明代中后期社会也不是全然没有缺憾。但这些都无损于海瑞权力价值观的价值。对海瑞的权力价值观，如剥去其古典的外壳，深入其体系的内部，我们会惊喜地发现，其权力价值观内涵的主要方面是具有超越性的。出仕为官，获取权力，非为贫，也不能将其当作谋取更高职位的工具，而是以吾浩然之气，如江河浩浩东流，遇百折而不回，毅然以天下为己任，

---

① 王国宪：《海忠介公年谱》，陈义钟编校《海瑞集》下编附录，第 578~579 页。

行道行义。对这一观点，只需将"道""义"两个范畴做出符合时代精神的阐释，注入符合时代的新内涵，就便具有永恒的意义。权力为民，保障老百姓的生存权、发展权，不只是古代圣君贤相、先哲硕儒的理想与追求，更是现代，以至将来开明政治家理政的不变主题。保持权力的圣洁，割除附着在社会有机体上的权力腐败的赘瘤，是千百年来百姓的永久期盼。古今中外有良知的政治家、思想家无不为之殚精竭虑，提出了各具特色的解决方案和具体措施。这是困扰人类社会的千古难题，不可能停下探索的步伐。

（三）时代局限性

在海瑞的权力价值观中，也有消极或曰时代局限性的因素。他认为，"君者，天下臣民万物之主也。""夫天下者，陛下之家也。人未有不顾其家者。内外臣工，其官守，其言责，皆所以奠陛下之家而盘石之也。"① 君主是天下权力的总汇，是臣下权力的来源。天下为君主之家，内外官员的职责都是使君主之天下有磐石之固，垂之久远。即臣子权力使用的方向是为君，有愚忠的倾向。这与明末清初的黄宗羲、顾炎武、王夫之、唐甄等相比，显然不及远矣。黄宗羲认为，君与臣为"共拽大木"之人，共同治理天下，臣子的职责是为天下，非为一家一姓效力。甚至与先秦一些思想家"天下者，非一人之天下，天下人之天下"的观念相比，也是一个不小的退步。海瑞还认为，小民愚朴，完全是权力的客体，只能是施予恩泽的对象。有在感情上同情民众，而在理智上却有轻视民众的倾向。似与孟荀等充分肯定民众的智慧和作用亦稍有不同。保持权力圣洁性的途径，也仅是主张官员修明义利之辨，以道德自律，并恢复明初惩贪重刑。和其时前后的中国古代思想家、政治家一样，没有想到从制度构建上开辟新的蹊径。

三 海瑞权力价值观与嘉隆万官场生态的矛盾冲突

海瑞认为，人生天地之间，"性分"具足，只要率真而行，言行相顾，便圣贤可期，也才因此无忝此生。② 考其仕宦生涯，他是儒家理想的坚定

---

① 海瑞：《治安疏》，陈义钟编校《海瑞集》上编，第217页。
② 海瑞：《严师教戒》，陈义钟编校《海瑞集》上编，第1~2页。

信仰者和忠实实行者，全无乡愿习气。其权力价值观在政治实践中是得到力行的。

官南平教谕，倡明师道，抗礼御史，不为屈膝，作养士气，不舍礼以媚人；禁教官剥诸生以肥己，"古者执贽以相见，明有敬也。矧弟子有求于师者，可无敬欤！然受命以教，与此则又不同。盖师生分定，朝廷为诸弟子求师，不待诸弟子将敬而后求；教官为朝廷设教，不谓诸子不求而不教也。诸生参见拜揖外，不许更执货物以进。凡俗例所云送节酒食馔先生者，俱不许举行。"①

迁淳安知县，"布袍脱粟，令老仆艺蔬自给。"② 取消知县、县丞、主簿、教官及吏书常例，无丝毫侵用于民；③ 颁《禁馈送告示》，对"贪私成风"的官场现状非常不满，禁止县各衙门收受粮长、里长及各色人等土宜礼物。④ 清丈土地，除各图虚税、虚差，以免百姓赔贼钱粮，使小民"得自生理"；⑤ 见百姓割舍乡土，逃流他方，招抚流民回还原籍，可"赴县告查迷占产业，取赎男女。无业者本县将荒田给做工力，与尔开垦，区处住屋牛种，与尔安生。不能耕作者照向例日给银贰分，或用充答应使客夫役，或用充修理夫役，各随所能使用。凡尔新回之人，给与执照，待三年之后，生理充足，然后科派尔等本身身役"。⑥ 发布《劝赈贷告示》，曰："今天本县细访得各都图富积谷粟之家，每每乘荒岁勒掯贫民，质物典当，倍约利息。其贫甚虑无可偿者，虽倍约亦固吝不与。夫当凶岁，小民菜色羸形，妻啼子号，甚者颠仆路衢，展转沟壑，少有人心者见之有不能为情者。尔辈独无恻隐之心至是耶……人皆有不忍人之心，尔辈偶以利心蔽真心。故令里老人等将本县言意劝谕尔等，量将所积谷粟，借贷贫民，不许取利，积厚德以遗尔子孙。其有念人之急，不取其利，亦不取其本而直与之者，本县以尚义名目书扁鼓乐奖之，列名县志。如仍前略无恻隐，倍称取利，许贫民指告以凭重治。"⑦ 凶年富民借贷小民，不许取利。如倍取厚

---

① 海瑞：《教约》，陈义钟编校《海瑞集》上编，第17页。
② 《明史》卷226《海瑞传》，第5927页。
③ 海瑞：《兴革条例·吏书》，陈义钟编校《海瑞集》上编，第41页。
④ 海瑞：《禁馈送告示》，陈义钟编校《海瑞集》上编，第181页。
⑤ 海瑞：《拟丈田则例》，陈义钟编校《海瑞集》上编，第287页。
⑥ 海瑞：《招抚逃民告示》，陈义钟编校《海瑞集》上编，第186页。
⑦ 海瑞：《劝赈贷告示》，陈义钟编校《海瑞集》上编，第178~179页。

利，将治以重罪。颁《定耗银告示》，"原本县各项钱粮耗银多寡不一"，"而多收耗例，比有之。今定自（嘉靖）四十一年为始"，"凡各项钱粮纳者止出二分作耗。收者止取二分作耗，外有多取者，许不时赴县呈告，以凭重治。""凡通县钱粮俱二分加耗"，① 违者重治其罪。保护百姓利益，不致使其负担过重。

调兴国县令，据见所闻，"有当兴当革者"，上《兴国八议》以苏贫民。如均赋役、招抚逃民、革冗员等，次第施行。②

升户部主事，世宗久不视朝，一意玄修，而"大臣持禄而好谀，小臣畏罪而结舌"，无一人匡救。海瑞"不胜愤恨"，忧君之不明、世之不治，慷慨上言，批评世宗斋醮以求长生为虚妄，侈兴土木，竭民膏脂，天下离心，以致盗贼滋炽。直言世宗不及汉文帝远甚，"天下不直陛下久矣"。③

巡抚应天，值水灾异常，近冬至水不消涸，"距冬至仅九日耳，常年播麦之地，尚十有五六淹深水中"。④ "饥民动以千百，告求赈济"。海瑞亲行踏勘，弄清水患之因：三吴之水入海通道，大者有三，南为吴淞江，北为白茆河，中有刘家河三处。惟刘家河"通达无滞"。太湖之水经吴淞江，由黄浦入海，然因"水利臣旷职不修，抚按亦不留心"，"日月继嗣"，泥沙淤积，填塞河道，太湖水泄不畅，"因之奔涌四溢"，淹没田舍。遂于隆庆四年正月初三日，"兴工挑浚"，听饥民"上工就食"，海瑞以"节年导河夫银"、巡抚衙门赃罚银两、所属各仓米谷及溧阳县乡官等所捐赈谷二万石，"按工给与银米"，"饥民云集"。"兴工之中，兼行赈济，千万饥民，稍安戢矣。"至二月二十九日，吴淞江疏浚工作告成。用银六万余两，疏浚淤塞河道八十余里。常熟白茆河河道浅狭，距吴淞江尚有四日之程，"饥民之能赴工吴淞者，十之一二而已"。复于二月初九日兴工，开白茆河，三月告竣。"既有利于目前之饥民"，又"河道开通，且有望今秋之成熟"，一举而两利。⑤ 行"口告"以息讼风。"健讼之盛，其根在唆讼之人，然亦起于口告不行，是以唆讼得利。今后须设口告簿，凡不能文者

---

① 海瑞：《定耗银告示》，陈义钟编校《海瑞集》上编，第180页。
② 海瑞：《兴国八议》，陈义钟编校《海瑞集》上编，第202~209页。
③ 海瑞：《治安疏》，陈义钟编校《海瑞集》上编，第217~221页。
④ 海瑞：《改折禄米仓粮疏》，陈义钟编校《海瑞集》上编，第230页。
⑤ 海瑞：《开吴淞江疏》《开白茆河疏》，陈义钟编校《海瑞集》上编，第231~232、233页。

准口陈，不准具状。习唆人则或己密访或令里老开报，执律加刑，勿少假借。夫有口告之易，何事为唆讼之求。"① 定《督抚条约》36条，修举祖宗成法，上利国，下便民，以孔明以严治蜀相仿效，惩贪治吏如烈日秋霜，令行而禁止。自应天转住苏州二月后，复别为禁约九条，令各道各府州县官"一如前约遵奉"。② 令乡官自行清退侵夺百姓田宅，均徭平赋。③

海瑞离江南巡抚任，蛰居海南16年后，复起而任南京吏部右侍郎时，年已72岁，然愈老为民之情愈浓。上任伊始，即禁革南京兵马司出票取物以供上官。"以五城之人，当千百官大小事用度之害。侵用里甲，朝廷历历明禁。今兵马司官也小，做了一个狼之贪、虎之猛，以小民膏血奉迎合干上官，又做了一个过送赃私的积年。此与侵用里甲，何异？何异？合行禁革。""各街人如若仍前被害，可自放胆来告，做百姓不可做刁顽不听法度的百姓；亦不可做软弱听人打、听人杀而不言的百姓。不言自苦，苦何日止？或拦街，或叫门，不禁。"④ 复疏，"治化不臻者，贪吏之刑轻也。""因举太祖法剥皮囊草及洪武三十年定律，枉法八十贯论绞，谓今当用此惩贪。"⑤

迁南京都察院右都御史，复发《夫差册》，一扫各衙门私出小票，滥取夫役的积弊。"有册外取一物一夫者，先执其将票之人，参奏候旨。兵马司暗地奉行，地方总甲私为科派，一同处治。"各官不得持票取一物一人。"以后一体如平人两平交易"。⑥

纵观海瑞一世为官理政，行道、为民、洁己洁人，一秉本心，毫无矫饰之态，可用一个字概括其为官的特点——真。一是真言：对上官、对君主，进真言，讲真话，口言其心，直面矛盾，直揭弊端，不留情面。如在《治安疏》中对世宗的痛斥；在给神宗的奏疏中提出重刑惩贪等。二是真行：不惧权贵，敢于碰硬。如为南平教谕时，御史诣县学，属吏皆行跪礼，海瑞独遵会典宪纲，长揖而已；为淳安县令时，鄢懋卿出理八省盐法，声势煊赫，所过郡邑，供奉奢华。将入淳安，海瑞上书懋卿："邑小不足容车马"。懋卿只得绕道而过。海瑞治政尚严，雷厉风行，属

---

① 海瑞：《督抚条约》，陈义钟编校《海瑞集》上编，第251页。
② 海瑞：《续行条约册式》，陈义钟编校《海瑞集》上编，第255页。
③ 海瑞：《被论自陈不职疏》，陈义钟编校《海瑞集》上编，第238页。
④ 海瑞：《禁革积弊告示》，陈义钟编校《海瑞集》上编，第288~289页。
⑤ 《明史》卷226《海瑞传》，第5932页。
⑥ 海瑞：《夫差册》，陈义钟编校《海瑞集》上编，第291、306页。

吏惮其威；洁人洁己，对贪官污吏毫不留情，以致官应天巡抚时，贪墨之官吏多自挂印绶而去。徐阶罢相里居，令其还田，"按问其家无少贷"。①其他事例尚多，不再列举。三是真情：于百姓疾苦，感同身受，所至清丈均税，兴利除弊，对百姓怀有深厚的感情。不似一般巧宦，处世圆滑，谀顺取容。海瑞也深得百姓的爱戴。隆庆四年，海瑞因遭弹劾，罢应天巡抚，"小民闻当去，号泣载道，家绘像祀之。"海瑞卒于南京，"小民罢市"，表示哀痛。其灵柩运离南京，"丧出江上，白衣冠送者夹岸，酹而哭者百里不绝。"②海瑞为官之真，难有其匹！谓其迂、谓其痴、谓其直、谓其偏，理有或当，但皆是"真"的自然流淌。如谓其怪，甚或沽名，则无。

然海瑞的这种不假修饰的"真"，与明中后期的官场生态是不相容的。明中后期的官场是一个什么样的官场？海瑞的观察是："攘攘利往"，简直一"财帛世界"！逐利风气之盛过于市井。"今天下何世哉？予筮仕得游中都历天下，既归乡间，叹世君子每有'财帛世界，今不如昔'之说。予始闻而疑之，以为此特市井小人自为风俗，性中只有个仁义礼知，我辈读书知礼义，辨别素明，天光焕发，当不如此。已而交与益众，更历既多，乃知我辈出没于声色货利之场，不得已；奔走于富贵利达之际，老死不休。蚁之附腥膻，蛾之投爝火，无以异也。视市井辈反为过之。"士风异化，追腥逐臭，"此直叔季之下者耳。"③官员没有担当，因循苟且，也是当时官场的常态："今时视做官为戏场事，口曰认真而心实不然。昧没本心"。④其《告养病疏》更云："臣尝谓今诸臣全犯一因循苟且之病，皇上虽有锐然望治之心，群臣绝无毅然当事之念，互为掣肘，互为排齐，而又动自诿曰：'时势则然，哲人变通。'人无奋志，治功不兴，国俗民风，日就颓敝。臣二经论劾，众口呶呶，臣尚执己为是，臣实见得是也……仍敕阁部大小臣工，不得如前虚应故事，不得如前挨日待迁，必求仰副皇上求治之心，毋负平生学古之志。不求合俗，事必认真，九分之真，一分放过，不谓之真，况半真半假者乎……今举朝之士皆妇人也，皇上勿听之可也。"⑤认为，

---

① 《明史》卷226《海瑞传》，第5931页。
② 《明史》卷226《海瑞传》，第5932页。
③ 海瑞：《赠蒙生德范还遗金序》，陈义钟编校《海瑞集》下编，第343页。
④ 海瑞：《得分守道王用吾》，陈义钟编校《海瑞集》下编，第453页。
⑤ 海瑞：《告养病疏》，陈义钟编校《海瑞集》上编，第241~242页。

"今天下了矣，不特不蒙做官人之福，而又反当做官人之害。正以徒有其言，鹦鹉从人，有其言示必有其心也。"① 这简直就是王朝末世的征兆！海瑞内心充满了忧虑。嘉万时期的丘橓对其时官场的描述，颇与海瑞的看法相似："贪墨成风"，请托盛行，官员萎靡，"敢徇私而不敢尽法"。考绩流行形式，"朝廷甄别之典，为人臣交市之资。"② 以海瑞为官之真，身处这样的官场，就难免不把批判的矛头指向整个官僚队伍，自然也就触犯了强大既得利益集团的利益，惹得"众怒"，为众多官员所不喜，多遭贬斥与弹劾。海瑞的仕途坎坷，抱负无法施展，似乎就是注定的了。只能忧愤地发出"如此世界，干得成甚事业"的千古喟叹！应该说，这既是海瑞个人的不幸，更是那个时代的不幸。

〔作者单位：长江师范学院、《西南大学学报（社会科学版）》编辑部〕

---

① 海瑞：《得分守道王用吾》，陈义钟编校《海瑞集》下编，第453页。
② 《明史》卷226《丘橓传》，第5934页。

海瑞廉政思想探究

陈封椿　沈　琦

海南，这座海洋与陆地共同眷恋的小岛，汲取五千年文明滋养，浩然正气已然灌注到每一方土地。所谓人杰地灵，海南正气的化身当首推海忠介公——海瑞。海瑞的一生，以"三生不改冰霜操，万死常留社稷身"完美地诠释了清正廉明。

一　历史上的海瑞

《明史》赞称"海瑞秉刚劲之性，戆直自遂，盖可希风汉汲黯、宋包拯。苦节自厉，诚为人所难能。"[1] 将其与前朝世代传颂的清官汲黯、包拯相媲美，清正廉洁、刚正不阿的海瑞成为中国清官队伍中的又一典范。明代学者梁云龙曾撰文赞海瑞"正气直节，独行敢言，业已简在帝心，昭于国史，即愚夫稚子，俱能道之，安所事状？"[2] 明代学者黄秉石为海瑞作传称："自有生民以来，惟天纵我高皇帝全有天下之聪明睿知矣，而又起民间，无境不历，如龙潜九渊而飞九天之上，其析民至隐而行天至健，故其时吏治极清也。治久习训，以至嘉隆之际，簠簋挫隅，苞苴狎政，间有诛放，而器忌种易，终不可改。独海忠介公起海隅，处下位，而以身砥柱天下。"[3] 清代学者屈大均在汇编广东人物时提及"公之学以刚为主，其在朝

---

[1]　《明史》卷226《海瑞传》，中华书局，1974，第5949页。
[2]　梁云龙：《海忠介公行状》，陈义钟编校《海瑞集》下编《附录一·传记》，中华书局，1962，第533页。
[3]　黄秉石：《海忠介公传》，陈义钟编校《海瑞集》下编《附录一·传记》，第548页。

气象岩岩，端方特立，诸臣僚多疾恶之，无与立谈，顾黄中贵何人，乃独知其为忠，曲为拯救，非至诚之极而能感动若是乎！"① 由此可见，海瑞的清正已为世人所公认，然而恰恰是这份执着的清正，使海瑞显得格格不入，成为一位古怪的模范官僚。《明史》记载海瑞去世时的场景，"卒时，金都御史王用汲入视，葛帷敝簏，有寒士所不堪者。因泣下，醵金为敛。"② 海瑞当时官至二品，去世时却如此贫寒，剩余银两竟不够殓葬之用。当代学者黄仁宇由此事回照海瑞的一生，对这位古怪的模范官僚做了一番阐释，"和很多同僚不同，海瑞不能相信治国的根本大计是在上层悬挂一个抽象的、至美至善的道德标准，而责成下面的人在可能范围内照办，行不通就打折扣。而他的尊重法律，乃是按照规定的最高限度执行。如果政府发给官吏的薪给微薄到不够吃饭，那也应该毫无怨言地接受。"③ 海瑞的这些为官处世准则使他既被人仰慕，也被人遗弃，从政生涯也是几起几落，充满了褒贬不一的评论。

海瑞从南平县教谕升至户部主事，因直言天下第一疏《治安疏》震怒嘉靖皇帝而锒铛入狱。《治安疏》直陈时弊，官场的贪腐现象，统治阶级的无作为，民间百姓的疾苦等，尤其是直斥嘉靖皇帝"君道不正，臣职不明"，句句皆可令海瑞一死，然而疏中句句又戳中了明王朝的要害。嘉靖皇帝读过后沉默良久，言"此人可方比干，第朕非纣耳。"嘉靖皇帝虽知晓海瑞的一片赤诚，但无奈积重难返，更何况是在一人之下万人之上的封建帝国，海瑞的行为逃得过一死，却无法免去牢狱之灾。另一方面，明朝廷又无法回避海瑞这样一位至廉至洁的模范官僚，无论从个人还是社会舆论方面，封建帝国都不得不肯定和擢升海瑞，以正朝纲。隆庆初年海瑞出狱，两年内历任尚宝司丞、大理寺右寺丞、左寺丞、南京通政司右通政，已晋升为正四品官。官职的晋升不但没有改变海瑞刚正不阿的秉性，反而燃起了他立廉为朝的斗志。海瑞多次上书拒绝担任闲职，要求为国家做些实事。转而，海瑞被任命为南直隶巡抚，这可以说是海瑞为官生涯的最高点，继上奏直言天下第一疏后，海瑞真正拥有了一定实权来整顿官风。不仅如此，他开始触及封建王朝的核心——土地问题，凭自己要限制富户占

---

① 屈大均撰《广东新语》卷7《人语》"海忠介"，中华书局，1985，第225~226页。
② 《明史》卷226《海瑞传》，第5932页。
③ 黄仁宇：《万历十五年》，中华书局，2006，第116页。

有大量土地，缩小贫富差距的良好愿望，勒令豪族大户退田，其中还包括有恩于己的前任首辅徐阶。海瑞良好的愿望并没有执行下去，虽有众多百姓的支持，但封建土地所有制的形式决定了海瑞退田于民的政策仅是水中花、镜中月。他也成为众矢之的，受到吏部的参劾，被指志大才疏，过于注重细枝末节，有失巡抚的体统。海瑞被迫辞职返乡，其人生中最辉煌的一段经历到此结束。

万历年间，张居正出任首辅，他与海瑞一样重视法律，厌恶地主豪强。海瑞积极与张居正接触，希望他能帮助自己重返朝廷，继续为民请命。然而，张居正深知海瑞三番五次被弹劾的症结在哪，书信中阳赞阴责地批评海瑞轻率躁进，"三尺之法不行于吴久矣。公骤而矫以绳墨，宜其不堪也。讹言沸腾，听者惶惑。仆谬忝钧轴，得参与庙堂之末议，而不能为朝廷奖奉法之臣，摧浮淫之议，有深愧焉。"① 至此，海瑞开始了长达15年的闲居岁月，对于这样一位志在为国尽忠、为民造福的廉吏来说，被迫闲居是极其难忍的痛苦。海瑞在孜孜求学期间，便深受往圣先贤的教诲，曾作文《严师教戒》自省，"夫人外无师友之益，而欲所行之协于道，亦难矣。瑞为此惧。一日召神立腔子下，诲之曰：瑞，女知女之得生于天地之间者乎？有此生必求无忝此生而后可……入府县而得钱易易焉，宫室妻妾，无宁一动其心于此乎？昔有所操，今或为惘惘者一易之乎？财帛世界，无能矻中流之砥柱乎？将言者而不能行，抑行则愧影，寝则愧衾，徒对人口语以自雄乎？……夫人非贿之患，而无令德之难，于此有一焉，下亏尔形，上辱尔先矣……呜呼，瑞有一于此，不如速死！"② 为官期间亦不忘时时刻刻提醒自己，上不负君主，下不负百姓，中不负平生所学。对待贪污腐败之事，海瑞认为"攘攘利往，天下皆然也，而谁与易之！""今人居官，且莫说大有手段，为百姓兴其利、除其弊，止是不染一分一文，禁左右人不得为害，便出时套中高高者矣。"③ "主上变而厉精，天下悬望，公意亦生意也。私念与公同辅太平，今日之盛，尽天下称赋差烦苦、官吏

---

① 张居正：《张文忠公全集·书牍二》"答应天巡抚海刚峰"，王云五主编《万有文库》，商务印书馆，1935，第237页。
② 海瑞：《严师教戒》《赠蒙生德范还遗金序》《复王七峰琼山知县》，陈义钟编校《海瑞集》，中华书局，1962，第1~2、343、421页。
③ 海瑞：《复王七峰琼山知县》，陈义钟编校《海瑞集》下编，第421页。

残贪，此习弊未易为，未知能如吾愿与否？"① 这些政论可以充分反衬出海瑞闲居时期精神上的巨大痛苦与心灵上的无所寄托。

1585年海瑞被重新任用，官至南京都察院右佥都御史，随后擢升为南京右都御史。此时，已七十余高龄的海瑞仍不减当年冒死谏君的锐气，力图整治贪污索贿之风，"因举太祖法剥皮囊草及洪武三十年定律枉法八十贯论绞，谓今当用此惩贪。"② 海瑞的言论举措再次震动朝野，甚至引发两派激烈的论争，万历皇帝最终不得不亲自出面，平息这场争论。通过吏部正式发出公告，认可海瑞一片忠君爱国的赤诚之心，但剥皮实草的主张过于偏执，不宜担任要职。海瑞及其为官之道挣扎至此，已然从根本上被官场彻底认定只有道德勉励价值而不具有兼容性和可操作性。究其实质，整个封建帝国的政治措施已与立法原则、道德伦理相脱节，海瑞的诸多政治举措，尤其是廉政方面均可达到一定效果，然而却无情地被抛弃。这使得我们不得不重新审视这位廉洁反贪的斗士，重新研习其政治举措。

二 海瑞的廉政举措

（一）定规立法，洁己洁人

海瑞所生活的明王朝，正是盛极而衰，官吏贪污成性的时期，升官靠贿赂，违法也靠贿赂免除，俨然成为一种社会风气。于是，海瑞忠实地秉承法律精神，遵循太祖皇帝严法治人的原则，针对官场中的陋弊订立了一系列的法规、条例。且要求官吏以此为戒，如有越规不法之举，务必严惩不贷，包括海瑞自己在内。海瑞始终将清廉作为自己的行为准则，自我约束甚严，史称"其情节为近古所罕有"，③ 海瑞曾在书信中记载，"昔人谓君子联属天下以成其身。职掌所到，有不洁人可洁己者哉！"④ 唯其如此，他的政令立法才有推行下去的可能性，虽然社会大的风气已然败坏，但海瑞洁己洁人的为人原则仍旧以不可忽视的力量撼动朝野，改变地方的不正

---

① 海瑞：《复王忠铭》，陈义钟编校《海瑞集》下编，第470页。
② 《明史》卷226《海瑞传》，第5932页。
③ 王国宪辑《海忠介公年谱》，陈义钟编校《海瑞集》下编，第592页。
④ 海瑞：《复薛鸣宇分守道》，陈义钟编校《海瑞集》下编，第467~468页。

之风。

海瑞所任之处，重视对官吏的再教育，希望他们能破除社会贪腐之风的影响，强调国家设立官吏的根本目的在于"庇民""养民"和"亲民"，官职爵位不过是借以实现为民请命的工具而已。官民之间如同家人父子，身为一地之父母官就要同情、关心百姓的困苦、解决百姓的饿冻问题，为百姓的冤屈鸣不平，这才是为官之道。

明理为先，法律则是维持良好社会秩序的有效工具。海瑞不仅对官吏进行为官之道的教育，更多地施行了一系列规法条例，确保官吏清正廉洁。在南平教谕任上订立《教约》，在淳安知县任上颁布《淳安政事》，在兴国知县任上提出《兴国八议》，在南直隶巡抚任上有《督抚条约》《续行条约册式》《应付册式》《均徭册式》，在南京都御史任上施行《夫差册》等。这些规约或从多方面，或从某一方面，对所辖地区的政务作出规定，公布并且严格执行。与当时其他官吏所搞的虚设、沿袭条约不同，海瑞所订立的条约处处落在实事上，无半点虚语。涵盖面广而庞杂，重点放在赋税征收、钱物分配及使用等经济方面的问题上。这些规条，不仅仅是政务大公开，更多的是财务大公开。这无疑有利于百姓的监督，避免百姓在糊里糊涂中被官吏等分外盘剥，有效防止官吏等随意作弊。明代学者梁云龙对海瑞在南直隶巡抚任上所订的《督抚条约》进行评论称："抚故与按并弹压一方，欲有规画，必衡鼙后行。公则谓抚按各有专责，不得越俎相侵，乃独以昔所为教南平者、令淳安者、令兴国者，稍加润色扩充，为督抚宪约。意盖主于斥黜贪墨，搏击豪强，矫革浮淫，厘正宿弊。"[1] 此处将"斥黜贪墨"放在海瑞制订《督抚条约》诸出发点的第一位，实为抓住了精华。其实，当时海瑞制订的其他规条，其大多数的着重点在于预防贪腐上。

（二）破除常例，禁绝贿赂

当代社会所提出的"有法可依、有法必依、执法必严、违法必究"，早在海瑞为官期间已然被实践，继定约立规之后，海瑞开始大刀阔斧地整治官吏之风。海瑞刚刚到任淳安县丞，便对地方上的各种"常例"深恶痛

---

[1] 梁云龙：《海忠介公行状》，陈义钟编校《海瑞集》下编《附录一·传记》，第540页。

绝，明王朝的贪腐成风，皆由这些所谓小约小俗而起，各级官吏有私心者便通过这些既定的常例搜刮民脂民膏。"上下相率而为利，所苦小民而已。"① 因此，为了减少百姓的疾苦，必然要革去自上而下的种种"常例"。为革去量大面广的小官"常例"，则必先革去大衙门大官的"常例"，这样自上而下的变革，才可以从根本上破除"常例"。因此，海瑞为控制各级官吏的"百端作弊"，断然革去吏、户、礼、兵、刑、工六房"常例"的公开勒索，如以参谒、朝勤为名而滥征的旧例，有的则被完全取消，有的减少到了最低限度。与此同时，对六房必需的夫役、物用等项及其折银、耗银的数额，都一一作了具体规定，并限令吏青不得在编派里甲、均徭、丁田等项银两时浑水摸鱼，逾额摊派。

除对淳安县内部一切"常例"的剔除外，海瑞还针对过境官员的"常例"一并废除。"迎接旧例凡府官报到，即差吏带民壮吹手皂隶人夫至其家或中途候迎。至日先候谒，不合礼制，姑置勿论。并六县计之，劳人费财不为不多，非有道者肯安受也。人不可知，礼义在我所当自守。本县到任以来，止差吏一人至桐庐地方投接批，尚觉似多了此举。至日惟太府参谒，二府三府四府候便日。"② 从简过境官员的接待礼仪在淳安县是十分必要的，淳安县地处三省的交通要道，往来过境的官员频繁，然而根据财政制度，兵部仅在名义上对过境费用履行支出权，实则过境官员的一切费用均由地方承担，因此，淳安县百姓的负担无形中加大了。海瑞身为一小小地方官，自然撼动不了整个财政体制，但掌一县之权的海瑞必然要做到为民请命，错误的"常例"即使在全国通行，在他这依然要改，这就是海瑞秉公执法、刚正不阿的体现。

防倭总督胡宗宪之子途经淳安，随行大批人员和行李，作威作福，对驿站的款待百般挑剔，且凌辱驿丞。海瑞不畏官官相护之威胁，立即责成拘捕这位作威作福自称总督之子的人，并且没收其随身携带的大量现银。海瑞在呈送公文时称，"曩胡公按部，令所过毋供张。今其行装盛，必非胡公子。"③ 恰是这种严厉且巧妙的方式，海瑞拒绝了诸多官员滥用"常例"，大大减轻了地方上的负担。

---

① 海瑞：《兴革条例》，陈义钟编校《海瑞集》上编，第40页。
② 海瑞：《兴革条例》，陈义钟编校《海瑞集》上编，第39页。
③ 《明史》卷226《海瑞传》，第5927页。

"常例"之风在淳安县得到遏制,海瑞将关注的外延扩大,意识到官场送礼蔚然成风,已演变为贪污腐败滋生的温床。送礼乃人之常情,理所当然之事,但问题的症结并不在此,今日所献殷勤,不日必有所求,甚至以一索十。《兴革条例》对此也有所针对,"新进生员,旧例本生办酒桌席面奉县官学官,此谬举也。犹之较赆节礼物称士风厚薄,谬论也。"[1] 力图规避送礼的贿赂之嫌。为了加大整治力度,海瑞专门制订颁行《禁馈送告示》,明确"接受所部内馈送土宜礼物,受者笞四十,与者减一等。律有明禁。粮里长各色人等每每送薪送菜,禁不能止。穷诘所以,盖沿袭旧日风,今日视为常事。且尔等名为奉承官府,意实有所希求。谓之意有希求者,盖亿官府不易反面,而今少献殷勤,他日秉公事、取私债、多科钱粮、占人便宜,得以肆行无忌也。若有美意,则周尔邻里乡党之急,可也。官有俸禄,何故继富?与之官,取之民,出其一而收其十,陷阱不浅。今后凡有送薪送菜入县门者,以财嘱论罪。虽系乡宦礼物,把门皂隶先察明后许放入。其以他物装载,把门人误不搜检者,重责枷号。"[2] 海瑞从送礼者的心理来阐述其送礼意图,并非表达情谊之心,而是另有所图。以此告诫地方官吏安守本分,秉公办事,切不可落入贪污腐败的陷阱,甚至通过加强检查来防范官吏接受馈送。

升任南直隶巡抚期间,海瑞将禁绝送礼的政策一以贯之,在《督抚条约》中强调,"操守,乃俸薪柴马之外,不妄取一分一文、不妄用一分一文之谓。"[3] 官吏既已被朝廷委以任务,领取俸薪,那么俸薪之外再获取的,便是贪赃,有违官吏廉洁自律的本分。海瑞一生秉承清廉拒礼的原则,非自己所得即使误拿也一定要返还。在他死于南京右都御史任上之前三日,"兵部送柴薪多耗七钱,犹扣回"。[4] 可谓古今清廉之少有。当然,海瑞主张施以重刑惩治贪官污吏有些残酷,像太祖皇帝时期的"八十贯赃绞罪之律"等,但面对贪官污吏横行的明王朝,以严刑峻法来防范与处置官吏的贪赃枉法委实属无奈之举,首先需肃清朝纲,对盘根错节的官绅阶层予以打击,这才是当务之急。

---

[1] 海瑞:《兴革条例》,陈义钟编校《海瑞集》上编,第96页。
[2] 海瑞:《禁馈送告示》,陈义钟编校《海瑞集》上编,第181页。
[3] 海瑞:《督抚条约》,陈义钟编校《海瑞集》上编,第247页。
[4] 梁云龙:《海忠介公行状》,陈义钟编校《海瑞集》下编《附录一·传记》,第543页。

（三）打击权贵，为民请命

官吏不以为百姓服务，为国家尽忠为己任，而以钻营贪财为能事自是王朝衰弱的一大症候。更加令人痛心疾首的是，这些官员即使退居还乡依然利用残余的权力，巧取豪夺，兼并土地。明王朝末年，土地问题已成为社会痼疾，牵涉众多豪强大户的利益。海瑞升任南直隶巡抚时，深感土地问题的严峻，富者田地数万亩左右，而近半农民没有土地，流离失所，生活凄惨。遂发布公告，要求富户退回贫民所献土地，以保流民生活之所。并且对有恩于自己的前任首辅徐阶一视同仁，避免私恩，打消其他富户的侥幸心理，推进退田于民的政策。海瑞曾在往来书信中表露对此事坚持到底的态度，"存翁近为群小所苦太甚，产业之多，令人骇异，亦自取也。若不退之过半，民风刁险可得而止之耶！为富不仁，有损无益，可为后车之戒。"① 并书信动员徐阶，"近阅退田册，益知盛德出人意表。但所退数不多，再加清理行之可也。昔人改父之政，七屋之金，须臾而散。公以父改子，无所不可。区区意促装上道不及尽，惟谅酌之，幸甚。"② 虽然，声势浩大的退田于民运动最终销声匿迹，被豪强大户所镇压，海瑞因此也被参劾归家，但他这种勒令富豪退田的果敢行动，一方面使地主阶级为之震动，一方面又激起农民的自主意识，农民的志气由此而为之大涨，富豪的淫威则大大削弱。

（四）精兵简政，厉行节俭

海瑞任江西兴国知县时，针对当时机构重叠，官员虚设，人浮于事，办事互相推诿等官场宿弊，提出要裁掉不必要的官吏职位，官位的设置需要根据政务来安排，并且要考虑到年代变化，官吏属性职务的改变。在此基础上，海瑞详细罗列出各类虚职，直指要害，"有一官则有一官之费，若一官不安其分，则又有一官需索之扰。一官之费，分也，理也，于民不无所妨。一官需索之扰，时变然也，通弊也，于民则为大害。"③ 因此，海瑞一系列精兵简政的行为均是从百姓的角度出发，官员本是为民服务的，

---

① 海瑞：《复李石麓阁老》，陈义钟编校《海瑞集》下编，第431页。
② 海瑞：《复徐存斋阁老》，陈义钟编校《海瑞集》下编，第432页。
③ 海瑞：《兴国八议》，陈义钟编校《海瑞集》上编，第209页。

官员系统的庞杂冗沉，势必会加重百姓的负担。为了严格避免此种本末倒置的行为，海瑞积极主张对无所事事的冗员进行精简。在兴国任上，海瑞精简了清军县丞一员，将清军工作责归管校主簿，精简捕盗主簿一员，把捕盗工作责之典史等。分工明确，各司其职之下，兴国县的办事效率明显提高，一定程度上清理了官府内部的宿弊。

冗员剔除的同时，冗费的问题也急需解决。海瑞始终将厉行节俭，视为利国利民的大事，严禁奢靡之风。曾发布公告要求公务用纸采用价廉的草纸，前后不加外壳，且后面不留多余纸张，尽量减少高价厚纸的使用。可见，海瑞将勤俭之习已深入到如此细微之处，更难能可贵的是，海瑞以己正人，从自身践行节俭的各项条约。在《督抚条约》中，他自行规定："本院到处下程，止鸡、肉、鱼、小瓶酒等件，不用鹅及金酒。物价贵地方费银不过三钱，物价贱地方费银二钱，烛柴俱在内。本院凡巡历，所在县驿俱不许铺毡结彩，拜席等用，止用本地方所出稍软厚草席。"[①] 海瑞此等不遗余力和率先推行廉政的行为，尽管其出发点是为了维护和巩固明王朝的封建统治，但在客观上对当时的奢靡腐败之风起到了一定的肃杀作用，保证了在其所任地方政治清明，百姓得以安居乐业。

三 海瑞廉政思想的当代启示

回溯海瑞跌宕起伏的一生，他本可以趋炎逢迎贪官当道的明王朝，安心擢升，既不对自己苛刻要求，也不做冒死谏君的廉吏。然而，刚正不阿的本质注定了海瑞一生的幸与不幸，幸在他坚持了自我，敢于不畏奸佞清廉到底。明史学家吴晗在《论海瑞》中对海瑞精神作了一番阐述："我们肯定、歌颂他一生反对坏人坏事；肯定、歌颂他一生反对贪污，反对奢侈浪费，反对乡愿；我们肯定、歌颂他一生处处事事为百姓设想，为民谋利；我们肯定、歌颂他一生不向困难低头，百折不挠的斗争精神；我们肯定、歌颂他一生言行一致，里外如一的实践精神。"这是海瑞之幸，亦是百姓之幸，海瑞任职地方，百姓均对其赞不绝口，敬爱有加。无奈，海瑞生不逢时，这是其大不幸，试图以一己之力来拯救整个危亡的明王朝，可

---

① 海瑞：《督抚条约》，陈义钟编校《海瑞集》上编，第243页。

以说是回天无力。固然嘉靖帝为其千古一骂而动容，隆庆帝、万历帝均对其廉政举措赞许不断，但是封建统治千年来所沿袭的陋病成为海瑞廉政举措的掣肘，他的诸多优秀举措，在其离任后均未能坚持下去。这是值得思考的问题，既然廉政举措没有错，又实现了利国利民的目的，为何节节溃败。

其根本原因在于封建社会的政治体制，在这种状况下，海瑞所能做的极其有限。如淳安时期的兵部驿站费用、南直隶巡抚任内的田产土地问题等，制度本身的缺陷使得海瑞陷入两难境地，一方面作为封建王朝的忠臣廉吏需捍卫统治阶级的利益，遵从统治阶级的各项制度；另一方面作为一地百姓的父母官，为民造福是根本任务。因此，海瑞仅能在不违反制度的前提下，运用自身的智能，在一定范围内调整执行政令，希望为百姓带来最大的福利。

除了政治体制的不兼容外，更多的阻力来自权贵阶层，廉政举措侵害了他们自身的利益，因此，像徐阶一类封建官绅想尽各种办法要取消廉政的推行。当海瑞在绝望中离开人世时，北京负责人事的官员大大地松了一口气，权贵阶层更是如释重负。他的死并没有获得走向没落的明王朝丝毫怜惜，即使是这样一位忠心耿耿、廉洁自律的官员也免不了遭受被遗弃的命运。封建权贵几千年来盘根错节的利益关系，使得他们总是能够迅速"团结"，打压像海瑞这样的清官廉吏。同时，封建权贵也紧紧依附着封建王朝的政治体制，这恰恰为当代社会廉政举措的推行带来启示。

在社会主义制度下，我们摒弃了一切封建社会政治体制的糟粕，确保各项社会制度合于发展、造福于民，努力构建和谐社会、廉洁政府，为廉政举措的实施提供了制度保障。海瑞在各地惩治贪腐的举措未得到长久实施的历史教训警示我们，仅仅将反腐倡廉的重任交给所谓的"清官"无法从根本上遏制贪污腐败现象，要集结国家制度的力量，政治制度合理化，不为贪腐现象留任何死角。

另外，要大力倡导全体社会成员学习海瑞洁己洁人的品行。古往今来为人称颂的清官屈指可数，他们需要饱受各种利益的诱惑，而后不为所动，秉公执法。当前社会，很多政府官员如海瑞一样勤勉实干，为民谋福利的大有人在。但涉及自身利益时，往往与海瑞谬以千里。这是我们时至今日依然重提海瑞精神之所在，海瑞廉政的核心在于洁己洁人，用强大的自律精神来保持"清、慎、勤",在位淳安县时,平日穿布衣、吃粗粮,命老仆在衙中空地种菜,家童上山打柴。任南直隶巡抚半年有余,后被弹劾归家后,竟一点积蓄都没有。去世时遗物甚少,以至于连办理丧事的钱都不够。其一生的清廉自律,可谓千古罕见。

海瑞刚正不阿的精神气节也是我们需要大力倡导、认真学习的。其刚正不阿的精神是支撑其几经弹劾复任,仍旧坚持廉政的动力。海瑞一生最重气节,对那些无骨气、随风倒、和稀泥的"乡愿"深恶痛绝。任南平教谕时,为维护师道尊严,不肯向高官屈膝,得"笔架先生"的外号。即使是有恩于自己的阁老尚书,在推行廉政的过程中一样照章办事,绝不私设后门。尤其是直言天下第一疏,市棺谏君的行为震撼古今。海瑞的不阿谀逢迎,不怕得罪人、不怕丢官、不怕死,就在于他有一身刚正不阿的气节,敢于坚持真理、坚持原则。

海瑞作为一名海南人,不仅是中华民族的骄傲,更是海南人的骄傲。在新形势下,我们要继续传承海瑞精神,在廉政文化建设中融入海瑞精神,在"慵懒散贪"和"四风"问题整治中,积极推进以海瑞精神为主题的廉政文化建设,将崇尚廉洁、鄙弃贪腐作为价值导向引入各级政府的工作中,构建廉政氛围,将廉政思想、海瑞精神灌注到日常信仰中,这样,才能保证执政过程的廉洁性,实现当代反腐倡廉的愿望。建立廉洁政府,单靠几个像海瑞一样的清官是远远不够的,这需要我们全体社会成员坚持原则,洁人洁己、拒斥贪腐、秉公办事,唯其如此,才是真正意义上的廉政文化建设。

(作者单位:海南大学、海南师范大学教育科学学院)

土地兼并与反兼并的论争

——海瑞与江南地方士绅抗辩的议题

周伟民 唐玲玲

在中国历史上,土地问题长期以来是社会关注的焦点!不同的社会集团在土地问题上互相争夺,而致败家亡国之事,史不绝书。

中国上古土地制度为井田制,在殷周时代,因土地划作井字形而名之。最早见于《孟子·滕文公章句上》:"方里而井,井九百亩,其中为公田,八家皆私百亩,同养公田。公事毕,然后敢治私事,所以别野人也。"① 后世有许多人以此为基础提出关于土地制度的设想。

明代土田制情况,《明史·食货一》载:"明土田之制,凡二等:曰官田,曰民田。初,官田皆宋、元时入官田地。厥后有还官田,没官田,断入官田,学田,皇庄,牧马草场,城壖苜蓿地,牲地,园陵坟地,公占隙地,诸王、公主、勋戚、大臣、内监、寺观赐乞庄田,百官职田,边臣养廉田,军、民、商屯田,通谓之官田。其余为民田。"②

在中世纪,封建国家政治权力地位,是按照土地产业来排列的。明代的土地所有制,除王亲国戚、公侯、丞相等占有土地之外,全国各地的土地占有者,在明代中叶以后,随着商品经济的发展,在各地区又出现有一定数量的商人地主。土地主人的权力及其政治地位与土地结合在一起,他们借此大肆兼并土地,尤其是官僚集团,在法律地位上还附有某些特权,优免赋役,为他们扩大经济提供多种便利。据《明史·食货志》载:"太

---

① 《十三经注疏》中《孟子注疏》卷五上,中华书局,1980,第2703页。
② 《明史》卷77《食货一·庄田》,中华书局,1974,第1881页。

祖赐勋臣公侯丞相以下庄田，多者百顷，亲王庄田千顷。又赐公侯暨武臣公田，又赐百官公田，以其租入充禄。指挥没于阵者皆赐公田。勋臣庄佃，多倚威扞禁，帝召诸臣戒谕之。其后公侯复岁禄，归赐田于官。"① 除土地之外，又给予作为土地附属品的农奴。于是新土地势力膨胀发展，大量进行土地兼并。朱元璋曾于洪武五年（1372）六月下申诫公侯的"铁榜文"，其中涉及对贵族官僚阶层的惩戒条文，其中如："凡公侯之家，强占官民山场、湖泊、茶园、芦荡及金银铜场、铁冶者，初再犯免罪附过，三犯准免死一次……凡公侯之家倚恃权豪，欺压良善，虚钱实契，侵夺人田地、房屋、孳畜者，初犯免罪附过，再犯住支俸给一半，三犯停其禄，四犯与庶人同罪"，等等。② 这些敕诫条文虽然严厉，但贵族官僚田土仍然日益扩大。到了明代中期，正德、嘉靖年间，贵族官僚营产谋利的行为，更加明目张胆。王邦直说："官豪势要之家，其堂宇连云，楼阁冲霄，多夺民之居以为居也；其田连阡陌，地尽膏腴，多夺民之田以为田也。至于子弟恃气凌人，受奸人之投献，山林湖涞，夺民利而不敢言。当此之时，天下财货，皆聚于势豪之家。"③ 顾炎武在《歙志·风土论》中写道："至正德末、嘉靖初，则稍异矣。出贾既多，土田不重，操资交捷，起落不常。能者方成，拙者乃毁，东家已富，西家自贫。高下失均，锱铢共竞，互相凌夺，各自张皇。于是诈伪萌矣，讦争起矣，芬华染矣，靡汰臻矣……迨至嘉靖末、隆庆间，则尤异矣。末富居多，本富尽少，富者愈富，贫者愈贫。起者独雄，落者辟易，资爱有属，产自无恒。贸易纷纭，诛求刻覈，奸豪变乱，巨猾侵牟。于是诈伪有鬼蜮矣，讦争有戈矛矣，芬华有波流矣，靡汰有丘壑矣……迄今三十余年，则复异矣。富者百人而一，贫者十人而九，贫者既不能敌富，少者反可以制多。金令司天，钱神卓地，贪婪罔极，骨肉相残。受享于身，不堪暴殄，因人作报，靡有落毛。于是鬼蜮则匿影矣，戈矛则连兵矣，波流则襄陵矣，丘壑则陆海矣。"④ 这是海瑞所

---

① 《明史》卷77《食货一·庄田》，第1886~1887页。
② 《钦定续文献通考》卷136《刑考·刑制》"作铁榜诫公侯申明律令"条，文渊阁《四库全书》本。
③ 王邦直：《陈愚衷以恤民穷以隆圣治事》，见陈子龙等编《明经世文编》卷251《东溟先生集》，《续修四库全书》第1658册，上海古籍出版社，2002，第602页。
④ 顾炎武撰《天下郡国利病书》第2册《歙志·风土论》，黄珅等校点，上海古籍出版社，2012，第1025~1026页。

处时代的社会背景。

海瑞于嘉靖三十二年（1553）闰三月，授福建延平府南平县儒学教谕，十二月十二日到任。在任四年，嘉靖三十七年春，擢升为浙江严州府淳安县知县，五月到任，亲自勘察民情，精心规划，清丈土地，均平徭役，发展生产。在淳安知县任上，制定《兴革条例》。隆庆年间，不论在应天巡抚任，还是在琼山闲居，对于地方土地清丈一事，十分关心，在县治期间，严厉执行。

海瑞针对明代中叶土地占有的弊政，在当时所作的诸多文章中，尖锐地提出针锋相对的意见。

一　唯有恢复井田制才能富民强国

海瑞在《使毕战问井地》一文中提出："不井田而能致天下之治者，无是理也。何也？人必衣食有所资，然后为善之心以生。日夕有所事，然后淫佚之念不作。井田者，衣食之资，日夕之事，返朴还淳之道，去盗绝讼之原，举赖于此。故尝以为一井田而天下之事毕矣。"海瑞认为土地问题是治国之本，而井田制是百姓赖以生活安定的根源。但为什么长久以来都不能坚持实行井田制呢？关键在于治国者不为民着想。海瑞指出："然自三代而下，垂数千载而莫之行者何？井田所以为民亦兼以足国。自秦汉而下，其心于为民者，能几人哉！间有欲为民隐之恤，久远之计者，又苦于考究之不详，变通之无法。彼见夫天下若此其大，夺富民之田以畀贫者，纷纷籍籍，无从下手。"而那些治国的文人，不了解社会实际情况，因循守旧，不懂井田制为治国之道。海瑞尖锐地道出社会的弊病："其讲学之臣，多词章记诵之士，议及井田，懵然不知所以行之故。或见其莫己利也，因不举之以为君诵者。亦有举之，世相安于因循之习，竟无经久之计、望治之思，胶柱鼓瑟，宜乎其卒不可行也。"[①] 也由于此种种原因，而使历代世主不能复三代之法以利广大百姓，而致使豪强坐擅兼并之利。

---

① 《海瑞集》下册卷之六《使毕战问井地》，李锦全、陈宪猷点校，海南出版社，2003，第724～725页。

二 推行以井田制为基础的"圣王之教"

治理国家，使百姓生活稳定、教育发展才能国富民强。海瑞在治政的实践中，对此两者的关系有所洞察，这也是他强调井田制的政治理想的核心。他认为："人皆以井田为圣王之养，庠序为圣王之教。养民于先，教民于后，有养而后教行焉。若井田自为养，庠序自为教，不相涉矣。"他认为两者是不可能各自独立分开的，而是相辅相成；历代名人贤士口谈道义者，皆不能绝去为富不仁之心。因此，"天下之治，井田为之，学校不过辅翼之。先王之教，井田教于始，学校不过成教于终。一井田而天下之事毕矣。"这是海瑞强调井田制的政治理想的原因。所以他一再表明，"井田尽天下之事，与其竭力为庠序、为教约，百端鼓舞，民志不定，迄无成功，不若竭力一井田以复唐虞三代之治，不可以王莽王田增纷扰借口也。"① 井田是强国之本，只有生活安定，才能进而发展文化教育事业，海瑞这一政治思想的价值是永恒的。

三 实行限田均税是井田制的遗意

海瑞在淳安任上的政治实践中，深知民间无田可耕而逃离乡土、投奔他方的疾苦。他在《招抚逃民告示》中写道："尔等割舍乡土，远离了平日所聚会的亲戚交游，远离了平日遇时节所摽挂的祖宗丘冢者，非独无天性不忍之心，与人殊也，盖因不能赔贩钱粮。些小产业，贱卖与富家者再无可卖；或本身，或男女，写作奴婢于富家者再无可写。衣食不充，钱粮何出？妻啼子号，苦恼万端，而里递多科尚未已，官府刑征犹未息，致小民不愿有斗酒彘肩之赐，惟愿无催税打门之声；不愿有连篇累牍之诏，惟愿无放黄催白之文。奈人愿不从，吁天无路，所以忍割天性之爱，含泪逃流他方，以求衣食，以避繁刑，非事稍可已而尔等为之也。"②

---

① 《海瑞集》下册卷之六《使毕战问井地》，李锦全、陈宪猷点校，第 729~730 页。
② 《海瑞集》上册卷之二《招抚逃民告示》，李锦全、陈宪猷点校，第 252 页。

这是明代中叶百姓失地贫苦逃荒的实景。是时任淳安县知县的海瑞，亲自勘察民情之后，在县太爷的告示中真情地叙述人民的疾苦，"天下之治与不治，民物之安与不安"，关键在于井田制能否实行！在今天，古代为民谋利的井田制又无法实现，刚毅清廉的海瑞，在他的施政过程中，从利民、安民出发，既然要复祖宗之成法无能为力，于是只能退而求其次，在他力所能及的管理土地上，实行丈量田山，限田均税。梁云龙在《海忠介公行状》中写道："江以南贫富相倾，弱者率投献田地，豪家以为奸利，而佅离瘵苦之状接于目，侵占争夺之讼聚于庭。公气勃勃，下令受献者悉退还，或许赎。即恩厚如华亭相公家，亦义劝其退田不已。盖公尝论：'欲天下太平，惟有井田一法。井田之卒坏而不复，惟有亟夺富民田一言。至不得已而限田，又不得已均税，下下策矣，然犹井田遗意。'故其两制疲邑，皆用清丈。兹又令献鬻还赎，意亦仁哉。"① 梁云龙在这里说出了海瑞的本意，在井田之制败坏而不复的年代，只好用限田、均税的"下下策"。这也是井田制的遗意了。

四　限田均税是井田制的变通策略

海瑞在县官任上，强制实行限田均税政策，这是土地管理上的变通办法。他说："井田者，井田之名也。人必有田而不必于井者，井田之实也。观野行助法，国中什一自赋，圣人变通之权可想见矣。"这种委曲变通的政策，可以使百姓"必有田宅而不失所养，化裁变通之而已。"② 但是海瑞的限田主张，"独卵翼穷民，而摧折士大夫之豪有力者。"③ 正如李贽所说："公尝言欲天下太平，惟有井田一法。井田之坏而不复也，惟有亟夺富民田一言。至不得已而限田，又不得已而均税，策斯下矣。然犹有井田遗意。"④ 而实行限田、均税的结果，"令额外征徭，不至重困之。至今小民得保守田业，相率绘公像而尸祝之，比比也。然公竟以夺富民田府怨，而

---

① 《海瑞集》下册卷之七《附录·行状》，李锦全、陈宪猷点校，第809页。
② 《海瑞集》下册卷之六《使毕战问井地》，李锦全、陈宪猷点校，第727~728页。
③ 《海瑞集》上册卷之首李贽《太子少保海忠介公传》，李锦全、陈宪猷点校，第33页。
④ 《海瑞集》上册卷之首黄秉石《海忠介公传》，李锦全、陈宪猷点校，第54页。

议者亦以此中公，遂解官归里。"① 海瑞实行的限田、均税政策，由于他"清直威声，晔震中外，令下无敢不行者"。② 于是雷厉风行地在其辖地清丈土地，使乡宦受者率自退田。当时内阁首辅徐阶于隆庆二年告老还乡，致仕家居，曾兼并大量田土，其产业之多，令人骇异。他表面上也退田还民，立册报告。海瑞发现后，也不留情面地复书给他说："至松江日满领教益，惟公相爱无异畴昔也。殊感，殊感。近阅退田册，益知盛德出人意表，但所退数不多耳。幸一再清之。"③ 海瑞铁面无私，连恩师也不放过。由于海瑞兴利除弊，整顿吏治，而致被一些官吏论劾，如刑科都给事中舒化、吏科给事中戴凤翔等上书论劾海瑞，他于隆庆四年（1570）上《被论自陈不职疏》，对他们诬蔑不实之词痛加驳斥。在这篇奏疏中，海瑞揭露华亭县告乡官状的实情。他写道："盖华亭乡官田宅之多，奴仆之众，小民詈怨而恨，两京十二省无有也。臣于十二月内巡历松江，告乡官夺产者几万人。向府县官问故，群举而告曰：'夫民今而后得反之也。'向诸生员问故，则又群声而曰：'民今而后得反之也。'乡官之贤者亦对臣曰：'二十年以来府县官偏听乡官举监嘱事，民产渐消，乡官渐富，再后状不受理，民亦畏不告诉，日积月累，致有今日事，可恨叹！先年士风不如是也。'为富不仁，人心同愤。"海瑞在民间视察的过程中，深感为富不仁的祸害。乡宦为虎，小民为肉，因此，退田一事，乃"乡官二十余年为虎，小民二十余年为肉。今日乡官之肉，乃小民原有之肉，先夺之，今还之，原非乡官之肉也。况先夺其十百，今偿其一，所偿无几。"④ 这就是海瑞对乡愿限田均税的出发点。所以虽然在明朝中叶再也无法执行井田制，而变通进行限田均税的办法，也可挽救民众灾难于万一。

五 "拟丈田则例"以解决丈田中出现的各种弊病

为了达到实行限田、均税的目的，海瑞亲自制定丈田则例，让丈田工作能做到合理公平，条例规定得细致入微。

---

① 《海瑞集》上册卷之首李贽《太子少保海忠介公传》，李锦全、陈宪猷点校，第34页。
② 《海瑞集》上册卷之首黄秉石《海忠介公传》，李锦全、陈宪猷点校，第54页。
③ 《海瑞集》上册卷之首黄秉石《海忠介公传》，李锦全、陈宪猷点校，第54页。
④ 《海瑞集》上册卷之一奏疏《被论自陈不职疏》，李锦全、陈宪猷点校，第136~137页。

在《拟丈田则例》一文中，海瑞说："丈田非欲人不为欺乎？欲人不为欺，而使势不得不出于受欺之人为之，上人未之思。立法不善，非受委之人，故自为欺之罪。当只田地坐落里中金人为之。凡公正、书算、弓手，须家道殷实，素信服于人之人。公正人总管丈事，公正人尤急，若里多有田地，则金二人，一正一副。二人非谓轮流管事。二人共管一事，自有宽舒不劳之处。二人共当一事之罪，又自有担当之美。"① 海瑞所规定的丈田法则是十分严格的。他又规定"右丈田当行事款""右归粮""右丈田不可行事款""右严法"等诸多条文，使丈田"无虚粮、虚差。小民虽无田而得自生理，无先日官中苦恼矣。"②

实行土地清丈的结果，核实农民所有田地面积，按实际数量缴纳钱粮，杜绝了有田无粮，有粮无田的积弊。以清丈土地来实施限田政策，才能改变广大农民的生活。

海瑞反兼并的理政方针，锐意兴革，受到人民的爱戴；但他却大大触犯乡官权贵的既得利益，终于在豪贵乡愿的诬害中被迫引退回琼山家乡，闲居有 16 年之久。

即使回乡闲居，但海瑞对于丈田一事却无法忘怀。在《海瑞集》中，保留了《赠罗近云代丈定安田序》《赠临高尹陈侯丈亩成功序》两篇文字，海瑞念念不忘丈田的爱国情怀历历可见。他赞扬罗近云"有田则丈，显显条绪，非乱丝也。近云坐得易简之道，是以得之。定安之事，予未之有闻也。然观其彼善于文昌，可以卜于定安亦必有善。心力不能以两见，任人为而理其绪。闻其后一得间亲行核奸匿不丈之家二十有一，准其改补完报。虽曰安知其无尚有出于二十一家之外，而近云精明果毅之才，亦可见矣。"③ 对罗近云在文昌、定安条理井然丈田的政绩，赞不绝口。对临高尹陈侯的丈亩成功，衷心赞美，在《赠临高尹陈侯丈亩成功序》中写道："夫曰公，虽乡士夫亦不敢干之谓。夫曰廉，富人亦不能贿之谓。曰勤，时时田里之中。曰慎，一字不入吏书手目也。他州县曾有之乎？而振源陈侯自入临而来，则已然矣。今谓丈田为国家之重典，民事之急务，四道之有于身，日益加笃。一县之人得有千百年均平之美，有其田方有其粮，举

---

① 《海瑞集》上册卷之二《拟丈田则例》，李锦全、陈宪猷点校，第 410～411 页。
② 《海瑞集》上册卷之二《拟丈田则例》，李锦全、陈宪猷点校，第 421 页。
③ 《海瑞集》下册卷之四《赠罗近云代丈定安田序》，李锦全、陈宪猷点校，第 541～542 页。

赖于侯，刻骨之感。"由于临高耆老前来求海瑞写赠词，他开头以衰老之年辞谢，后来自思过去丈田的失败，抚今追昔，今日陈侯在海南临高丈田之成功，于是执笔直书："圣天子宵旰之切，付之州县，不得睹有成功，有甚于今者乎？自初官迄丈田事，视国如家、民若子，非陈侯其人乎？汉司马迁历览天下之胜，说者谓史笔之奇，山川为助。龚、黄、卓、鲁，彼其四逸致声，亦此得之。好是懿德之心，不可谓独太史公当有也。《匪风》之诗曰：'谁将西归，怀之好音。'陈侯之在今日，能西归矣。于此不言，他尚何言？用是改辞，复为求言之口者，复独云临高一县不然，他州县奚为后我之望也。"① 他以此文赠陈侯并致问候，表明他对丈田官吏廉洁奉公的感激情怀。

以上两篇序，说明海瑞虽赋闲在家，但还是念念不忘田地兼并这样的国家大事。他时刻关心琼州丈田的进展情况，多次写信给分巡道唐敬亭，向他分析琼州土地改革的实际状况，以自己在淳安、兴国、应天丈田的经验教训，进而提出在琼州如何进行丈田的具体办法。

海瑞对唐敬亭说道："一丈田而百弊清矣。士君子为部民久长之计，无过于此。况琼州开国而今，无一人见有丈田之举。粮差弊孔，有司莫能止之。万里遐荒，想国初亦草草数矣。千载一时。然此一大美事，亦一大难事，不一一讲明于今，无以善终于后。"讲明丈田之举的重要性之后，海瑞又把自己了解的实地情况，详细地指出："琼州粮在此里，田丘又不在此里，散在二十里、三十里分亦有之。大约黄册粮数，一半田在本里，一半田在别里，地方相去或二三十里、八九十百里外。今丈田，丈粮数之田耶？丈本里田兼无粮在册之田耶？丈粮数之田，一里排奔走不及，何埔何段，上中下则，茫不及知。丈本里兼无粮在册之田，事无大于此者，告示又不见一有分说。"② 海瑞虽然闲居在家，但对琼州丈田的关注十分细致，了如指掌。他在给唐敬亭几封信中，都详细指出许多丈田时应注意的事项，甚至畎畔木板的长、宽度，丈田必要配合的人数，如何丈无粮之田等问题的处理，都一一说明。海瑞以在野之心，对家乡土地改革的关注，

---

① 《海瑞集》下册卷之四《赠临高尹陈侯丈亩成功序》，李锦全、陈宪猷点校，第 555~556 页。
② 《海瑞集》下册卷之五《奉分巡道唐敬亭》，李锦全、陈宪猷点校，第 676~677 页。

其拳拳爱国心令人敬佩。

  古往今来，历代政权的重要基点，都离不开对土地问题的措置，土地兼并与反兼并的斗争，成为政权是否巩固的重点。海瑞于嘉靖三十三年（1554）41 岁时才开始步入政坛。隆庆四年（1570）57 岁就赋闲返乡。在这 16 年的时光里，他勤政爱民，兴利除弊，整顿吏治，而在一切政事中，皆以反土地兼并的论争为中心，丈田工作是他诸多工作中的难点，也因此而被陷害返籍。但他即使回到琼州，仍然不变一贯执政的态度，对琼州的地方官诸多关怀，海瑞在反土地兼并问题上的执着态度，是为政清廉的政治思想的核心。

  当然，联系到时代和海瑞的其他政治主张，其反土地兼并的出发点也是为了巩固明政权。

（作者单位：海南大学）

海瑞心性论*

史振卿

海瑞，字汝贤，琼山人，《明史》本传载："平生为学，以刚为主，因自号刚峰。"① 海瑞之刚直忠介之事，可谓妇孺皆知，然观其行则知其学。其之学旨趣，万历年间的琼山进士梁云龙指出："其平生所学惟务识真，必为圣贤，不为乡原。"② 海瑞的为官之耿直与其学术有密切关联，清人彭鹏认为海瑞"品行之高，由于学问。公之忠贞耿介，公之学问为之也……今观《备忘集》，文章经济，皆足千古，而治安一疏，尤言言至情，言言至理，非有大学问而能然乎？"③ 王国宪也认为："公之气节、文章、经济，本于学问。平素所学，孔子所谓刚者不参加伸枨之欲。养刚大之气，得于孟子。于宋儒兼通朱陆，不偏于一家。举凡出处言行皆本所学。其心可告天地、质鬼神，对诸君民而愧，具见诸经济，随所遇而施，行足以救陷溺之民而不避权奸之谣啄，其气节以艰危而愈劲，其文章以雄直而自达。非学问有得，志识坚定者而能若是乎！"④ 同样，梁子璠也认为："夫知先生者，皆谓清风特节，即一介而必严；敢谏犯颜，垂九死而不悔。至于剔弊厘奸，情急饥溺。孰知其心性之学，见之甚精，而辩之甚晰。"⑤ 也就是

---

* 此文章为海南省社科联基金项目《海南古代学术思想史研究》〔HNSK（GJ）12~40〕以及博士后二等基金资助《明代儒学文献研究》（2013M542273）的前期成果之一。
① 《明史》卷226《海瑞传》，中华书局，1974，第5933页。
② 《海瑞集》卷之七《附录·海忠介公行状》，李锦全、陈宪猷点校，海南出版社，2003，第800页。
③ 《海瑞集》卷之七《附录·海忠介公年谱》，李锦全、陈宪猷点校，第841页。
④ 《海瑞集》卷之七《附录·海忠介公年谱》，李锦全、陈宪猷点校，第843~844页。
⑤ 《海瑞集》卷之首《序·海忠介公文集序》，李锦全、陈宪猷点校，第78页。

说，海瑞的刚直气节来自其学问，本文以求真心为介入点，分析海瑞心性之学，敬请方家是正。

一

关于海瑞的学术渊源，学界少有关注，从邹元标《海忠介公文集序》可以窥看端倪："琼州海刚峰先生起，人但知其壁立千寻，超然埃壒，不知其学有源委。往在留都（南京），相过谭说甚周，其学宗陆子而直信本心者也。退语友人，唯唯否否。予近因兴国蔡侯刻公在邑训士诸语，予讶其太简。乃从东莞少府温公得诸编撰，所著《朱陆辨》，益信其洞见大意，由陆以尊孟子，信心而行者也。"① 此为邹元标于万历四十六年写的序文，应该比较可信，从中我们可以看到海瑞到南京的时候才关注陆九渊的心学。海瑞在南京为官，据李鸿然考证为两次，其一是隆庆二年，即1568年，此时海瑞56岁，任南京通政司右通政。② 其二是万历十三年，即1585年，73岁的海瑞被朝廷重用，复海瑞为南京都察院右佥都御史。二月十一日，改命为南京吏部右侍郎。75岁病逝于南京。③ 对于第二次海瑞在南京为官，没有争议，但是对于隆庆二年海瑞任南京通政司右通政，史料有不同的记载。万历时期的梁云龙在《海忠介公行状》中载："丁卯改元，晋丞尚宝，四月丞大理右，七月转左……十一月，升南京右通政，复迎太恭人就养，而王恭人始偕来。乙巳春正月，改通政司右通政，提督誊黄；六月，升右佥都御史，奉敕总督粮储，巡抚应天。"④ "丁卯改元"，即隆庆元年（1567）。也就是说隆庆元年十一月，海瑞升南京右通政。又，王国宪《海忠介公年谱》载："隆庆元年丁卯……十一月，升南京通政司右通政使。"⑤ 从上述之文，可明确隆庆元年海瑞升南京右通政，是正确的，李鸿然的考证恐有误。

孟子的心性之学对海瑞影响深远，所以到南京为官后对陆九渊的心学

---

① 《海瑞集》卷之首《序·海忠介公文集序》，李锦全、陈宪猷点校，第75页。
② 李鸿然：《海瑞年谱（续一）》，《海南大学学报（人文社会科学版）》1995年第4期。
③ 李鸿然：《海瑞年谱（续二）》，《海南大学学报（人文社会科学版）》1996年第1期。
④ 《海瑞集》卷之七《附录·海忠介公行状》，李锦全、陈宪猷点校，第808页。
⑤ 《海瑞集》卷之七《附录·海忠介公年谱》，李锦全、陈宪猷点校，第828页。

产生浓厚的兴趣,甚至对朱子之学提出批评,这是因为在海瑞看来,孟子的思想是其思想的来源,所以"由陆以尊孟子,信心而行"。

海瑞在幼年时候深受儒学的熏陶,其父"早攻经学,司令、教儒庠。成德达才,久著作人之效;枕经葄史,已收训子之功"。① 但是,不幸的是,海瑞四岁时父亲辞世,其母担当教育的责任,亲自口授《孝经》《大学》《中庸》等,"瑞今日稍知礼义,勉自慎饬,若非冲年背父者,尽母氏谆谆开我力也。持家有纪法,教子有义方,律身以正义"。② 待其年长,便外出求学,"公生而秀挺,稍知识,直欲学做圣贤,以圣贤教人,千言万语,止是欲人识其真心。率其真而必为圣贤,不为乡原。力破夫无害从俗之说"。③ 在此海瑞表达自己的理想抱负,学圣贤就要有"真心",也就是一切来自内心,这与孟子倡导的"四心"说是一致的。对于乡原,海瑞认为:"从古未有言及养气者,而孟子言之。古有诡随上容之说,即乡原意也。亦无有若孟子之论剀切痛快者。盖乡原馁其浩然之气以从俗。浩然之气,孟子身有之,见乡原若为身害。故言之详、恶之痛。今天下惟乡原之教人人最深,凡处己待人,事上治下,一以乡原道行之。世俗群然称僻性、称所行大过者,多是中行之士。谓如此然后得中道、善处世,则必乡原之为而已。所称贤士大夫,不免正道、乡原调停行之。乡原去大奸恶不甚远,今人不为大恶,必为乡原。事在一时,毒流后世,乡原之害如此!说者谓孟子扩前圣所未发,指养气言也。孟子之功不在禹下,当以恶乡原为第一。"④ 乡原的行径毒流后世,故必然反对。

海瑞在郡所读书时虽身为生员,但其在同庠之中受到尊重:"与二三同志辨明学术,严课功修……人咸称为道学先生,相率师事之。"⑤ 海瑞被称为"道学先生",表明其对儒学的典籍有很深的领悟,从其《训诸子说》可看到海瑞对心性之学的理解:"学求以复其良而已,操心治心,此不师而师之严切者……或可稽之经传,质之子史,反之清夜莹灵之气……仲由不耻缊袍之立,孟轲藐大人,伯夷之敢于非圣人而不顾,时举而服之心胸

---

① 《海瑞集》卷之七《附录·海忠介公年谱》,李锦全、陈宪猷点校,第829页。
② 《海瑞集》卷之五《书简·与琼乡诸先生书》,李锦全、陈宪猷点校,第643页。
③ 《海瑞集》卷之首《传·海忠介公传》,李锦全、陈宪猷点校,第7页。
④ 《海瑞集》卷之六《论·乡原乱德》,李锦全、陈宪猷点校,第732页。
⑤ 《海瑞集》卷之七《附录·海忠介公年谱》,李锦全、陈宪猷点校,第816页。

之间，往来不置，或者充养之有机乎？不然，徒缀酸文、识陈语，为后日富贵故乡之计，视百责于我何如！纵其一举而进立于卿相之列，吾为二三子丑之矣……夫求富贵利达而妻妾之羞泣从焉，真心也。施施而骄其妻妾，失其初焉者也。"①

海瑞为政期间也发挥儒学之要旨，如在南平任职的时候，"以礼为教，其讲道论德以及经义治事，一一实事求是，不为俗学所染"。② 后刻《淳安稿》，此书是"编兴国任后十余年来奏疏与杂文有关当时政治得失者，皆有益世道人心之文"。③ 海瑞也没有中断教化一方，"海刚峰巡抚下学，谒圣后，令府官坐于明伦堂左，县官、学官坐于明伦堂右，诸生讲书，只讲孟子'其为气也，至大至刚，以直养而无害，则塞于天地之间。其为气也，配义与道，无是馁也'二节。"④ 从万历四年起，居家则读礼，后再度受到重用，到病逝于官邸，从不间断诵读儒家经典。

二

"心"在海瑞的学术思想中很重要，这是孟子最为重要的起点，"君子之于天下，立己治人而已矣。立己治人，孰为之？心为之。心为之，心自知之。得若失心自致之。虽天下之理，无微不彰，而人之视我，终不若我之自视无遁形者之为的。不取信于我所自知之真，取决于人不尽我知之迹，失之矣。"⑤ 孟子强调的"立己治人"，关键是心为之，只有从自己内心出发，才能不失其真。而后多次提到"本心"和"初心"。海瑞在《赠东梧马侯荣奖序》中指出："侯独见本心，不狃于俗……明心见性……侯先立其大，独认本心，与俗见迥异，人误以无用于世讥之……内藏其浑纯真一之体，而外不失其因应变化之用。"⑥ 海瑞借着评介马侯之语，道出自

---

① 《海瑞集》卷之二《训谕·训诸子说》，李锦全、陈宪猷点校，第161页。
② 《海瑞集》卷之七《附录·海忠介公年谱》，李锦全、陈宪猷点校，第821页。
③ 《海瑞集》卷之七《附录·海忠介公年谱》，李锦全、陈宪猷点校，第836页。
④ 《海瑞集》卷之七《附录·周晖〈金陵琐事〉八则·讲书》，李锦全、陈宪猷点校，第836页。
⑤ 《海瑞集》卷之四《序·赠郡侯肖野郭公膺保荐序》，李锦全、陈宪猷点校，第511～512页。
⑥ 《海瑞集》卷之四《序·赠赵三山德政序》，李锦全、陈宪猷点校，第499页。

己的心声,在海瑞看来只有明心见性,立本心为大,才能实现自己梦想。所以海瑞强调:"未有舍去本心,别求之外,而曰圣人之道者。"①

天地万物均来自"心","《易》:冒天下之道。图从中起,中起言心也。天下未有一物一事出心之外者,心何以得?曰得之寡欲。圣天子思得寡欲之才,与天下共,宵旰尤切。"② 只有寡欲才能获得真心,同样心与身是一致的,不可分割,"身心天下,德之在我为之。"③ 身心天下的道德追求,关键是求我,求我在于德义,"天下孰为重,德义为重。德义孰有之?君子之身有之。合仁与人谓之道,有此身然后有此德义,是人身为重;非人身之为重,德义身有之为重。非德之德,非义之义,自视此身之为轻,是不知有此身而后有此德义身之为重。孔子曰:'自古皆有死,民无信不立。'身有轻焉者矣。孟子曰:'取食之重与礼之轻者而比之,奚翅食重。'身有重焉者矣。去身言德义,德义当酌之。去德义言身,身当酌之。天下一德义而已,日酌之、酌之云者,言当用中而行,不可见一偏执为德义,不顾其有甚焉者身之为重也。"④

海瑞用终生去追求真心,就是因为当时的社会尤其士人都失去真心:"衰世昧心之事,圣人之所深恶也。夫出门而交,是虽言色之小,心为之也。昧其心而为之,宁不为君子之所恶也哉!"衰世昧心是圣人不愿见到的,因为他败坏社会风气,"夫岂独无人心者哉?以为不如是不足以取容于人,为有迎合之私,忍自坏其心情之正。羞恶之良,丧于是矣。"所以"大人者,不失其赤子之心,而直道行天下矣"。⑤

心与性是一致的,"夫人生天地,有是耳、目、口、鼻之形,付之以天地万物之性。天地以生物为心,生人之理尽生意也。天地间尽此生意,是故君子出而仕人,不负天与,性在是,道在是,人皆可为尧舜亦在于是"。⑥ 天地万物一致之心与天地万物之性不能分割,"人生天地间,只是一性分是所固有。见之日用,只是一职分惟所当为。舍性分言高奇,未见

---

① 《海瑞集》卷之六《论·严光》,李锦全、陈宪猷点校,第713页。
② 《海瑞集》卷之四《序·赠文昌大尹罗近云入觐序》,李锦全、陈宪猷点校,第542页。
③ 《海瑞集》卷之六《论·严光》,李锦全、陈宪猷点校,第712页。
④ 《海瑞集》卷之六《论·其嗟也可去》,李锦全、陈宪猷点校,第732~733页。
⑤ 《海瑞集》卷之六《四书讲义·巧言令色足恭章》,李锦全、陈宪猷点校,第759~760页。
⑥ 《海瑞集》卷之六《论·出处》,李锦全、陈宪猷点校,第707页。

其能高能奇矣。性分何在？天地万物本同一体，自天子以至途人一也。性在是，职分在是，自天子以至途人，作用一也。故天地万物，举而属之我一人之身，举而任之为我一人日用常行之道。人不我用，然后退而守之。虽退而守之，而万物一体之心则未尝一日息也。从古圣贤，道盖如此。"①而气与性也不能拆开："论性不论气，无以见其生禀之异。论气不论性，无以见夫义理之同。言性不可不析而为二，无气则此理无处安顿。日理日气，无离合，无后先，性即在气质中，非二物也。言性又不可不合而为一，合之而未尝不分，浑然之中灿然者着焉。圣人之言妙矣。"孟子有"命也，有性焉，君子不谓命"之说。海瑞认为："于气质之性既知之矣，答告子诸人独不言及之。盖孟子意欲伸此抑彼，如说夜气，欲人知涵养此性。说四端、说扩充，欲人知体认此性、充广此性。"②海瑞从才和气的不同探究何谓气，"天下之所少者，非才也，气也。何谓气？曰是不可名"。而后他举出苏轼所讲的"卒然遇之，王公失其贵，晋楚失其富，贲育失其勇，苏秦张仪失其辩"，认为这就是气，即"行有不慊于心，则馁"，指出要培育其气，"始资学力扩充之功，终在长育涵泳之力"。③

在海瑞看来，学问的落脚点就是求真心，孟子有言："学问之道无他，求其放心而已矣。"海瑞对此做过数次分析，在他看来士人读圣贤之书，就是探寻圣贤人的真心："不免从事于外，凡以致养乎吾内也。夫心之为大也，己则失之矣，能无求之于外乎？学问人心，合一之道。孟子揭以告人，盖谓讽咏于诗书典故，事事物物，要惟其所在而考求之，谓之学。仪式刑今之君子日与周旋，不知则质之，疑则辨之，谓之问。古先圣人以二端教天下，天下后世听之，人间世一学问也。学问言外也，夫日求之于外而已乎？"所以说用心诵读经典，就是明晰其真心："盖天之生此人也，赋之仁德具于心，既生之后蔽于物欲，形而后有，亦或拘于气禀，心放而仁非己有矣。古之经典，先王精神心术在焉。事事物物，天地间又莫非仁之呈露也。既放之心，危微精一，考之于此而可见。今之君子，精神心术，比方古人，天地间事事物物，我先觉也。既放之心，操存舍亡，求之于此而可明。讲习讨论之功，切磋琢磨之益，君子尽其在我而已，夫岂有他

---

① 《海瑞集》卷之六《论·严光》，李锦全、陈宪猷点校，第710页。
② 《海瑞集》卷之六《论·孟子道性善》，李锦全、陈宪猷点校，第731页。
③ 《海瑞集》卷之五《记·借山亭记》，李锦全、陈宪猷点校，第600~601页。

哉！学也者，学吾之心也。先圣人得心所同然于古，是以有古之学。学非外也。问也者，问吾之心也。贤人君子得心所同然于今，是以有今之问。问非外也。"[1] 同样，"用心，匪特耻为声诗，即古今文词，要以阐发性灵而止"。[2] 阐发灵性也是认识真心。

三

海瑞对陆子之学的认同，是因为陆子之心性之学与他对心的重视是分不开的。他在对朱子之学与陆子之学的评判时也是以心为主，"朱陆之论定久矣，何自而辨之？辨之以吾之心而已。维天之命，其在人则为性而具于心，古今共之，圣愚同之。"[3] 海瑞对朱子之学的批判主要在朱子为学的门径："《大学》'致知在格物'，借之为'诚意'、'正心'之用也。犹之'惟精'乃'惟一'之功，'明善'乃'诚身'之功，功在格致，道在诚正。朱子笃信《大学》，平生欲读尽天下之书，议尽天下之事，'引而伸之，触类而长之，天下之事毕矣'。天下之书可得而尽读之乎？事可得而尽议之乎？韩退之《原道》言'诚正'不及'格致'，朱子指为无头学问，是以'格物'、'致知'为《大学》头一事矣。入门一差，是以终身只做得《大学》先之之功，不尽得《大学》后之益，无得于心，所知反限。"[4]

入门之差，在海瑞看来，差距甚远，这涉及功夫的问题。朱子是读书为先，求心于后，而陆子则是传孟子之"学问之道，求其放心"。陆子并非不要求读书，并不是不撰著述，"圣人以其躬行心得之余，出之于威仪语文辞之末，富于中见于外，不可强而亦不得而饰也"。[5] 因为读书"而先入之深，读书为主，而待其余，未见其真能脱去旧习，收功一原也。危疾一日前，犹解'诚意'章，在溺于诵说，没身不复。"[6] 而是应该先养气，

---

[1] 《海瑞集》卷之六《四书讲义·学问之道无他，求其放心而已矣》，李锦全、陈宪猷点校，第 761~762 页。
[2] 《海瑞集》卷之七《附录·海忠介公年谱》，李锦全、陈宪猷点校，第 817 页。
[3] 《海瑞集》卷之六《论·朱陆》，李锦全、陈宪猷点校，第 713 页。
[4] 《海瑞集》卷之六《论·朱陆》，李锦全、陈宪猷点校，第 713 页。
[5] 《海瑞集》卷之六《论·朱陆》，李锦全、陈宪猷点校，第 714 页。
[6] 《海瑞集》卷之六《论·朱陆》，李锦全、陈宪猷点校，第 715 页。

后读书,"圣人六经,躬行心得之余为之,养盛之充,因着其用。"① 这样就可以获得初心:"君子之政于天下也,以力穑责天下。然力穑在民,率作其初心。"②

朱陆之争的另一方面是关于孟子的"尊德性而道问学"。海瑞认为:"道学问之功,为其尊德性而设,正与孟子学问求放心同义。朱子解之曰:非存心无以致知,而存心者又不可以不致知。崇礼,中庸行也,以属之知,姑勿论。所云致知非程子'进学则在致知,根心着己之知',亦姑勿论。乃其意则全重致知矣。"③

海瑞对朱子之学的批评主要是士风的问题,大量的士人只是停留在文字的铺垫上,少有探究圣贤的旨趣,海瑞认为:"文也者所以写吾意也。吾平日读书,体认道理明白,立心行己,正大光明,吾之神也。"④ 所以他所到之处就告诫士人读书求学、力戒俗风:"今日士风,三事尤当首戒,特拈出与诸士谈之。余作小秀才时,见同学长者竦然恭敬,不敢在傍高言大笑,不敢在班乱序先行。迎骑于长者,道傍勒马;同席于长者,告坐隅迁。盼咐唯唯听从,使令踆踆奔走。夫礼非以尊人,尽吾道耳。不循理非以慢人,自弃其道耳。尊长尚存谦虚,卑幼岂宜倨傲。况尊长之轮到我身,卑幼如斯,果能勘否?故夫子责原壤以幼而不孙弟为首过。孟子谓尧舜之道止在后长徐行。诸生未必然,有则改之。其次公论出于学校。近日学校岂无公论之人,但有一种浮薄之习,以爱憎为毁誉,以口舌代戈矛。意所不快,造作谤言,写帖匿名,或无水而起风波,因小而张重大,或聚谈人家是非,或编起同庠绰号。此等士风,最坏心术。不知诸士有此习否?有则改之。至于结党一节,尤干法纪。夫朋友之义,过失相规,未闻同恶相济。士平日自爱重,人未有先侮士者。况天下处处衙门,自有重士体面。乃借斯文之名,倡义气之说。或一士见陵于乡党,则通学攘臂争告于有司;或一士见辱与有司,则通通抱冤奔诉于道院。不知经史果有此道,律令果有此法,卧碑敕谕果有此许否乎?夫斯世之人,未有孤立而无类者。一民被刑,则百姓聚扰于公庭;一卒当诛,则三军聚扰于帅府。下

---

① 《海瑞集》卷之六《论·朱陆》,李锦全、陈宪猷点校,第715页。
② 《海瑞集》卷之六《四书讲义·子贡问政章》,李锦全、陈宪猷点校,第754页。
③ 《海瑞集》卷之六《论·朱陆》,李锦全、陈宪猷点校,第716~717页。
④ 《海瑞集》卷之二《条例·教约》,李锦全、陈宪猷点校,第263页。

至于工商吏卒里老，无不各有同类，无不各重同儕，势必至于私党横行，纪法尽废。此大乱之道也。且士之贤者未尝不非笑其同类，而朋党既成，去者以不去者而薄行，甚者以势相要、骂相激，以利相鼓舞，奈之何不强相从乎？夫士也，诸类中之贤人，乃不以道义相先以为诸类倡。余甚悲之。"①

从《朱陆》一篇来看，海瑞表现出明显的尊陆抑朱倾向，陈旭②等学者相继提及，表面上看海瑞是对朱子有讥讽，但是他对陆子也有看法："然陆子不免应举子业，即其语录、文集、年谱，可见余力学文，尚不如是也。自传心之法视之，犹俗学也。"③ 其实从海瑞的学术演进的轨迹来看，海瑞并不否定朱子之学，而是对朱子后学以词章作为终生的追求，经营于科举之业，不去探讨圣贤的学术主旨有所不满。海瑞对朱子学的认同在求学和为官中均有体现，如他在为官的时候以朱子《大学》教育后生："《大学》之八条目，知所先后其事也。人非生而知之者，孰能了此无惑，故从其先得者而问焉。"④ 因为《大学》是士人学会大人之学的关键，士人求学就要以此为入门之阶梯，那么朱子在白鹿洞定的教规也愈加重要："学问之道，朱子所揭于白鹿洞学者，五教之目：父子有亲，君臣有义，夫妇有别，长幼有序，朋友有信。为学之序：博学之，审问之，明辩之，笃行之。"⑤ 五教之目和为学之序就是士人求学的钤键，圣贤流传下的经典也是士人法圣贤的标识："圣贤以识真诲人，其说备在方册，踊跃于讽咏而不能自己，昂昂然张胆明目，直欲毫发终行之此日新之地也。行之二牵于俗，不免有怯心焉，则志立而气不充也。"⑥ 海瑞服膺陆九渊的心学，是因为心学与他终生的政治抱负有密切联系。同时，陆子之学是扩充孟子的心性之学，而海瑞把孟子心性之学看作其学术的旨趣。

海瑞对陆子之学给予高度褒扬，但对王阳明的心学则没有过多的赞

---

① 《海瑞集》卷之二《申文·规士文》，李锦全、陈宪猷点校，第229~230页。
② 陈旭：《海瑞：陆、王心学的实践者》，《阴山学刊》2005年第4期。其他学者，如李锦全《海瑞评传》、姜国柱《论海瑞的哲学思想》和吴雁南的《海瑞的"忠介"与心学》等均有此论说。
③ 《海瑞集》卷之六《论·朱陆》，李锦全、陈宪猷点校，第713页。
④ 《海瑞集》卷之二《训谕·训诸子说》，李锦全、陈宪猷点校，第161页。
⑤ 《海瑞集》卷之二《条例·教约》，李锦全、陈宪猷点校，第261页。
⑥ 《海瑞集》卷之二《训谕·训诸子说》，李锦全、陈宪猷点校，第161~162页。

誉，在他一生的学术著述中没有用"良知"或者"良心"来凸显自己的学术旨趣。海瑞对阳明良知之说，还是有自己的看法。在他看来，人的真心是赤子之心，是人本来就有的，士人需要不断涵养其本性，保存其初心，这样自己会有浩然之正气，此性、此心、此气一出，社会就会出现良好局面，而这些与仁是一致的，内心有仁，必然要靠礼来体现，海瑞一生都在强调礼在家国中的作用。在家以礼侍奉母亲，在庠以礼对待师长，当教谕时也是按照国家的礼对待官员视察学校，等等，海瑞终身践行的就是内仁外礼。这与阳明良知之学有很大的差距。可见海瑞私淑陆子之学，但不赞成阳明良知说，是他本人为学的一大特色。

海瑞的一生以忠贞耿介闻世，其德性离不开对儒学的涵养，"于理见得真，于心存得正，于气养得充"，[1] 其于学问是求真心而刚直，"于宋儒兼通朱陆，不偏于一家"。[2] 作为一代贤臣，为学不会局于一隅，而是全面汲取他们的菁华。同时，海瑞虽说为官耿直，但是对当时学术界论争似乎少有批评，比如，当时阳明心学在一定的学者群体中有很大影响力，阳明后学与程朱后学也应该有相互攻讦的可能，但是海瑞好像对这样的学术论争保持较为沉默的态度。这些足见海瑞在明代学术发展史上既有贡献，又不无缺憾。

(作者单位：海南师范大学文学院)

---

[1] 《海瑞集》卷之七《附录·海忠介公年谱》，李锦全、陈宪猷点校，第841页。
[2] 《海瑞集》卷之七《附录·海忠介公年谱》，李锦全、陈宪猷点校，第843页。

试论海瑞的教育思想

王天巍

海瑞原为广东海南卫籍番禺县人。[1] 他的父亲在他四岁的时候就离开了人世,母亲谢氏独自承担抚养海瑞的重责,因为只有一子的缘故,海瑞母亲对海瑞呵护备至。

一生清贫的他一直都有母亲在旁"教之诲之",也由于海家是一个诗礼相传的世族,所以海瑞不仅是明代官场上出名的政治家,还是一个出色的教育家。清人屈大均赞曰:"吾粤善司教者有六公(指海瑞、杨守道、翟宗鲁、宋仕梦、林光、陈思贤),一曰海公。"[2] 海瑞被列为六公之首,足见他的影响之大。海瑞的教育思想集中反映在他的多篇文章中,如《教约》《严师教戒》《训诸子说》《教官参评》和《规士文》,等等。其中,《教约》是海瑞在担任福建延平府南平县教谕时所作,全文共有十六个条款,高度体现了海瑞关于教育的思想主张。本文主要对海瑞的教育宗旨、教育功能、教育方式三个方面进行论述,突出表现海瑞作为一名教育的管理者(同时也是一名教师)是如何传道、授业、解惑的。

一 教育宗旨

(一) 尊礼

海家虽然不是一个十分有名望的家族,但据《琼山县志·海氏家谱》

---

[1] 《乞终养疏》为海瑞自己所写,但关于海瑞的籍贯,《明史·海瑞传》《丘海合集》(民国16年刊)等海瑞传记中,称海瑞是琼山人。
[2] 屈大均:《广东新语三则》,中华书局,1962。

记载:"明经,庠士数十人,一门之内,才德彬彬,为海内鼎族。"① 海家算得上是诗礼传家的世族。海瑞很早就受到礼教的熏陶,这离不开母亲谢氏对他的培养。海瑞曾写过一篇《与琼乡诸先生书》,追述母亲对自己的教育:"瑞今日稍知礼义,勉自慎饬,若非冲年背父者,尽母氏谆谆开我力也。"② 可以看出,来自母亲的"礼义之教"伴随了海瑞的成长并促使他最终成为明朝遵礼守法的名臣。

"礼教"的思想,在儒家文化传统中源远流长。早在春秋战国,《论语》中就已经提出了以礼为教。

> 有子曰:"礼之用,和为贵。先王之道,斯为美;小大由之。有所不行,知和而和,不以礼节之,亦不可行也。"③

《论语》是记载孔子及其弟子的语录,在上段引文中,有子很清晰地告诉了我们礼的作用。礼的作用是人们所做所言恰当适合为可贵。所以在孔子的学堂中处处有序,处处有"礼"。④ "不以礼节之,亦不可行也。"不用"礼"来对学生节制,是不可行的。这也说明儒教是以"礼"为前提,来对学生进行教育的。《论语》中很明确的礼法制度,也是儒家的根本。成书于战国至秦汉年间的《礼记》更进一步地提出尊礼也是尊师道,成书于乾隆年间的《日讲礼记解义》释曰:

> 此言师道之当敬也。严师,谓尊礼,严,重之也。师既择矣,抑不可以不重。凡学之道,欲尽严师之礼为难。师严然后道尊,必道尊然后民知敬学。⑤

师道之要在于"敬之",尊敬师长就是尊礼。"严"就是尊重,师长既然已经选择,就不可不尊重。凡是为学之道,以尊敬师长最难做到。教师受到了尊敬,"道"才能受到尊重,只有"道"得到尊重后,民众才懂得

---

① 琼山县志电子版,第 1691 页。
② 海瑞:《与琼乡诸先生书》,洪寿祥、周伟民主编《海瑞集》(《海南先贤诗文丛刊》),海南出版社,2006,第 643 页。(以下凡引《海瑞集》者只注篇名、页码)
③ 杨伯俊:《论语译注》,中华书局,2006。
④ 这个"礼",与我们现代生活所说的"礼貌"不同,是指儒家要遵守的伦理纲常。
⑤ 《日讲礼记解义》卷 40《学记》,文渊阁《四库全书》本。

敬重学业。由此看来，以礼为教是封建社会传统中儒家的"必修课"。

海瑞考取举人后，在福建南平县担任教谕。在任期间，海瑞在承袭儒家"礼教"思想传统的基础上，提出了自己独到的见解。

夫礼非以尊人，尽吾道耳。不循理非以慢人，自弃其道耳。①

显然，海瑞所说的"礼"要比先贤的范围广。先贤认为尊礼就是遵守纲常伦理，而且十分强调尊人；但是海瑞却不认为尊礼是尊人，尊礼更是遵守自己心中的"道"，谨记自己内心的标准才是尊礼的目的。在《教约》中，海瑞进一步提出以礼齐家之人，将有能力担当治国平天下的重责："盖小民未尝学问知礼义，见越礼者之耀俗，从而效之。无所纷华于世者，则废不举，遂致斯礼渐尽。今后生员之家，值冠婚等事，敢不行禀，并不依礼而行者，痛治之。其以父兄托词者尤可恶。夫本职拳拳于诸生者，冀淑天下人也，今乃不能淑一二亲父兄耶！诸生异日将为朝廷治平天下也，乃今不能小小以礼齐家耶！"② 所以，海瑞虽然推崇"礼教"，但更多地是想让学生们通过尊礼，来完善、建立自己内心的操守与德行，为将来成就大业打下良好的基础。

（二）养气

除了"尊礼"，养气是海瑞的又一教育宗旨。孟子主张善养浩然之气，这个观点对后世有很深的影响。《孟子·公孙丑章句上》云：

"'敢问夫子恶乎长？'曰：'我知言，我善养吾浩然之气。''敢问何谓浩然之气？'曰：'难言也。其为气也，至大至刚，以直养而无害，则于天地之间。其为气也，配义与道，无是，馁也。是集义所生者，非义袭而取之也。行有不谦于心，则馁矣。'"③

从引文中可以看出，孟子所认为的"浩然之气"十分宏大，贯通天地，而且要以仁义道德蓄养生成，不能靠偶尔的正义行为所获取。

---

① 海瑞：《规士文》，第229页。
② 海瑞：《条例》卷2《教约》，第265页。
③ 焦循撰《孟子正义》卷3《公孙丑章句上》，沈文倬点校，中华书局，1987，第199~200页。

海瑞在郡学读书时,写了一篇《严师教戒》(也称《自誓词》),特别强调读书人要有浩然之气。

> 师固足重也。若人能攻我之病,我又能受人之攻,非义友耶?故尼父以善为芝兰,臧孙以恶为药石。君子能降师亲友,则雾扫空澄,纤毫不苟,浩然之气塞乎苍冥。果何至是,得力于师友者良多也。①

海瑞认为,如果别人能指责我的过错,我又能接受别人的指责,这难道不是义友吗?君子能降低自己"师"的身份亲友,而无任何隔阂,将浩然之气通于天。果真是这样的话,都是由于自己从良师益友中获益甚多。引文中,海瑞借孟子的"浩然之气"来诠释一名读书人应有的品质。读书人应有十分高的精神境界,要接受别人的教诲,而且要善养浩然之气。通过自己难得的正义精神,并配合良师益友的谏言,就会越来越接近自己未来的目标。"浩然之气"不仅指称个人的内在修养层面,而且关乎每个读书人的人生之路,所以通过教育来内养"浩然之气"十分重要。

在《教约》中,海瑞甚至强调写文章也要有"浩然之气"。

> 文也者所以写吾之意也。吾平日读书,体认道理明白,立心行己,正大光明。吾之神也。作而为文,不过画师之写神者耳。孔子涵养至到,《论语》之言,莫非中和气象。孟子养浩然之气,论七篇者曰:"泰山岩岩"焉。盖自所见所养出之,莫加毫末于间也。孔孟之文,天下至文。②

写文章就是要写自己的心中所想。《论语》中孔子和弟子的对话,体现出一种中和气象。孟子养浩然之气,论者说,这是"泰山岩岩"。③ 无论孔子还是孟子,所说之语,所写之问,都不会刻意地增加或损减,所以孔孟的"文"是天下之文。自存浩然之气作文,就会被天下推崇。写文章虽需要灵感,但更需要一种内在的精神状态做支撑,养"浩然之气"能提升

---

① 海瑞:《严师教戒》,第 703 页。
② 海瑞:《教约》,第 263 页。
③ 海瑞在《赠黄广台〈思亲百咏〉序》中说道:"泰山岩岩,塞乎天地,孟子之所以充满于其身者,不徒然矣。"孟子有这样的"泰山岩岩,塞乎天地"胸怀绝非偶然,就是因为孟子善养浩然之气。

自身的境界，能慢慢靠近海瑞所说的那种"吾道"，从国家的角度还可以选拔出优秀的儒士。

> 义气、节气之说，大抵宗旨孟子以浩然之气养士，以继往开来之责、道德性命之微属之士也。①

所谓的义气、节气，指孟子以"浩然之气"培养士，以继往开来的重责和自我求德来嘱托士。海瑞认为，教育的根本目的是要为国家养士，养士的主要一项内容就是要培养"士"这一群体的内在的"浩然之气"，因为只有内禀浩然之气外承礼义之教的儒士才能担当继往开来的重任，才能使自己的命运和社会命运紧紧地联系在一起。

（三）重道

作为一名明代的教育家，海瑞认为，内禀浩然之气，外承礼义之教的儒士还应懂得重道。尊师道、尊礼，是《礼记》中最重要的内容之一。海瑞承袭了"礼教"的理念，认为尊师道是重道的前提，尊师道就是为了更好地重道，这也是海瑞教育宗旨的又一关键内容。师道之所以尊严，首先，要使得教师在教育学生之际有一颗认真负责的心。在《教官参评》的第一句，海瑞就提出："教官掌一邑之教，一邑之臃肿薄质，俱赖其陶成，况门下皆俊杰之秀乎？"②教官的教育工作直接影响到他所在地方的社会风气，所以无论作为一名教育管理者还是教育者，身上都担负着创造一方良好社会风气的职责。所以教者要认真负责，不能"安闲以自旷"，要教育学生"义理明而心性醇"，只有这样，才能成为一名合格的教师。反过来海瑞批评那些玩忽职守的教师，维护师道尊严，并且以身作则。

> 本职钦承明命，请以严师自处。诸弟子今有一日之雅，当以从命自尽，一一遵信而强行之，本职籍成以免尸旷之责，本职幸也。如其不然，亦岂敢以姑息从事。轻则咸行夏楚，重则兼请黜降，是亦今日事也。为教驰日久，诸弟子之不信说也，先为诸弟子严之。③

---

① 海瑞：《赠黄广台〈思亲百咏〉序》，第562页。
② 海瑞：《教官参评》，第166页。
③ 海瑞：《教约》，第261页。

海瑞对于损害师道尊严声誉的教师,轻则警告、处分,重则开除,绝不姑息,这也说明海瑞的《教约》不仅教育学生,也在教育老师,所以,海瑞的教育的对象不仅仅是被教育者,也是教育者本身。

"师"要树立自己的尊严,神圣不可侵犯。明初朱元璋在《明会典》中的《学规》中钦定,凡有司官到儒学中,无论是谒庙行香、检查考课,或是春秋祭祀、迎接诏旨,师生只在大门外迎送。在明伦堂中行礼,也只是"师生作揖,教官侍坐",无须跪拜上官。根据朱元璋定下的"礼节",海瑞在《教约》中也表明了自己的态度,接见官员要按照《明会典》的规定进行,如果奉迎官员,就是自贬士气。而且海瑞还强调:"盖不特本职里能为诸生一赤帜,位尊者德必大,其尊制尤笃。"[①] 教育的目的就是维护师道尊严,为学生树立一面旗帜,这样才能重道。虽然官员位居高位,但是我们不能丢失作为教师的尊严,遵守礼制尤为重要。所以尊师道就是尊礼,尊师道也是重道,三者一脉相承。海瑞在南平当教谕时,因见上官长揖不跪,而被后世称为"笔架先生",他坚持自己内心所认同的德行,这种坚持,无论是在几百年前的明代,还是在当下,都十分难能可贵。

师要保持自己的尊严,还不能收受贿赂。海瑞在《教官参评》中说道:"初入学则索其贽见之仪,既入学则需其送节之礼,于诸士子无毫末补焉,亦何以克称广文之职也哉!非教官也。"[②] 收取学生之礼的教师,"非教官也",不仅有损教师的尊严,而且也染污了学风,所以,教育事业应一贯秉承师道为尊,提升老师和学生的精神境界,敬重自己内心的"道"。

二 教育功能

(一) 通天地之道

教育的目的就是要培养外承礼、内养气的人,而且要坚守自己内心的道。内心的"道"是否只是指遵守自己内心的准则和操守呢?在《训诸子说》中海瑞将这个内心之"道"赋予了新的内涵。

[①] 海瑞:《教约》,第 267 页。
[②] 海瑞:《教官参评》,第 166 页。

> 二三子之从游于吾者，何为哉？天之生此人也而百责萃焉。古之人所谓通天地人曰儒。①

在引文中，海瑞称所谓"儒士"是能够通天地人之道的，可通天地人之道的人，才是真正的儒士。从这个观点上看，海瑞的教育理念十分深刻，优秀的学生应该是能通天地人之道的，并且要有无限宽广的胸怀和宏大的理想。

其实"天道高于人道"思想，在汉朝后就被篡改为"人替天行道"。朝廷利用董仲舒的"天人感应"来实行高压的统治，而没有理解这种"天人合一"思想的真正内涵所在。南宋朱熹提出了"存天理，灭人欲"，后世多理解为禁锢了人们的自由，误解了朱熹的理学思想。"存天理，灭人欲"，实际上承袭了"天道高于人道"的思想，因为只有天的标准大于人道的标准，君说的一切才不是圣旨，天下才会稳定，才可以避免以君压民。但是，同样著名的理学家，也是当时著名的教育家陆九渊却说："凡欲为学，当先识义利公私之辨，今所学国为何事？人生天地间，为人自当尽人道。学者所以为学，学为人而已，非有为也。"② 所以，南宋后，"尽人道"占据了社会的主流思想，直到明代人们才开始再一次地认识到天道的作用，海瑞就是典型的代表，"道"深深地根植于他的内心，他甚至认为"道"比生死还重要，可见他的伟大之处。无论海瑞作为一方官员还是一名教师，都非常重视培养能通天地人之道的人才。

> 洋山（浚汝成号——引者注）意欲廊庙上大用锦台，使得尽展底蕴不负初学。言其大略其小，言学问富有，兼见其小。盖经学文章，其精神心术之蕴。今日举行教事，其精神心术中小小之余也。老子谓："朴散而为器，故大制不割。"今日与其言，锦台于一官一事之中，孰若论之于不出户知天下之上，洋山之见有大焉者矣。③

"盖经学文章，其精神心术之蕴"中的"术"就是技巧、方法，也就是具体的运用。经学不仅能培养人的精神，而且还能教会人做事的方法。"今日举行教事，其精神心术中小小之余也。"这里所说的"精神心术"范

---

① 海瑞：《训诸子说》，第 161 页。
② 陆九渊：《陆九渊集》卷 35《语录下》，钟哲点校，中华书局，1980。
③ 海瑞：《赠廖锦台膺首荐序》，第 494 页。

围很广，教育是"精神心术"中一件很小的事情，所以只担负其中一小部分的职责。但是老子谓："朴散而为器，故大制不割。"教育虽是整个心术之道中"小小之余"，然而却是成就天地之道不可缺少的部分。督府凌洋山的智慧就体现在他重用了廖锦台，锦台从事的"一官一事"，十分具体，但是洋山十分重视这样一个从教的小官，所以他是心存天地之道而且有大智慧的人。锦台，一个普通的从教者，担负着培养"精神心术"之人的重责，可谓教育事业中的佼佼者。因此，教育并不是孤立的一件事，看起来是"小小之余"，实际上作用相当之大。它能上通天地之道，下连教者所为，从中可以看出海瑞思想之宏大。当今社会，教育的目标就是要培养有一技之长的人，因为大多数人认为，有一技之长，就能救国。但是这样的救国，也只不过是"科技救国"，如若能培养有内在精神的人，社会真正有担当的人才能越来越多。所以，即使海瑞的教育主张距今已有数百年之遥，但仍对现今社会有着巨大的影响。

（二）授治世之业

1. 振兴儒学

海瑞十分坚定地认为，能通天地人之道者才是真正的儒士，这样的儒士会需要一个怎样的教师呢？应是能胸怀天地，并教授治世之业的老师。授治世之业，首先要振兴儒学。

> 今之从事于学，有以圣贤自许者乎？而决状元、进士于科第者，人恒壮之。此学奚自而来哉？①

海瑞在《训诸子说》篇中询问学生，学习是为了效仿先贤，成就一番事业，还是为了考取功名呢？这样看来，海瑞与大多数人对待儒学以及儒学培养下的学生有着截然不同的观点。至今很多学者都持有这样的观点：儒家以"治世之业"为目标，必然要培养能够考取功名的儒士。但是海瑞认为，能够考取功名只是弘扬儒学的一个手段，并不能起到关键性的作用。弘扬儒学，首先，学生要做到的是效仿先贤，这是培养优秀的人才的第一步。只有认真地效仿先贤，才能自觉地以先贤为榜样，才能真正地为

---

① 海瑞：《训诸子说》，第161页。

国出力，为民办事。所以，海瑞很排斥那些热衷于功名之士，认为讲求功名之士所作之文肯定会掺杂"虚情假意"，"不求之心，而求之讲章墨卷。"① 所以海瑞的观点是"文也者所以写吾之意也"。学生所作之文一定要合乎自己的本意，这样才能表达自己的真情实感，儒学的精神才能得以传承。

2. 成就"政教合一"之才

海瑞的教育思想和政治思想是一脉相承的，朝廷培育人才，一定是培育能够有为于天下的人才，这样的人才必然是能够通天地人之道的。在《教官参评》中，海瑞强调，教师要培养"有裨于国家，有济于生民"的学生，这样才叫作"学优则仕"。如果学生一生读书作文，对家国之事毫不关心，"学优则仕"就会成为一句空话。甚至，海瑞还觉得，能够懂得尊礼的人，才能成为治国之才。

> 今后生员之家，值冠婚等事，敢不行禀，并不依礼而行者，痛治之。其以父兄托词者尤可恶。夫本职拳拳于诸生者，冀淑天下人也，今乃不能淑一二亲父兄耶！诸生异日将为朝廷治平天下也，乃今不能小小以礼齐家耶！②

海瑞从反面论述，不能尊礼的生员，不能"以礼齐家"的生员，就不能治国平天下，所以这也和他的教育宗旨十分吻合。教育的目的，首先就是要坚持"以礼为教"。而且，海瑞在《生员参评》中说道："负天地生人之义，孤朝廷作养之恩。非生员也。"有负于天地之道的人就是辜负了朝廷的养育之恩，这样的学生不是我想培养的学生。所以，海瑞认为，"从教"培养出的"政教合一"的人才，是能够尊齐家之礼，通天地人之道，并且懂得效仿先贤的人，这样才无愧于老师所授的治国之业。

三 教育方式

1. 言传身教

海瑞的一生，以身作则，言传身教，这是海瑞为人、为教最大的特

---

① 海瑞：《教约》，第263页。
② 海瑞：《教约》，第263页。

色。在《四书讲义》中海瑞说道:"一人为天下教,当以一身为天下先。"① 如若教天下人,那么首先自己要成为天下人的榜样。海瑞做人做事都十分谨慎,表面上看似是封建社会的愚钝者,但却是天地之道的真正实践者,他认为,任何一个细小的行为都关乎天下,所以无论表里,海瑞都始终如一,绝无苟且。一个教师教的是几个或是几十个学生,但却可能让天下人得到教育,得到熏陶,甚至成为天下人的榜样,这样的教师才是海瑞眼中最优秀的教者。钟从吾就是曾得到海瑞高度赞许的一名教师。

> 钟君之于二邑,不徒随在仰其独清之高,而且随在有从事独贤之颂。身教言教灌阳士子,今而后特无多幸乎哉!教成十人,为国家造十方之福;教成百人,为国家造百方之福。诸门下以钟师,且无得于府县之秩,为铨司不知人不满,庸钜知以人事君,钟君所得多矣乎?②

钟从吾不仅自身修养高,而且做事情也受到人们的赞许。钟从吾对灌阳士子言传身教,海瑞觉得,今后像灌阳士子这么幸运的人就不会多了。所以,一个优秀的教师不仅有理论知识,而且还能给学生切身实际的帮助。如果学生都能让这样的老师来教授自己,那是学生之幸。

海瑞作为从教者,说到做到、言行一致,对于他所教的学生来说也是十分幸运的。

> 为教弛日久,诸弟子之不信吾说也,先为诸弟子严之。③

海瑞在拟定《教约》前"申教约事"。教育是一项长期而艰巨的工作任务,如果学生不相信"我"所说之言,"我"必当先严格要求自己。这不仅表现海瑞严于律己的决心,也说明海瑞一生要做一名通天地之道的教师。海瑞对南平检查工作的上级官员行拱手之礼的故事,更是以自己的实践行动捍卫了教师的尊严,成为后世"言传身教"最好的教育例证。海瑞批判那种能说而不能实践,走路时都对不起自己的身影,睡觉时也对不起

---

① 海瑞:《四书讲义·子路问政章》,第 754 页。
② 海瑞:《赠钟从吾晋灌阳掌教序》,第 503 页。
③ 海瑞:《教约》,第 261 页。

自己的被窝的人,"将有言而不能行,抑行则愧景,寝则愧衾,徒对人口语以自雄乎?"① 这样的人品格都不端正,怎么能做有益于国家、有益于民众的事情呢?

2. 德知并行

除了以自身践行的方法为教,海瑞还提出了"德知并行"的教育方式。

> 圣门之学在知行。德行属行,讲学属知。慎自修饬者,决无不讲之学。真实读书者,肯弃身于小人之归乎?是故知行非有二道也。②

圣门之学在于"知行","德"属于行,"讲学"属于知。非常在乎自我修养,而且十分谨慎的人,绝不会接受"不讲之学",真正的读书人怎么会不讲德行,而同于"小人"呢?实际上知行绝非"二道",而是统一的,融为一体的。因此,海瑞在《教约》中明确提出,学生不仅要学习知识,而且要保持自己的内在修养,德知并行。海瑞坚信,一个读书人一定是既有德行,又知识渊博的人。

> 学以知为先。读书所以致知也……今与诸生约,将四书、本经、《通鉴》、性理分为十二分,应月考;又自一月中分为二,应朔望讲书;又分为三,应日课。诸生自量资力,次者减性理,再次者减《通鉴》,再次者减经。非甚不得已,必宿号。宿号者,两日背书一次,复书一次毕。③

学习知识是学生的首要任务。毋庸置疑,读书是为了获取知识。海瑞提出学习知识要有方法,"四书、本经、《通鉴》、性理"都是考试的内容,但是学生可以根据自己个人对知识掌握的情况和能力,量力而行。"宿号者"两日背书一次,复习功课一次。这些具体的措施,可以让学生有序地学习知识,做好自己的每一份功课。

在学堂学习,不免会有一些学生萌生不切实际的想法,如不劳而获。作弊就是其中一种,现今,这种行为仍会受到严厉的处罚。

---

① 海瑞:《严师教戒》,第 703 页。
② 海瑞:《教约》,第 262 页。
③ 海瑞:《教约》,第 264 页。

试举一事，如册报类减年岁，甚者冒用他方籍、顶他人名，原厥心未始不以通弊自诿也。然德不修，机实此在。孟子曰："学问之道无他，求其放心而已矣。"盖言所知所行，无非为存心设法也。损年图进，此心已陷入不诚不一之地矣，更学何事！①

学习之路非常艰辛，最难得的就是有一颗真诚的心，如果"诚"都缺失了，学习又为了什么呢？所以，海瑞对作弊学生提出要求，"痛自湔洗，勿以恶小而为之"。② 这样才能"集义以生浩然之气，为贤为圣，异日为国家建伟业无难矣。"成就治国之业，需要内养浩然之气，外仿先贤所为，通天地之道，以德知为学，不仅仅是学生，教师也理应如此，教育才能打好根基，长成参天大树。

从上述所论，海瑞认为，教育的功能不仅仅是教育学生，教育应该教天下人。教育是天下之事，一个国家如果没有完善的教育体系，那么这个国家的灵魂就会衰败，永远都无法栽培"精神之树"。就像海瑞所说，"所谓通天地人曰儒"，真正的儒士是能够通天地人之道的，通天地人之道的人才会有强烈的社会责任感，所以海瑞不是封建社会的一个愚忠者，而是一名出色的教育家。他在教育宗旨、教育功能、教育方式等方面进行了全面突破，为的不是恢复和坚持封建的道德与礼法，而是让每个人都能胸怀天地之道，从而建立治世之业。所以，海瑞教育思想的宏大，对当今乃至将来仍有实践的意义。

（作者单位：海南大学人文传播学院）

---

① 海瑞：《教约》，第262页。
② 海瑞：《教约》，第262页。

诗学探讨

从"天地精神"看海瑞的诗学观

熊开发

海瑞的诗学观（文学观）在理论上可从三方面去探究：一者用诗，二者作诗，三者说诗。但实际上前两方面能提供的材料非常有限，比如"用诗"方面，海瑞所用诗，据我统计，不计重复者，有三十多条。[①] 所引诗绝大多数都冠以"诗云"之名，另有几处以"诗曰"开始，所引诗句内容及其所用，大多为伦常道德操行之说教，基本秉承了先秦诸子尤其是儒家的"兴观群怨""移风易俗"的用诗传统。而海瑞所作诗，现存三十余首，大略"言志"为主，述怀、抒情，偶见一二，并无任何作品直接言及有关诗学的主张。

从现存文献来看，海瑞的诗学观（文学观）主要集中表现于《注唐诗鼓吹序》一篇所说，另有一些零星之论散见于其他文章之中，如《训诸子

---

① 所谓用诗，就海瑞来说主要指的是对《诗经》的引用。以下是《四库全书》电子版《备忘集》中搜索所得。1. 诗云：衮职有阙，惟仲山甫。2. 诗云：君子如怒，乱庶遄沮。3. 诗云：曾是掊克，曾是在位。4. 诗云：谁将西归，怀之好音。5. 诗云：如彼飞虫，时亦弋获。6. 诗云：孝子不匮，永锡尔类。7. 诗云：乐只君子，胡不黄耇。乐只君子，保艾尔后。8. 诗云：商邑翼翼，四方之极。9. 诗云：肆不殄厥，愠亦不陨。10. 诗云：高朗令终，令终有俶。11. 诗云：谁将西归，怀之好音。12. 诗云：孝德引翼，四方为则。13. 诗云：匪直也人，秉心渊塞。14. 诗云：庶几夙夜，以永终誉。15. 诗云：燕笑语兮，是以有誉。处兮情也，而亦势也。16. 诗云：虽无德与，女式歌且。17. 诗云：昊天不佣，降此鞠凶。18. 旱麓之诗云：岂弟君子，遐不作人。19. 泂酌之诗云：岂弟君子，民之父母。20. 诗云：令终有俶，公尸嘉告。21. 诗云：方叔元老，克壮其猷。22. 诗云：杨园之道，猗于亩丘。23. 诗云：毋金玉尔，音而有遐心。24. 诗云：他山之石，可以攻玉。25. 诗云：不失其驰，舍矢如破。26. 诗云：依其在京，侵自阮疆。27. 诗云：鸢飞戾天，鱼跃于渊。28. 小弁之诗曰：君子不惠，不舒究之。29. 巧言之诗曰：君子如怒，乱庶遄沮。30. 诗曰：孝子不匮，永锡尔类。包括重复引用的共计三十多条。

说》《教约》等。

以下我们重点通过《注唐诗鼓吹序》及其涉及的"天地精神"来分析海瑞的诗学观。

一

古先王成就人才，由今考之大抵六经并行，诗教为首。夫教以言行，诗亦言尔，何以益人而先之若是？盖人禀天地之精，言语文字之间，天地精神之发也。约而为诗，① 不多言而内见蕴藉，外著风韵，天地精神，以诗而骋。骋则袭物感人，变化因之。礼称人声在上，长啸中宵，敌人因之而却走矣。② 诗能兴人，往往而是。时扬九歌之方，兴诗游艺之道，百世以俟，圣人不可易也。

在这段材料里，海瑞主要讨论了三个问题。

首先是诗的定义。海瑞认为，诗者，"不多言而内见蕴藉，外著风韵，天地精神，以诗而骋。"古代圣贤以《诗》《书》《礼》《易》《乐》《春秋》六经施行教化，而诗列在首位，"诗"区别其他五经的独特之处就在于，诗不仅是简约的，而且还具有"内见蕴藉，外著风韵"的特点，并且以此独特性使得"天地精神"得以骋之。总结一句话说就是：诗是一种被简约而写成的文体；其特点是不多言而内见蕴藉，外著风韵；天地精神因诗而骋。

其次是关于诗的功能的认识。海瑞从"古先王成就人才"的高度来阐述诗的功能，具体内容表现为：一是教化。"古先王成就人才，由今考之大抵六经并行，诗教为首。"是先王藉以成就人才的教化之首。二是却敌。"长啸中宵，敌人因之而却走"，诗还有退敌的功能，这也算是它的特别之处。

---

① "约而为诗"之"约"有两解：1. 相比六经中其他五经，诗是最简约的；2. 天地精神发而简括《约束》以入诗。前一点说明简约是诗的形式特点，后一点则提出诗是简括天地精神的载体。
② 长啸却敌事见《晋书》卷62《刘琨传》："（琨）在晋阳，尝为胡骑所围数重，城中窘迫无计，琨乃乘月登楼清啸，贼闻之，皆凄然长叹。中夜奏胡笳，贼又流涕歔欷，有怀土之切。向晓复吹之，贼并弃围而走。"（中华书局，1974，第1690页）

"教化"指的是熏染精神;"却敌"指的是影响行为。也就是说,诗不仅可以熏陶养育人的内在精神气质,同样也可以影响人的行为举止,所谓"动天地,感鬼神,莫近于诗。先王以是经夫妇、成孝敬、厚人伦、美教化、移风俗":诗之功能原本可以影响人心、改变历史、化道天下。在此我们可以看出,海瑞关于诗的功能的认识,虽然与孔夫子"兴观群怨"的诗教观和《毛诗序》的诗学观一脉相承,但显然也加入自己的一些更具体、更注重实用性的理解。

再次是说明诗与"天地精神"的关系。和万物相比,人是得"天地之精气"者,所以,人不仅是最接近"天地精神"的,也是秉承"天地精神"最多者。怎样才可以使"天地精神""发"而能"骋"呢?显然是通过语言文字。在所有的语言文字之中,哪一种语言文字是最精炼的呢?应该是诗。诗是所有文字中最简约的。从天地到人,再到人和天地之间感应相生的精神,这种"精神"的发展、阐发或者泄放,是通过语言达到的。因此,从语言学的角度看,海瑞是将语言学和诗学提升到了一个新的高度——语言文字可以是人对"天地精神"的表达,而诗是以"六经"(语言的经典之作)为代表的所有表达方式中最好的——是一种最简约,且内含蕴藉、外著风韵的表达方式。这就是海瑞的诗学观,在这种诗学观中,特别有意义的就是强调了天地精神与诗的关系。"天地精神,以诗而骋。骋则袭物感人,变化因之。"诗因为传达的是"天地精神"才会有"袭物感人"之效;而"天地精神"也只有借助于诗才最能"袭物感人"。在此,"袭物感人"还不是最终的结果,最终的结果应该是因之而起的"变化":"袭物感人,变化因之"。

"天地精神"借助于诗"袭物感人",而天地间的人与万物因为被"天地精神"或感或袭,随之产生千变万化——这显然不是一种纯社会学或伦理学的"移风易俗"能涵盖得了的。从直接的关系看,天地万物之变,与"天地精神"的"袭物感人"有关,如果没有"天地精神"不去"袭物感人",则天地之间将会是死寂一般。换句话说,如果要让世界充满勃勃生机,就应该让"天地精神"随时保持一种"袭物感人"的影响力——而可以最有效地让"天地精神"发挥出"袭物感人"影响力的莫过于"诗"。

二

诗是什么？诗的功能有哪些？诗与"天地精神"的关系如何？这些问题构成海瑞诗学观的基本轮廓，我们已经有了大概的了解。但是，要想理解海瑞诗学的独特及其深刻之处，则还需进一步了解什么是"天地精神"？海瑞的"天地精神"又有何特别内涵？

所谓"天地精神"，始见于《庄子·杂篇》：

> 芴漠无形，变化无常：死与！生与！天地并与！神明往与！芒乎何之？忽乎何适？万物毕罗，莫足以归！古之道术有在于是者。庄周闻其风而悦之，以谬悠之说，荒唐之言，无端崖之辞，时恣纵而不傥，不以觭见之也。以天下为沉浊，不可与庄语，以卮言为曼衍，以重言为真，以寓言为广，独与天地精神往来而不敖倪于万物，不谴是非以与世俗处。其书虽瑰玮而连犿，无伤也；其辞虽参差而诙诡可观。彼其充实，不可以已，上与造物者游，而下与外死生无终始者为友。其于本也，弘大而辟，深闳而肆；其于宗也，可谓调适而上遂矣。虽然，其应于化而解于物也，其理不竭，其来不蜕，芒乎昧乎，未之尽者。①

这段话是对庄子哲学及其行文语言特点的一个总结，如"死、生、天地、神明"之属，都是"芴漠无形，变化无常"者，它们是"古之道术"寄寓之所，世间虽然"万物毕罗"，但通过这些有形之"万物"并不能见出其"芒""忽"奥妙之处。庄子的哲学就是通过曼衍之卮言，求真之重言，求广之寓言，来与那些"芴漠无形，变化无常"的"天地精神"相往来。在此我们可以看出，《庄子·杂篇》之所谓"天地精神"，是与有形、有常的"万物""世俗"相对的一种存在。对这一名相，先有郭象"其言通至理，正当万物之性命也"的注释，其后则集中出现于宋代，如：

> 与天地精神往来，与造化自然者为友也。②

---

① 郭象：《庄子注》卷10《天下第三十三》，文渊阁《四库全书》本。
② 林希逸：《庄子口义》卷10《杂篇天下第三十三》，文渊阁《四库全书》本。

与天地精神往来而不傲倪于万物,则侔于天而不暗于人,是以处人间世也……独与天地精神往来,则离人入天,放旷八极;不傲倪于万物,不责人之是非,是故处世而和光,应物而无忤,立言虽瑰玮而与世顺从无所伤也。①

以上两条所说的"天地精神"就是天、人相对的"天"。朱熹在《答李尧卿》一文中也特别对"天地精神"做了一个解释:

诚之不可掩处,则上而王者之于天地,下而士庶之于五祀祖先,其感通只一理耳。上蔡谓祖考精神便是自家精神,即此而推,天地精神便是王者精神。其鬼神之德,感通之理,不容有所分别也。妄意推求,不审是否。②

将天地比附于王者——等同于将君主称作"天子","天地精神"也就是"王者精神"。不过,朱熹这里要强调的似乎是:不论是王者精神之于天地精神,还是自家精神之于祖考精神;或者是自家精神之于王者精神、祖考精神之于天地精神,最重要的是两者之间必须以"诚"相感相通,也只有以"诚"才能相感相通——将"感通"的思想引入到"天地精神"的理念中,这无疑是一个进步。

从《庄子·杂篇》到宋代朱熹的观点,"天地精神"的大意可以概括为:

1. 与有形、有常的"万物""世俗"相对的一种"芴漠无形,变化无常"的存在(有人可能直接称之为"神明")。

2. 与人相对的"天"。

3. 与人为世界相对的"造化自然"。

4. 与"祖考精神"或"自家精神"相对应的"王者精神"。

前两条着眼于天地精神区别于万物普通的有形之态,突出的是天地精神具有的一种"无形""无常"的基本特质。后两条则将"无形""无常"的天地精神与"有形""有常"的"造化自然""王者精神"拉近,突出的则是"天地精神"的"无碍"和"超越"的特质:"与天地精神往来",

---

① 褚伯秀:《南华真经义海纂微》卷106《杂篇天下第四》,文渊阁《四库全书》本。
② 朱熹:《晦庵集》卷57《答李尧卿》,文渊阁《四库全书》本。

就是"与造化自然者为友",现实目的是"处世而和光,应物而无忤","俾于天而不暗于人",而更高目的则是要"离人入天,放旷八极";将"天地精神"等同于"王者精神",则意在强调无论是天地精神还是"王者精神",都是远远高出于士庶民众的世俗面貌的。

另外还须强调的是,其中第1条的特别之义是:此天地精神有"古之道术"存焉——"古之道术"可以理解为就是《老子》所谓的不可道说之"道""常道""大道",等等;而第4条中也有一个特别之义就是:此天地精神务必以"诚""感通"——不可道说,但可以"诚""感通"。由此我们还可以提炼出"天地精神"的另外两种性质:"道寓其中";可"以诚感通"。

综合以上分析,可以总结"天地精神"的基本特性就是:无形、无常、无碍、超越,道寓其中和以诚可通。

三

借助《四库全书》电子版的全文搜索可以看出,元明清以后,对"天地精神"一词的运用,最具理论价值的就是海瑞的《注唐诗鼓吹序》了。那么,海瑞所说的那种"以诗而骋"——借诗而得以呈现的"天地精神"所指内涵又是什么呢?海瑞文集中虽然始终没有任何正面的说明,但从海瑞《注唐诗鼓吹序》一些论述中,应该可以窥见一二。

> 夫宋一代抡士用时义论策,我朝因之先宋,而唐则以诗赋……余谓同一文章取士,如以其文而已,兼唐及宋为得。我朝之阙,亦宋人之阙也。使之为文,不使之为诗,且可以为全乎哉?

唐代人以诗赋取士,而宋代人以经义为考试内容。"兼唐及宋为得",其实是想告诉我们,既要以诗赋取士,也要结合经义。明朝人继承了宋朝人选拔士的标准,以时论义策取士,不考诗赋。单纯就士人的学养来说,唐代科考以诗赋取士,由此引导的士人学养虽偏于文学但并不虚诞,相比以经义取士引导士人修学储养的宋明两代,唐代的经世治国之才只多不少,士人的节烈义气之操守亦不屑弱。

海瑞认为,仅以经义文章取士,是宋、明两代的阙失,只"使之为文，不使之为诗"，并不是一种全面的培养和选拔人才的方法。明朝缺的就是"诗赋之才"和创作诗歌的情趣，所以不能更好地"袭物感人"，也就不能更好地阐发"天地精神"。其根本原因就在于，诗是"天地精神"借助言语文字的一种最简约的发表方式。"天地精神"借诗而骋，不仅能袭物感人，而且能引起天地万事万物的变化，天地之变也因之得以泄放、得以呈现。义理文章无法"兴人"，也不可能"袭物感人"。如果国家任用这些只能写义理文章而没有内在诗歌情趣的人治理国家，那么这个国家就是有缺陷的，这种欠缺就在于不能更好地发扬天地精神。以此而论，诗的阙失，即是天地精神的削弱、闭塞和阙失。宋、明缺乏"诗赋之才"，也就是缺了诗歌的性情，这种缺失就意味着人离天地精神越来越远。

海瑞理解的"天地精神"中，显然有一种与诗相关，也就是与人的性情和内在气质相关的内涵。"天地精神"蕴藏在个体身上，通过诗被激发，也通过诗得到呈现；① 而拥有诗的性情和内在气质的人似乎可以更好地与天地万物相通。

那么，是否"天地精神"就只与人的性情和内在气质相关呢？以下材料则显示了海瑞对天地精神的另一种理解：

> 昔公甫陈先生讲学白沙，天下企仰，其品题以前诗人曰："子美诗之圣，尧夫有别传。向来称作者，二妙罕能兼。"唐而下学诗匪杜，人卑其诗，未有许可及康节者，乃公甫又若于康节独推焉。

海瑞先是引用了陈白沙一首品评唐、宋两代诗人的诗：唐人杜甫是诗圣，宋人邵雍也有值得特别推崇之处。杜甫代表诗赋性情，邵雍代表时论义理，诗赋与时论并施，性情与义理兼备，才是所谓"二妙"。但陈白沙认为"二妙罕能兼"，可见要做一个既有杜甫之诗才，又有邵雍之理性的

---

① 在谈及明代养士的得失时，海瑞曾说："瑞尝目击一方，反之天下；思及天下，验之一方。同流合辙，为我国家二百年养士痛，而曰浩然之气将绝响于今日也。"(《黄广台思亲百咏序》)"浩然之气"显然也是"天地精神"的主要内涵之一。在海瑞看来："浩然之气，原自天与。惟孟子发之，后世因之有士气之论。夫士威武不能屈，富贵贫贱不能移，任以天下，诚非复养浩然、长河东注、百折而不回焉不足与有为也。"所谓"浩然之气，原自天与"的思想，实与"天地精神"相通。

全面的人并不容易。正是在这一点上，海瑞对杜甫的诗歌创作展开了批评。

> 少陵爱君忧国，兼之于野之获发之，视彼流连光景，漫无邑居为据，诚一人矣。吟哦浩歌，胸中造化，一动一静之间，天地人之妙也，少陵能之乎？盖不特文彩动君之夸，随尘冷炙，不用为愧，一二不足道，拳拳君国之念，尧夫亦奴仆而命之矣。宋进士许洞诗会九僧，约以山水风云竹石花草雪霜禽日星鸟，无犯其一，九僧阁笔。夫天光物色，抑亦一时之触尔。本真在我，因触而悦，故亦因触而诗。假若周、张、朱、程有洞之约，性真之悦出之矣，无待于外，能困之乎。子美除却君国诸作，一时曳白（即交白卷——引者注），料必九僧同之，可圣取哉？

在这段材料里，海瑞对杜甫的批评集中表现为两点。

第一，杜甫不能为"天地人之妙"——"吟哦浩歌，胸中造化，一动一静之间，天地人之妙也。少陵能之乎？"什么是"天地人之妙"？一动一静之间。什么"一动一静之间"？天地有天地的造化（自然造化）、人心有人心的造化（人为造化），将天地造化融入胸中，将人为造化通于天地，由是成就了"胸中造化"——"一动一静之间"指的就是"胸中造化"的鼓荡宁歇，也就是人心与"天地精神"的相通相融。无论是天地造化还是人心造化，都不脱乎"一动一静"。"一动一静"是天地人心造化的必然；"一动一静之间"，则蕴含了天地人心造化运作时的所有微妙、玄妙的内容。在海瑞看来，杜甫可能精于"文彩动君之夸""拳拳君国之念"和"天光物色之触"这些人为造化之事，但在"胸中造化"这种"无待于外"，且以其"一动一静"上通于天地的"性真之悦"，则是杜甫所没有且不能为的。

第二，杜甫不配为诗圣——"子美除却君国诸作，一时曳白"，除了君国之作，什么都写不出来。有人曾对这条材料理解为："这里的周、程、朱、张，似指宋代的周敦颐、程颢（或程颐）、朱熹、张载等哲学家，子美即诗人杜甫。写诗离不开'我'之'本真'，也离不开'天光物色'，同时需要二者的接触碰撞。倘'物''我'两方面'无触''无犯'，就难以产生艺术情感，无法进行艺术传达。在这种情况下，不止'九僧阁笔'，即使杜甫，除爱君、忧国之作外，别的也难以写出一个字来。"① 杜甫这种过于局限于世俗事相，总是有待于外的境界，显然不是"圣人"（诗圣）的境界——似乎也就不是与天地精神相合的境界了。相反，海瑞认为周、朱、张、程这些胸中有造化，于"一动一静之间"深谙"天地人之妙"的理学家，他们写诗就几乎可以"无待于外"——与天地精神暗合。海瑞认为，围绕"胸中造化，一动一静之间，天地人之妙"，这种吟哦浩歌是杜甫及九僧这些有待于外的诗人所不能的，只有"性真之悦，无待于外"的理学家才能有这样的"吟哦浩歌"。

内在的性情可以是杜甫、九僧等诗人具有的因触而生的"本真"式的真情实感，它们一个重要的特点就是有待于外——不是与"山水风云竹石花草雪霜禽日星鸟"等"天光物色"之触就是与"拳拳君国之念"相关；内在的性情还可以是理学家"无待于外"的"胸中造化""性真之悦"。两者相比较时，理学家的"无待于外"的"性真之悦"境界似乎比诗人有待于外的"本真"之情境界更高一些。这是海瑞在对诗人之作与理学家之作进行简单比较时表现出来的观点。但事实上并没有这么简单。结合海瑞在评价宋明科考之不足和性情与义理相合始为"二妙"的观点，我们可以看出，海瑞真正的看法应该是：无论是诗人式的有待于外的"本真"之情，还是理学家式的"无待于外"的"性真之悦"，它们都以不同的方式并在不同程度上体现了与天地精神的相通——或者说，诗人有待于外的"本真"之情和理学家的"无待于外"的"性真之悦"，都是通向天地精神的一种表现。理学家式的"无待于外"的"性真之悦"虽然最接近天地精神的无形、无常、无碍，超越的其中之道，但诗人虽然有待于外却往往是至诚的"本真"之情并最能直接地感通于天地精神，而且还能最简约地将其传达和呈现出来。

四

正是在对内在性情包含有待的"因触而悦"和无待的"性真之悦"双

---

① 刘菊英：《本真在我，因触而诗——海瑞诗歌的思想艺术特色初探》，《海南大学学报（社会科学版）》1992年第3期。显然是一种误读。海瑞在此要表达的根本不是"物""我"两方面的"触"与"无触"的关系，而是认为杜甫只是与宋初"九僧"一样——如果不有待于外，不写"山水风云竹石花草雪霜禽日星鸟"，就根本无法写诗——"子美除却君国诸作，一时曳白"。

重理解的基础上，海瑞进一步阐释了对诗歌"二妙"境界的看法。

> 严沧浪说诗，方之妙悟禅道。曰："诗有别材，非关书也。诗有别趣，非关理也。"羚羊挂角，万履庵①鄙焉。夫水月镜象，言若荒诞。水诚有不可执着之月，镜诚有不可执着之象，而非诞也，文泥矣。以诗之曲畅旁通，随乐而兴济之，文之妙也。履庵直据文理，或者古诗人同物之趣，无深会乎伊川、程子指穿花点水之句，闲言无用，惜工部一生之心自少而老，止有二诗绝句。是亦履庵之见也。余尝谓唐宋诗人，均尔一知半解之悟，孰为唐高，孰为宋下？欲定说于沧浪、履庵之间，仿佛二妙合去取焉而未之及……吁，礼义无穷，人心有觉，况赓歌《风》《雅》《颂》，诗法在焉。自是而后，又安知无有兼庄、陈静修，出且入二妙而上之者乎？

严羽《沧浪诗话》认为，唐诗妙在无痕迹，"唯在兴趣"；跟宋诗的"有迹可寻"的"理趣"是相对立的。唐诗的兴趣之美，有人（如万履庵）并不认同，但海瑞的理解更透彻："水月镜象"（水中月、镜中象），似真又不似真，好像是很荒诞，但水中确实有月，镜也有象，"而非诞也"。文学式的水中月、镜中象用现实衡量是假的，但在文学中确是真实的。文学看似荒诞，其实"非诞"。如果真要追究"水月镜象"到底是不是真的，那就太拘泥于文字本身了。"以诗之曲畅旁通，随乐而兴济之，文之妙也"，诗的妙处就在于"曲畅旁通"（间接的），随着心中的某种情趣来写诗。"济"是靠"曲畅旁通"来达到的，这就是"文之妙"。海瑞在对"文之妙"这一点上显然是肯定了严羽的观点——诗有一种别样的趣味，"非关理也"。

海瑞还指出，万履庵"直据文理或者古诗人同物之趣"——就是万履庵直板地用文理或古人意趣来衡量文学，将文学视同实物运用之具——与此相关的是宋代伊川、程子指责杜甫的"穿花蛱蝶深深见，点水蜻蜓款款飞"式创作是"闲言无用"。海瑞认为，万履庵与二程都没有理解"诗之曲畅旁通，随乐而兴济之"之妙。在海瑞看来："唐宋诗人，均尔一知半

---

① 万士和（1516～1586），字思节，号履庵，江苏宜兴人。编有《二妙集》八卷。初，唐顺之选汉魏至明之诗为《二妙集》，盖取陈献章论诗法与理俱妙之语，以名其书。士和受业于顺之，因摘其中七言律诗七言绝句二体，又益以顺之七言律诗一卷，共为八卷。

解之悟",一定要偏执地分出个"孰为唐高,孰为宋下",其实并无太大意义。唐人可能以兴趣忽义理,宋人也可能以义理忽兴趣,"均尔一知半解之悟"。宋人写诗重义理,义理为诗人无待于外的"性真之悦",是源于"胸中造化"的"吟哦浩歌",义理之作能让人于"一动一静之间",去通达"天地人之妙"——甚至直通天地精神。但是,唐人写诗重在兴趣,兴趣是我之本真与天光物色一时之触而生者,同样是天地精神之所发,所以不仅仅是"袭物感人",也能成就人才,移易风俗,化道天下。如果前面所说诗人与天地精神相关只是因其至诚感通使然,这里则直接将诗人的兴趣理解为天地精神之所发,将诗人与天地精神的关系又拉近了一步——这应该也是海瑞对"天地精神"内涵的新的理解和补充。由此我们可以看出,兴趣、义理,偏之则"均尔一知半解之悟",合之则为二妙相得。诗学与理学、诗赋与时策、兴趣与义理,都是我们理解、把握、通晓甚至运用天地精神不可偏缺的。

五

海瑞的诗学观大致可从两方面来总结:

首先是其深刻处。所谓"天地精神,以诗而骋"。海瑞认为,"天地精神"得以表达的最好的方式是诗歌,而好的诗歌就是能传达"天地精神"的诗歌。"天地精神"表现为"理趣"和"兴趣",诗歌应兼具"理趣"和"兴趣"二妙,通过表达"理趣"和"兴趣"之妙去感通"天地精神"——"天地人之妙"。

在"天地精神"这一点上,我们不仅能看出海瑞诗学理念的深刻,甚至也能见出海瑞全部思想的深刻:就"取士之道"来说,唐人只考诗赋固然有其缺陷,宋明只考经义则存在更多的弊端,如果明人既像宋人那样考"时义论策",又能吸收"唐人以诗赋取士"的方式,取士才全面——才能真正培养有天地精神的"天下之才"。在海瑞看来,能够称得上是"圣人"的,首先要秉承的是天地精神。杜甫的君国之诗即使写得非常感人,也因不识"天地人之妙"而与"天地精神"隔了一层。君国之诗和表现"天地精神"之诗相比,显然是等而"次之"之作。由此我们甚至还可以结合朱熹的观点看出海瑞思想中暗含的意味:诗人如杜甫因缺失"天地精神"而不得称之为

"诗圣"，同样，国家和国君也都应秉承"天地精神"：缺失了"天地精神"的国家和民族是不全面的，缺失天地精神的王者也就不具备王者精神。

正是在"天地精神"这一点上，我们可以看出海瑞思想的深刻和伟大之处，海瑞大胆地批判只会写一些君国之作的杜甫，是因为在他看来，还有比忠君爱国更值得推崇的"天地精神"——天地精神要比一个国家和一个民族的精神更大，海瑞胸怀之宽广显然已远远超过了简单的"忠君爱国"。

其次是其入俗处——所谓"兴诗游艺之道"。

海瑞不仅在《注唐诗鼓吹序》直言"时扬九歌之方，兴诗游艺之道"（可直接解读为"时扬于九歌之方，兴诗乃游艺之道"），在其他地方偶尔谈及文学时也曾流露出相似的看法：

> 人非生而知之者，孰能了此无惑，故从其先得者而问焉。其不免日程课于文艺者，盖有司须此以贡士，发挥而涵泳之，于此与有力也。①
>
> 文也者，所以写吾之意也。吾平日读书，体认道理，明白立心行己，正大光明，吾之神也，作而为文，不过画师之写神者耳。②

"课于文艺"，只是因为"有司须此以贡士"；"作而为文"，亦不过如"画师之写神"——这些观点与"兴诗"乃"游艺之道"的看法一脉相承。正因为对诗文有这样的表述，加上宋明理学视文学为载道工具的习惯性思维，梁云龙在其所作《明故资善大夫南京都察院右都御史赠太子少保谥忠介刚峰海公行状》中，才会对海瑞的文学思想做出如下的总结：

> 其程文艺则曰"文不过如画师之写神者耳"，穷一生读书作文而于国家身心毫无补益，何异宋人所谓"可惜一生心，用在五字上"者乎。故公之用心，匪特耻为声诗，即古今文词，要以阐发性灵而止。虽不禀古则而自成一家，大率如其人云。③

---

① 海瑞：《训诸子说》，陈义钟编校《海瑞集》上编，中华书局，1962，第3页。
② 海瑞：《教约》，陈义钟编校《海瑞集》上编，第14~15页。
③ 海瑞：《备忘集》卷10《附录·行状》，文渊阁《四库全书》本。梁云龙（1528~1606），海南琼山新坡梁沙村人，字会可，号霖宇。万历十一年（1583），梁云龙55岁中进士，海瑞曾有信相贺："自得闻高第以来，日日月月喜之。生之喜，与他亲之喜异。盖谓贤亲平日志趣，借此阶梯大可发泄。吾琼他日增一贤者士夫，不比他甲第荣华，俗眼与之，仁人君子不与。"（《复梁霖宇》，陈义钟编校《海瑞集》下编，第470页）

从海瑞的"天地精神，以诗而骋"的诗学观及其展开，我们几乎看到了某种近乎海德格尔式的"从诗化的思到诗意地栖居"的深刻性；[①] 但"兴诗游艺之道"的看法，顿时又使他回到了宋明理学家对文学本质认识的平庸和浅俗。这是因为，传统的理学思想视外在的"天理"为唯一的实在，性情究其实也不过天理的显现，所以，无论是"格物致知"还是"正心诚意"都只在为了达到"明理""穷理"的目的。与此相应的，诗文在"天理"当前时，除了是"载道"（承载"天地精神"）之具还能是什么呢?! 其实，在传统的实在的绝对本体论未能转换为个体感性生命的本体论之前，无论是理学家还是所谓纯粹的文学家的诗学观，他们心目中的诗都不可能真正指向诗人的感性存在自身。换句话说，在海瑞那里，"天地精神"不可能真正转化为人的感性存在本身，所谓"天地精神，以诗而骋"，不过是说，诗是传达那个外在的绝对本体（"实在""天理""天地精神"）最好最简约的工具。

（作者单位：海南大学人文传播学院）

[①] 叔本华、尼采的生命意志哲学所做的重大的本体论转换，就是将传统的实在的绝对本体论转换为个体感性生命的本体论。这一转换导致生存本体论的确立，并进而引起诗的本体论的转换，即诗不再是去意指实在的绝对本体，而是生存本体自身的诗化，是感性存在自身的诗意显现。在海德格尔的存在哲学那里，存在就是存在者的存在，艺术作品就是存在者本真的生存状态，艺术作品的存在就是真理自身的显现、是存在的澄明。（参见刘小枫《诗化哲学》第2、5章，华东师范大学出版社，2007）

海瑞诗歌创作及其思想变迁

海 滨

根据陈义钟（程毅中）编校《海瑞集》、李锦全等点校《海瑞集》、朱逸辉等校注《海忠介公全集》等对海瑞诗歌的钩沉索隐，目前系于海瑞名下的诗歌共26题29首，其中3题5首聚讼纷纭，[①] 可阙疑不论，以期更多地上地下文献证实或证伪。其余23题23首，虽有个别文字缺讹或者版本差异，但大多可以初步框定创作的大体时间，或者地点，或者人物，或者事件，基本可以勾勒出海瑞"琼山—南平—淳安—兴国—帝都—南京—琼山—南京"这样一个诗歌创作地图。限于学力，本文尚无法对海瑞诗歌详细进行笺注疏解，只能如学郎涂鸦般初步绘制一份海瑞诗歌地图。这个海瑞诗歌地图是海瑞人生迁移流寓的空间行程、宦海浮沉的时间历程一纵一横形成的坐标系，也是其思想情感变化的自然流露。分述如下。

一 读书养志之琼山时期

有《乐耕堂》，或有《赠竹园隐者》《塘上行》。

嘉靖二十三年（1544），琼山大贤丘濬之曾孙丘郊在琼山县西墨客村建乐耕亭，躬耕弦诵，海瑞常过从，写下《乐耕亭记》。陶渊明躬耕垄亩，作《庚戌岁九月中于西田获早稻》诗表达自安自适之情："人生归有道，衣食固其端。孰是都不营，而以求自安？……遥遥沮溺心，千载乃相关。但愿长如

[①] 朱逸辉等校注《海忠介公全集》，《海南史志》1993第3期刊登署名麦穗的文章《读海瑞诗存疑》均有讨论。

此，躬耕非所叹。"① 与此相类，《乐耕亭记》高度评价了丘郊建亭躬耕、仁笃俭约的精神："贤哉，先生乐耕之意也！"② 并赋《乐耕堂》诗以赠之。

> 源头活水溢平川，桃色花香总自然。
> 海上疑成真世界，人间谁信不神仙。
> 棋惊宿鸟摇深竹，歌遏行云入九天。
> 良会莫教轻住别，每逢流水惜芳年。③

此诗化用朱熹《观书有感》二首其一的典故，将原诗"半亩方塘一鉴开，天光云影共徘徊；问渠哪得清如许？为有源头活水来"④ 中的虚实兼指的"源头活水"，坐实为眼前溢灌平川的景象，桃色花香、宿鸟深竹间闲敲棋子、长啸狂歌，别是一番海上洞天，诗人不经意间流露出对"长沮桀溺耦而耕"⑤ 的千载默契与回应。

海瑞《赠竹园隐者》诗中所寄之情，与此相仿；江村、竹园，亦此地此时寻常可见；故系此诗于此。诗曰：

> 寂寂江村路，何烦命驾过。
> 羊求忘地速，松竹到门多。
> 野外常无酒，田间别有歌。
> 洗杯深酌处，落日在沧波。⑥

海瑞此诗用典，与陶潜相错落。陶氏取其"三径就荒，松菊犹存"⑦（《归去来兮辞》）；海瑞取其"羊（仲）求（仲）忘地速，松竹到门多"。二者典故源出《三辅决录》："蒋诩归乡里，荆棘塞门。舍中有三径，不出，惟求仲、羊仲从之游。"⑧ 辛弃疾在《沁园春·带湖新居将成》中也有"三

---

① 逯钦立校注《陶渊明集》，中华书局，1979，第84页。
② 陈义钟编校《海瑞集》下编，中华书局，1962，第488页。
③ 陈义钟编校《海瑞集》下编，第510页。本文引用海瑞诗，均据此本；引文文字存在差异者，在诸本中择善而从。
④ 《宋诗鉴赏辞典》，上海辞书出版社，1987，第1117页。
⑤ 朱熹：《四书章句集注》，中华书局，1983，第184页。
⑥ 陈义钟编校《海瑞集》下编，第506页。
⑦ 逯钦立校注《陶渊明集》，中华书局，1979，第161页。
⑧ 《三辅决录》卷1，陕西通志馆印《关中丛书》，邵力子题署，民国23年，第7页。

径初成，鹤怨猿惊，稼轩未来。"值得注意的是，陶渊明、辛弃疾、海瑞都在赞叹归隐之余，表达对农事的重视。陶说："农人告余以春及，将有事于西畴"；辛弃疾开荒种稻的带湖新居——稼轩正是其雅号"稼轩居士"所自。洪迈《稼轩记》载，辛弃疾"一旦独得之，既筑室百楹，才占地什四。乃荒左偏以立囿，稻田泱泱，居然衍十弓。意他日释位得归，必躬耕于是，故凭高作屋下临之，是为稼轩。"① 海瑞在诗中明确写道"野外常无酒，田间别有歌"，正如方玉润《诗经原始》评价《芣苢》的那种情形："涵泳此诗，恍听田家妇女，三三五五，于平原绣野、风和日丽中群歌互答，余音袅袅，若远若近，忽断忽续，不知其情之何以移而神之何以旷。"② 其《塘上行》曰：

<blockquote>
青青河边柳，菀菀陌上桑。
临风似相向，道阻意以长。
流莺飞上杨，归雉回东墙。
翩翩曳文裙，水中双鸳鸯。
此为胶与漆，彼独参与商。
乾坤浩无垠，大化何茫茫！
鸢飞与鱼跃，各以适其常。
鸿鹄沧溟栖，以俟风云将。③
</blockquote>

此诗多化用《古诗十九首》成句，如《青青河畔草》之"青青河畔草，郁郁园中柳"，④《行行重行行》之"道路阻且长，会面安可知"，⑤《客从远方来》之"文彩双鸳鸯，裁为合欢被。著以长相思，缘以结不解。以胶投漆中，谁能别离此"，⑥《回车驾言迈》之"四顾何茫茫，东风摇百草……盛衰各有时，立身苦不早"，⑦《驱车上东门》之"浩浩阴阳移，年命如朝露"，⑧

---

① 洪迈：《稼轩记》，辛更儒编《辛弃疾资料汇编》，中华书局，2005，第3～4页。
② 方玉润：《诗经原始》，中华书局，1986，第85页。
③ 陈义钟编校《海瑞集》下编，第513页。
④ 隋树森编著《古诗十九首集释》，中华书局，1955，第3页。
⑤ 隋树森编著《古诗十九首集释》，第1页。
⑥ 隋树森编著《古诗十九首集释》，第26～27页。
⑦ 隋树森编著《古诗十九首集释》，第17页。
⑧ 隋树森编著《古诗十九首集释》，第20页。

以及《西北有高楼》之"愿为双鸿鹄，奋翅起高飞"。① 可以看出，海瑞此诗主题的多重性和诗句的格式，都有明显效法《古诗十九首》的痕迹，诗歌最后又表达出鸿鹄等待风云际会的自我期许，这也许是海瑞早年读书习诗时期的创作。故系于此。

二 履职教谕之南平时期

有《送诸生小试遇雨》，或有《题峡山飞来寺》。

嘉靖三十二年（1553），海瑞二月进京赴会试，落第。闰三月，授福建延平府南平县儒学教谕，开始了南平履任的四年时光。其间，创作有《送诸生小试遇雨》，

> 电掣雷鸣酣野战，水吟龙啸郁云兴。
> 山南月暗全无路，岸北沙明仅有灯。
> 海内英雄今并起，江中波浪此凭陵。
> 商霖散满焦枯发，野色新添万里青。②

顾名思义，这是学官海瑞送学生参加考试的途中之作；南平境内外河流众多，与诗中"岸北""江中波浪"相吻合；此诗系于这个时期比较合适。踌躇满志的海教谕借眼前途中的风雨之阻，写诗激发教育诸生，全篇几乎句句饱含寄托。"电掣雷鸣酣野战，水吟龙啸郁云兴"，考场如战场，只有电掣雷鸣，酣战一场，才能挥就水吟龙啸、云兴霞蔚的锦绣文章；"山南月暗全无路，岸北沙明仅有灯"，小子初试锋芒，难免夜黑风高，前路渺渺，但有书剑报国之志如明灯，有海教谕亲自勉励护送，相信诸生能够在"海内英雄今并起"的时代大潮中，凭陵波浪，竞秀而出；最后两句暗示诸生得苍天秋霖之助，必将新机勃勃，万里添青。此诗颇具"潮平两岸阔，风正一帆悬"③的阔大新生气象，是海瑞"得天下英才而教育之"的神圣使命感、责任感的形象写照。

---

① 隋树森编著《古诗十九首集释》，第8页。
② 陈义钟编校《海瑞集》下编，第507页。
③ 《全唐诗》（增订本），中华书局，1999，第1171页。

海瑞《题峡山飞来寺》云：

峡中奇胜似蓬莱，想是当年欲建台。
天恐此方穷土木，故令神物特飞来。①

此飞来寺地处何处，值得探究。就笔者目力所及，国内古今称"飞来寺"者有四：

其一，云南师宗县飞来寺，位于师宗县龙庆乡豆温村东南隅的正乙（也称正一、镇邑）山中。此山在当地一山独尊，巍然矗立，与峡无关。自然非海瑞此诗所咏。

其二，江苏溧阳市飞来寺，原名天竺院，坐落在溧阳市前马镇西街口，坐北向南，背靠连绵起伏的茅山余脉，前有广阔的平原河川辉映，地理形势与峡无关。始建于汉，寺内有一块"飞来石"。此亦非海瑞此诗所咏。

其三，云南德钦县飞来寺，位于今德钦县城滇藏公路沿线。最初建于明万历四十二年，当然与海瑞此诗无关。

其四，位于广东省清远市城北二十三公里的飞来峡风景区的峡山飞来广庆禅寺。从名称、地理、沿革乃至文人歌咏，都说明这就是海瑞所写的峡山飞来寺。

飞来峡是广东北江三峡中最雄伟险峻的一个，汉景帝时期，道教茅山派祖师茅盈来到飞来峡，把它列入"七十二福地"，排名十九。明代树立"第十九福地"牌坊，兀立北岸半山中，一直保存至今。东晋时期，著名的道教理论家、医学家和炼丹术家葛洪，晚年在罗浮山修道行医，曾专程来峡山炼丹，在飞来寺后山一带留下了"葛坛石"和"丹灶遗址"等一批具有浓厚道教色彩的历史文化遗址。

飞来寺雄踞飞来峡的北岸，建在半山腰上。飞来寺由贞俊（真俊）禅师首创于梁普通二年（521），最初的寺名为"至德寺"，南宋景定五年（1264），理宗赵昀赐额"峡山飞来广庆禅寺"，从古代留传下来的有关飞来寺的诗文作品中，用得较多的寺名是"峡山寺"。禅宗三祖僧璨、六祖慧能、明代四大高僧之一憨山德清，都曾驻锡飞来寺。

宋绍圣元年（1094）九月，苏东坡南谪惠州，途经清远，曾游览飞来

---

① 陈义钟编校《海瑞集》下编，第510页。

峡，写下了著名的《峡山寺》诗：

> 天开清远峡，地转凝碧湾。
> 我行无迟速，摄衣步屏颜。
> 山僧本幽独，乞食况未还。
> 云碓水自舂，松门风为关。
> 石泉解娱客，琴筑鸣空山。
> 佳人剑翁孙，游戏暂人间。
> 忽忆啸云侣，赋诗留玉环。
> 林空不可见，雾雨霾鬓鬟。

此诗题下查慎行注曰：

> 《广东旧志》载《峡山寺记》云：二禺穹窿对峙，如劈太华，束隘江流。《茅君传》称为第十九福地。梁普通元年，峡有二神，化为居士，夜叩舒州延祥寺真俊禅师寝室，曰："峡居清远上游，吾欲建一道场，师居之乎？"真唯诺。中夜风雨大作，迟明启户，寺已移置峡山。①

海瑞《题峡山飞来寺》诗的前两句"峡中奇胜似蓬莱，想是当年欲建台"，对应道教第十九福地之说；后两句"天恐此方穷土木，故令神物特飞来"，则化用舒州延祥寺移置峡山的传说。

诗题既作《题峡山飞来寺》，海瑞应有亲赴清远之行。参照史传、行状及各家年谱，并无海瑞专访清远的记载。纵观海瑞一生，其造访广东清远之可能性，或则因赴科举考试往返途中乘兴而至，或则在南平任职期间得暇探寻；诗中并无沉重慨叹，料非罢官归故途中，更不可能写于渡琼北上急赴诸职之时。斟酌再三，系之于此时。

三　任职知县之淳安时期

待考。容以后讨论。

---

① 王文诰辑注《苏轼诗集》，孔凡礼点校，中华书局，1982，第 2063 页。

四　任职知县之兴国时期

有《赠萧珏》。

> 会向石莲觅静机，云根法社自希夷。
> 铿然不尽春风咏，一曲高山遇子期。①

陈义钟编校《海瑞集》选诗后注曰："据乾隆十五年《兴国县志》卷二十三《艺文志》补"。

萧珏，字贵登，兴国人。性至孝，善事父母，友爱兄弟。天资过人，读书过目不忘，希效古代先贤行事。萧氏后人，曾于2011年寒食节迁萧珏及其弟萧玠墓，旧碑依稀可辨。② 萧珏卒于隆庆六年（1572），海瑞知县兴国时间为嘉靖四十一年年末至四十三年（1562~1564），海瑞推崇珏之为人，曾赠此诗，二人成为至交。

五　供职朝中之帝京时期

有《春日阻风部中限韵》，或有《陈子达院中赏榴限韵》。前诗曰：

> 白昼日黄天欲浮，燕城三月似高秋。
> 涛生宫掖沙惊树，花覆苑墙春隐楼。
> 朝马不嘶金勒断，塞鸿无路到关愁。
> 却思丰沛有遗恨，猛士凋残蔓草稠。③

这是一首有趣的诗作。大约春日遭遇"沙尘暴"，户部同僚为风所阻，于是以风为题，限韵唱酬，逞才斗巧。很明显，海瑞此作是苦心经营的，首联紧扣题目，燕城呼应京都，日黄天浮实写狂风；颔联的"宫掖""苑墙"呼应户部；颈联展开联想，尾联化用刘邦《大风歌》。全诗没有使用一个"风"字，却联

---

① 陈义钟编校《海瑞集》下编，第511页。
② http://www.hqxs.com.cn/Article/ShowArticle.asp?ArticleID=1977.
③ 陈义钟编校《海瑞集》下编，第508页。

联写风；可见，为官清廉质朴的海瑞，写诗还是有其华丽富贵气象的。

此间或有《陈子达院中赏榴限韵》之作。诗曰：

> 露冷天阶银烛清，绛榴飞影斗间横。
> 繁花媚已酬嘉节，多病愁兼剧世情。
> 十里层台齐月上，三城悲角绕云生。
> 与君未是轻狂客，莫漫金尊尽夜倾。①

陈子达，昆山人，家世以科第显。嘉靖四十四年（1565）试南宫，以一字失格，不得终试。复就选，得大名府元城县令，有志于为民。刚直不阿，遇事发愤。子达将行，归有光对其寄予厚望，为作《送陈子达之任元城序》。② 陈子达任大名府元城县令是嘉靖四十四年，海瑞正在户部主事任上；此前，陈科场蹭蹬，海任职兴国，恐怕没有院中赏榴的机会；此时，京城里的海瑞倒是有可能与陈子达就近交流来往，院中赏榴，想必也是人之常情了。姑且系诗于此时期。

六　勤勉履职之南京时期

有《白下即事》《谒先师顾洞阳公祠》，或有《吕梁洪》。

海瑞狱后起复，履新南京，踌躇满志。《白下即事》当为海瑞初至南京后这种心志的写照。

> 建康城垒旧邦畿，不断青山万国梯。
> 楼橹逼天寒月静，帆樯带雨暮云低。
> 北门宰相堪称钥，函谷将军罢请泥。
> 江上再来还走马，秋香千里逐归蹄。③

白下，既是建康（南京）城重要区域，又往往是南京代称；对明王朝有着特殊意义。海瑞受天子托付，司留都及下辖的广大区域，自然倍感责任

---

① 陈义钟编校《海瑞集》下编，第508页。
② 归有光：《震川先生集》卷10，周本淳点校，上海古籍出版社，1981，第227页。
③ 陈义钟编校《海瑞集》下编，第513页。

重大。

全诗除了描绘建康形胜气象外，以汉唐两典故申抒心志。

"北门宰相堪称钥"，典出《资治通鉴·唐纪二十三》"中宗神龙元年"条。武则天疾甚，诸将谋逼宫。同皎劝太子曰："先帝以神器付殿下，横遭幽废，人神共愤，二十三年矣。今天诱其衷，北门、南牙，同心协力，以诛凶竖，复李氏社稷。"①注云："南牙谓宰相，北门谓羽林诸将。"此处当合谓文武众官。锁钥，则源出《左传·僖公三十二年》："杞子自郑使告于秦曰：'郑人使我掌其北门之管，若潜师以来，国可得也。'"杜预注："管，钥也。"②这些文臣武将正是关键的管钥。

"函谷将军罢请泥"，典出《后汉书·隗嚣传》。隗嚣部将王元曾说："请以一丸泥为大王东封函谷关，此万世一时也。"③此处借"罢"字，反用其典，以示建康诸公将奋其智能，为天子分忧。

《谒先师顾洞阳公祠》是海瑞为政东南时期主张的一项善举得朝廷嘉许的结果。

<blockquote>
两朝崇祀庙谟新，扛疏名传骨鲠臣。
志矢回天曾叩马，功同浴日再批鳞。
三生不改冰霜操，万死常留社稷身。
世德尚余清白在，承家还见有麒麟。④
</blockquote>

这位被海瑞尊称为"先师顾洞阳公"的长者是明代著名的骨鲠之臣顾可久，字与新，号洞阳，无锡人。正德九年（1514）进士。正德十四年二月，因上书劝阻武宗"南巡"而遭廷杖，贬黜。世宗即位后，起复。嘉靖三年（1524）七月，又因和众臣上疏抗言跪谏，再受杖刑。后得宽宥，先后任知泉州、赣州。升广东按察副使，并兼管海南岛防务，遍访海南各地，了解民情，勘察地形。凡关隘、险阻、冲要、海港、山川一并绘制成图，加以注说，编制成《琼州府山海图说》；多次主持乡试，察识选拔人才，海瑞即在其列。然终以豪强权臣中伤归田，潜心诗文，嘉靖四十年

---

① 司马光编著《资治通鉴》，中华书局，1956，第6580页。
② 《十三经注疏·春秋左传正义》，北京大学出版社，1999，第470页。
③ 《后汉书》，中华书局，1965，第525页。
④ 陈义钟编校《海瑞集》下编，第511页。

(1561)病卒。顾可久为官耿直，敢于直谏，与同邑杨淮、黄正色、张选被誉为"锡谷四谏""嘉靖四忠"。

2010年7月，无锡惠山古镇上河塘的顾可久祠内，一方由清代礼部尚书汤斌撰写于清顺治九年的石碑重见天日。① 碑文详细回顾了顾可久两次直谏遭廷杖及最终平反的经过，并记录了海瑞的嘉善之举：海瑞赴任南京不久，即特疏题奏皇帝并捐俸，为恩师顾可久建祠堂。碑文约略记录当日海瑞奏请之辞，曰：顾可久"两朝亮节，万死生忠，肝义胆直，与龙逄、比干抗衡千古，合应赐专祠。"帝准其奏，次年落成。海瑞亲临无锡谒祠，并作《谒先师顾洞阳公祠》诗。诗歌以伯夷、叔齐叩马死谏武王伐纣和《韩非子·说难》中揭批龙鳞的典故，褒扬顾可久的冰霜节操和清白世德，表达自己对先师的景仰之情。

海瑞《吕梁洪》一诗中的吕梁洪易误读为山西之吕梁，非也。此吕梁洪实际上在徐州境域。泗水在徐州城东北与西来的汴水汇聚后继续东南向流出徐州。其间因受两侧山地所限，河道狭窄，形成了秦梁洪、徐州洪、吕梁洪三处急流。洪是方言，石阻河流曰"洪"。三洪之险闻于天下，而尤以徐州、吕梁二洪为甚。除了孔子临吕梁洪而感叹"逝者如斯夫，不舍昼夜"的传说外，梅尧臣、苏轼等诗人都曾留下观叹诗章。明冯世雍撰有《吕梁洪志》，《四库提要》曰："世雍，江夏人。嘉靖癸未进士，官工部主事。明时运道，自徐州溯吕梁洪入济，设洪夫以牵挽。岁命工部属官一员董其事，谓之吕梁分司。世雍尝领其职，因述前后建置始末，及官署、祠庙、历任姓氏，以成斯志。凡八篇，篇首各有序，末复系以赞语。"② 可见，吕梁洪水利设施建设管理是当时工部要务，设专司分管。

海瑞巡抚应天之际，先后治吴淞江、白茆河两大水利工程，造福于民；宜其考察借鉴吕梁洪之建设管理为可参之例，故系诗于此。当然，海瑞在京曾任户部云南司主事，除分省业务外，尚带管徐州、淮安等地仓储，海瑞因工作之故来徐州时作此诗，也未可知。诗曰：

---

① http://epaper.yangtse.com/yzwb/2010~07/20/content_169221.htm?div=-1.
② 纪昀：《四库全书总目提要》卷80《史部三十六》"吕梁洪志一卷"，中华书局，1956，第1069页。

> 吕梁之险亦奇观，峭壁惊涛走万滩。
> 楚缆吴樯天上度，朔云燕树镜中看。
> 日黄山阁湖光皱，雪白江村草色寒。
> 隔岸秋千喧不歇，桃花开遍曲阑干。①

诗歌不仅叙写了吕梁洪的惊险奇观，记录了楚缆吴樯、舟楫林立的水运情景，并展示了水利建设管理给流寓百姓带来安居乐业的场面。

七 罢官归乡之琼山时期

有《游蜂叹》《倭犯钟司徒墓雷震遁去》《午日卓明堂议修筑北冲河口》，或有《七夕立秋值雨》《游归上之滴水岩》《贞节周母莫孺人》《陆子还晋陵□母》《挽陈司训应辰》。

从隆庆四年（1570）罢官归乡，到万历十三年（1585）再次赴南京就任，海瑞在琼山赋闲十五年，其间虽多有重臣荐举却屡屡被搁置。这种情境下，海瑞在政治上的失落心态可想而知。《游蜂叹》《七夕立秋值雨》集中反映了此时的落寞与无奈。

海瑞明白自己被弹劾遭黜落的原因，也希望寻求转机，正如其《游蜂叹》中所写的游蜂：

> 日出蜂乱飞，花落春初歇。
> 夜来风雨多，枝头子初结。
> 徘徊青山隅，群芳宁可掇。
> 欲向泥中求，犹恐蒙不洁。
> 物态无终穷，天道有生灭。
> 功成身乃退，何事中肠热。②

风雨摧残，枝头花落，游蜂无处可掇，这恰似海瑞从朝廷罢归；让游蜂向泥淖中求取，就像让海瑞改弦易张寻求转机一样不可能；那只有以"物态

---

① 陈义钟编校《海瑞集》下编，第508页。
② 陈义钟编校《海瑞集》下编，第505页。

无终穷，天道有生灭"自我宽慰，但功未成，身已退，天下苍生社稷令人叹息肠内热啊！

七夕，是牛郎织女相会的佳期，适逢立秋，商霖绵绵。海瑞把酒沉思。他从牛郎织女相会后的萧瑟虚还，想到自己曾经与皇帝君臣遇合，如今却凄凉落寞秋意阑珊，遥望白云，故国（应指代帝京）如梦，梦中自己仿佛又回到了上朝的班列之中。一番苦涩感伤之后，海瑞写下了《七夕立秋值雨》：

尊前细雨飞南山，坐隔牛女河之间。
越岁佳期应自合，一望萧瑟总虚还。
萤垂碧草疏帘静，燕入深红画栋间。
漫指白云浮故国，忽因清梦落朝班。①

也有学者认为这是海瑞在朝所作，②"故国"指代海南，因诗人位列朝班而无法归去，或可通，聊备一说。

内心的苦痛无法遣散，户外的游观也许带来些许慰藉。海瑞来到石山滴水岩，写下《游归上之滴水岩》（从朱逸辉说，系于此时期，③ 赵全鹏：《海南旅游文学作品选读》亦认为滴水岩在琼山④）：

露磴盘纡郁万岑，碧山飞映翠华临。
鳌飞玉栋浮云烂，鹊隐琼岩对雪深。
石顶有泉时滴滴，洞门无日昼阴阴。
簿书多暇偏乘兴，潦倒尊中月满簪。⑤

海瑞一路游赏，探幽揽胜，兴致勃勃，溢于言表；可是到了尾联，却依然是"潦倒尊中"的感怀。"簿书多暇"，宜理解为海瑞罢官在家，已与簿书无关，故多暇；依照海瑞的工作强度和力度，其在任时，大概永远不会有"簿书多暇"的可能。

---

① 陈义钟编校《海瑞集》下编，第 507 页。
② 刘菊英：《本真在我，因触而诗——海瑞诗歌的思想艺术特色初探》，《海南大学学报（人文社会科学版）》1992 年第 3 期。
③ 朱逸辉等校注《海忠介公全集》，东西文化事业公司，1998，第 753 页。
④ 赵全鹏：《海南旅游文学作品选读》，第 225 页。
⑤ 陈义钟编校《海瑞集》下编，第 507 页。

事实上,海瑞并非介怀一己之得失,而是难以忘怀社稷民生;尽管身不居官位,其心其行依然与民瘼休戚相关。这首据咸丰七年刊《琼山县志》补入海瑞文集的《午日卓明堂议修筑北冲河口》,充分体现了海瑞对于海南的认识、对于海南的关爱。诗人海瑞总览海南地理形胜:

> 五指参天五岳呈,四州导水四山倾。
> 地脉不缘沧海断,中原垂尽睹全琼。
> 特起昆仑浮浩瀁,居然福地拟蓬瀛。

认为虽有沧海隔断,但地缘不绝,地气与中原相连;接着回顾海南从洪荒远古到秦汉开疆直至大明一统的历史:

> 鸿荒世远不可辨,唐虞声教朔南并。
> 郡县开疆始秦汉,舆图一统归皇明。
> 玉旨一从褒甸服,珠崖千古表神京。
> 海滨弦诵追邹鲁,天上夔龙翊治平。
> 乡里衣冠今不乏,登高望远几含情。
> 爰稽往牒纪图谶,大魁五解须汇征。
> 数过时考今则可,后有作者谁先鸣。

强调海南始终与中原文化密切相关,有明一代,更是成为弦诵不绝的海滨邹鲁,衣冠文物、典章制度一如华夏。而今端午佳节,为治理北冲、河口,琼州府尹邀请各方贤达来卓明堂征询高见共议盛举,大家高谈阔论,济济一堂:

> 北冲河口尚未塞,女娲补炼须经营。
> 裁成辅相固有道,望景观卜希前旌。
> 弱龄荏苒今衰晚,去来吾党欣逢迎。
> 维时天中际佳节,嘤嘤求反罗群英。
> 蒲觞彩缕纷竞劝,玄谈四座俱高声。
> 就席探韵陈风雅,稽首神天为主盟。
> 卓明堂前一杯酒,上帝胖蚃一墙羹。
> 肝胆镂铭谐楚越,市义好德垂休名。

最后，海瑞展开美好憧憬：从此以后，风调雨顺，国泰民安，文治教化，礼乐郁郁，如同君子理想之国——华胥国一般，真正实现苏轼所说的"兹游奇绝冠平生"：

> 从此山灵增气色，风云际会符嘉祯。
> 五百名世应时出，三千礼乐对纵横。
> 政善民安歌道泰，风调雨顺号时清。
> 雍熙世拟华胥国，蛮荒时筑受降城。
> 逸史赓歌摘苏句，载称奇逸冠平生。①

隆庆六年（1572），海贼倭寇袭扰海南，为祸猖狂，海瑞为民请命，致书给两广军门殷正茂，在这封《启殷石汀两广军门》书中，海瑞如实上报海贼倭寇为患详情，批评当局无所作为，毫不畏惧。

贼寇肆意横行，盗墓索财，其盗掘嘉靖年间南京兵部、户部右侍郎钟芳陵墓时，雷霆大作，倭寇大惊失色，夺路而逃。海瑞作《倭犯钟司徒墓雷震遁去》记其事，并褒扬钟芳的丹忱赤心。

> 既归三尺乐斯堂，况有金函玉匣藏。
> 谁谓盖棺占定事，犹遗赫怒庇重冈。
> 丹忱贯石茔俱古，赤电明心山亦苍。
> 千载智愚都幻化，到来贤哲自洋洋。②

关于此事，海瑞的好友，另一位琼州贤达张子翼也有记录。张子翼，号事轩，二十一岁中举人，曾任陆川县知县，政绩卓著，死后入崇陆川学宫名宦祠。他与海瑞、王弘海三人惺惺相惜，互相倾慕，诗文酬唱，时人誉为"琼州三贤"。海瑞为张事轩文集作序说：他只写过三篇书序，一是为《唐诗鼓吹注》，二是为自己的《备忘集》，三是为张子翼即张事轩的《漫稿》，③ 可见两人交情之深，也可见海瑞对张子翼推崇之高。

张子翼在其《钟筠溪山坟雷雨记》一文中描述细致，可与此诗互相参

---

① 陈义钟编校《海瑞集》下编，第 511~512 页。
② 陈义钟编校《海瑞集》下编，第 510 页。
③ 海瑞：《张事轩先生漫稿序》，陈义钟编校《海瑞集》下编，第 336 页。

照:"忽日色惨薄微雨,顷刻间轰雷掣电,暴雨倾注。诸酋心悸胆落,莫敢仰视,罗拜叩首。虽压以三军,被以重围,未有得其慴服如是者。相与蚁引而去,厝用安堵。"①

海南周姓,文山村为大宗。海南丛书本《备忘集》编辑时,从《文山周氏族谱》有关材料补入一首褒旌周氏家族女性的诗《贞节周母莫孺人》:

> 宝镜鸾分四十年,魂飞孤冢锁云烟。
> 冰霜节操共姜苦,铁石肝肠令女坚。
> 万古纲常天地久,一生贞白鬼神怜。
> 朝廷有意敦流俗,早晚褒书下九天。②

此诗所歌之莫孺人,其经历大约与海瑞母亲相似,冰霜节操,一生贞白,孤寒教子,感天动地。海瑞在诗中也寄托了对自己母亲谢太夫人的追思。

海瑞友人陆子将还晋陵省亲,海瑞赠别作《陆子还晋陵□母》:

> 东风上河津,万里无流澌。
> 游子倦行役,逝将去天涯。
> 执手出芳甸,言别更□□。
> 白云度南山,绿草含西晖。
> 不有感物意,眷言怀母慈。
> 寿域日以启,游子日以迩。
> 母颜欢北堂,客星烂珠履。
> 有鸟巢高林,将母违素心。
> 翙翙空文翎,哀鸣无好音。
> 羡兹反哺鸟,孝养酬中湛。③

前诗追忆亡者哀荣,此诗羡慕朋友可以孝养反哺,眷眷深情,自然流露。此作缺少确定创作时间地点的线索,既然诗中言及"万里""天涯""芳甸"云云,又与游子慈母相关,勉强系于此时期。

---

① 《张事轩摘稿》,《海南先贤诗文丛刊》,海南出版社,2006,第289页。
② 陈义钟编校《海瑞集》下编,第513页。
③ 陈义钟编校《海瑞集》下编,第512页。

另，海瑞此间或有诗挽前辈乡党陈大章。陈大章，字绍远，琼山人。正德庚午（1510）乡荐，司训漳州，迁湖南安仁教谕，擢湖北竹溪县令。有政声，以终养归家，杜门诲子，郡守张子宏雅重之。修《漳志》。① 粗估年齿，海瑞作《挽陈司训应辰》宜在其赋闲期间，大章曾司训漳州，故称陈司训，诗曰：

> 破屋凄凉问故人，空遗正气两间存。
> 西风吹落棉花絮，后死何人付史论。②

八　晚年起复之南京时期

有《玄鹤篇》《病中立秋》。

万历十三年（1585），应朝廷之召，七十三岁的海瑞再次来到南京任职，走完了人生和仕宦的最后三个春秋。这三年，年迈的海瑞职在养望务虚，身逢谤议讥谗，虽欲有所作为，却难具体实施，七次上书乞骸不许，进退维谷、盘桓难堪、英雄失路、顾影徘徊，恰如一只孤独的玄鹤：

> 西台岁云徂，独立抚孤松。
> 仰盼丹阙迥，情眷玄鹤恫。
> 玄鹤如诉言，感之恻余衷。
> 冥鸿遵北渚，振鹭集西雝。
> 飞扬各承运，翩翩厉高空。
> 洁身岂离群，淡素乃无庸。
> 留踪破苔绿，露顶悬朱红。
> 永唳奋清夜，朗月何虚融。
> 照此哀怨深，耿耿殊未穷。
> 亨嘉多凤遘，屯溺鲜英雄。
> 敢以落魄怀，长鸣向苍穹。
> 愿祈圆景光，恒与今夕同。

---

① 道光《广东省琼州府志》卷34，台北：成文出版社影印，1967，第773页。
② 朱逸辉等校注《海忠介公全集》，东西文化事业公司，1998，第767页。

月不知天上，鹤不老樊中。①

这首《玄鹤篇》尚存"敢以落魄怀，长鸣向苍穹"的希冀，《病中立秋》则发出孔子般的归欤之叹音：

三伏初收展病扉，夜深风露湿霏微。
碧梧已应金空落，大火新随斗柄飞。
燕倦客思违绿野，莲知老至褪红衣。
玉箫万里堪肠断，何处沧洲映紫薇。②

这首病中之作几乎堪称诗谶：碧梧落尽，凤凰无处可栖；老之将至，莲已褪去红衣；夜深露重，万里客思难禁；玉箫幽咽，肝肠寸断愁如海。海瑞诗歌，就此绝笔。

海瑞现存诗作，以上21首中，《乐耕堂》《送诸生小试遇雨》《赠萧珏》《春日阻风部中限韵》《白下即事》《谒先师顾洞阳公祠》《游蜂叹》《倭犯钟司徒墓雷震遁去》《午日卓明堂议修筑北冲河口》《玄鹤篇》《病中立秋》共计11首各系其时地是有比较充分的依据的，另10首也具备各系其时地的可能性——虽然需要继续斟酌论证。

余二首《晚霁行》《秋日访王龙津观物园》，目前似乎没有比较明确的时间、地点、人物、思想情感线索，也很难与以上21首作品比类系其创作时地。与此同时，海瑞在淳安任职期间尚无诗歌系入，是否有这样的巧合呢？试看《晚霁行》：

山头日欲黄，江上树初碧。
去人何匆匆，而不畏于役。
鸟鸣入春林，鸡栖掩屯栅。
风波大如许，且止无远适。
我有十丈琴，与君永今夕。③

地理物候特征是：有山有江风波大，鸟鸣鸡栖亦琴雅。再看《秋日访王龙

---

① 陈义钟编校《海瑞集》下编，第505页。
② 陈义钟编校《海瑞集》下编，第509页。
③ 陈义钟编校《海瑞集》下编，第513页。

津观物园》：

> 碧苔山深草堂絮，王子情□野兴悠。
> 修竹烟霞凝玉局，万松风露接清秋。
> 放歌剧饮不尽意，落日出林还泛舟。
> 山童载酒更呼酌，天畔雷鸣翻白鸥。①

地理物候特征是：山深有草堂，水长可泛舟，修竹万松连成片，山童载酒更相呼。

合而观之，地理物候非琼山景，非北京、南京景，倒是与明代淳安依山傍水、宜耕宜读的江南美景相仿佛。诗中雅趣意兴，倒也是一县之长公务之余正常的心态表达。因此，姑且就将这两首系于任职知县之淳安时期吧。

万历五年（1577），廖文炳《唐诗鼓吹注解大全》印行，海瑞为此书作序《注唐诗鼓吹序》，集中表达了海瑞的诗学思想。他说："盖人禀天地之精，言语文字之间，天地精神之发也。约而为诗，不多言而内见蕴藉，外著风流。天地精神以诗而骋，骋则动物感人……本真在我，因触而悦，故亦因触而诗。"② 海瑞的诗歌创作正体现了这一诗歌理论。

纵观上述23首诗，不拘诗艺精粗，无论写景记事，还是抒情感怀，都能够有所触而发，是海瑞一生在不同时期不同环境中的心态的客观真实的记录和反映。尤其值得注意的是，这些作品不仅还原了许多海瑞重要的读书、为政、流寓的地方，连缀出海瑞的人生轨迹，成为地理学意义上的诗歌地图；而且"内见蕴藉"的这些作品，还细致深入地体现出海瑞在一些特定环境中微妙而隐约的思想情感的发展和心理变化——这些在海瑞的其他文字中反而很少呈现，成为文学意义上的诗歌地图。更为重要的是，这些作品让我们看到，海瑞不仅是心怀社稷民胞物与、雷厉风行直言敢谏的骨鲠良臣，也有风光霁月纵浪大化、淡泊得失超然物外的洒脱心境，更有着丰腴饱满并无清寒之气、华美繁缛并非质木无文的诗学才华。

（作者单位：海南省历史文化研究基地）

---

① 陈义钟编校《海瑞集》下编，第507～508页。
② 陈义钟编校《海瑞集》下编，第333页。

探踪辨典求真心

——从用典看海瑞内心世界

李向阳

海瑞一生所留诗歌虽然不多，但在有明一代甚有特色。王国宪在《海瑞年谱》中给予极高的评价，引用海瑞论文艺的观点曰："'文不过如画师之写神。穷一生读书作文，而于国家身心毫无补益，何异宋人所谓"可惜一生心，用在五字上"者乎？'故公之用心，匪特耻为声诗，即古今文词，要以阐发性灵而止。虽不秉古则而自成一家，大率如其为人。"[①] 这是理解海瑞诗歌的一把钥匙和基本切入点，因为"要以阐发性灵而止"，"于国家身心有补益"，所以海瑞诗作虽然不多，但并没有应酬之作、游戏之作。他是在很认真很严肃地抒写着真实的内心世界——"阐发性灵""求吾心之真"。

"阐发性灵"，换言之就是追求"本真"，刘菊英论及海瑞诗歌时说："不论做人还是做诗，海瑞都特别强调'本真'，他立身行事，处处注重'求吾心之真'。'率真而行之'，同时'持本真破天下伪'。这一思想，在海瑞诗论和诗作中也得到了突出的体现。但他没有把问题简单化，因为他懂得诗歌创作的艺术规律。"[②] 所论诚是。我们认为，本真是海瑞所追求的为人的基本准则，也是其为文的基本准则。但在表达上而言，海瑞诗歌中抒写其精神世界的本真之作，有很多却是通过用典的方式展现出来的。用典是中国古典诗歌的一大特色，刘勰《文心雕龙》专列一章《事类篇》论用典，说是"据事以类义，援古以证今"。认为"事得其要，虽小成绩，

[①] 陈义钟编校《海瑞集》下编，中华书局，1962，第 579 页。
[②] 刘菊英：《本真在我，因触而诗——海瑞诗歌的思想艺术初探》，《海南大学学报（人文社会科学版）》1992 年第 3 期。

譬寸辖制轮，尺枢运关"，"凡用旧合机，不啻自其口出；引事乖谬，虽千载而为瑕。"① 经过宋代江西诗派的推扬，其后诗歌不用典故的几乎很少。海瑞诗歌中的用典，基本上是沿袭传统路子，或据事类义、托物言志，或语典意工、情味隽永。用典不妨性本真，我们通过探寻这些典故的出处本意，再结合诗人作诗时候的行踪，可以窥见诗人当时的思想状态以及丰富的内心世界。

一　据事类义，托物言志

在海瑞诗歌中，《游蜂叹》和《玄鹤篇》两篇五言古风，是据事类义、托物言志的代表，现实中不便直言陈述者，诗人借助于典故的暗示，婉转地道出了心声。《游蜂叹》云：

> 日出蜂乱飞，花落春初歇。夜来风雨多，枝头子才结。
> 徘徊青山隅，群芳宁可掇。欲向泥中求，犹恐蒙不洁。
> 物态无终穷，天道有生灭。功成身乃退，何事中肠热。②

游蜂意指无花可采、无巢可归的蜜蜂，在这里，海公实际上是以游蜂自比，托蜂言志。宋代之后诗人喜用蜜蜂"排衙"之典故，如宋代于石《分蜂》诗云："群蜂割据作生涯，户牖新开蜜酿花。汉世侯王自分国，秦民父子各当家。尊卑两尽君臣义，朝夕争趋南北衙。因感途人本兄弟，无知微物亦何嗟。"③ 据《玉壶清话》记载："司天监丞丁文果善射覆，宋太宗一日覆一物，急令射之。果乃曰：'葩葩华华，山中采花。虽无官职，一日两衙。'启之，乃数蜂也。"④《渊鉴类涵》引用明代牛衷《埤雅广要》有"蜂有两衙应潮，其主之所在，众蜂为之旋绕如卫，诛罚征令绝严，有君臣之义"之说；引明代陈仁锡《潜确类书》有"朝衙毕方出采花，暮衙毕方入房"之说。⑤ 明白了这些宋代以来士人常用的典故，那么我们可以肯定

---

① 韩泉欣：《文心雕龙直解》，浙江文艺出版社，1997，第213~217页。
② 陈义钟编校《海瑞集》下编，中华书局，1962，第505页。
③ 于石：《紫岩诗选》卷3，民国永康胡宗楙梦选廎校刻本。
④ 文莹：《玉壶清话》，中华书局，1984，第66页。
⑤ 张英、王士禛等纂《渊鉴类涵》卷446《虫豸部二·蜂三》"应潮"条，中国书店，1985，第18册。

地说，这首诗歌中虽然没有明用"排衙"的典故，但是"排衙"作为诗人引发感慨的文化暗喻背景，却始终在发挥着作用。诗中暗含海公不能排衙上朝，只能如游蜂乱飞之慨叹，语虽旷达，情实含忧，入声韵脚更使诗歌含有一种奇崛不平的情调。春歇花落之际，游蜂宁愿无芳可掇，也不肯向泥淄中蒙受不洁，托物言志，写自己立身皎皎。末四句借天道生灭、物态始终之理，来宽慰自己应该功成身退，不必眷眷于朝堂。然而结合摒居琼州时期之《七夕立秋值雨》诗意以及后来七十三岁再次出仕之事实来看，结尾两句实际上是深沉的慨叹，感慨自己功未建、业未立，而遭屏退，内心实如冰炭，忧心忡忡也。

《玄鹤篇》和《游蜂叹》一样也属于托物言志之作。诗云：

西台岁云徂，独立抚孤松。仰盼丹阙迥，情眷玄鹤恫。
玄鹤如诉言，感之恻余衷。冥鸿遵北渚，振鹭集西灉。
飞扬各乘运，翩翩厉高空。洁身岂离群，淡素亦无庸。
留踪破苔绿，滴露悬朱红。永唳奋清夜，朗月何虚融。
照此哀怨深，耿耿殊未穷。亨嘉多凤遘，屯溷鲜英雄。
敢以落魄怀，长鸣向苍穹。愿祈圆景光，恒与今夕同。
月不知天上，鹤不老樊中。①

此诗诚如刘菊英所言："玄鹤是作者的人格和人格理想的艺术写照。全诗取譬明切，语多双关，在咏物中寄托着诗人的情志，达到了物我一体的艺术境界。"② 但诗人究竟以"玄鹤"寄托何种情思，尚需仔细推敲诗中典故。玄鹤之事见《韩非子·十过》："（晋平）公曰：'清徵可得而闻乎？'师旷曰：'不可！古之听清徵者，皆有德义之君也。今吾君德薄，不足以听。'平公曰：'寡人之所好者音也，愿试听之。'师旷不得已，援琴而鼓。一奏之，有玄鹤二八，道南方来，集于郎门之垝；再奏之，而列；三奏之，延颈而鸣、舒翼而舞，音中宫商之声，声闻于天。平公大说，坐者皆喜。平公提觞而起，为师旷寿。"③ 诗人为了突出玄鹤之境遇，以"冥鸿"和"振鹭"作为对比，"冥鸿"喻避世隐居在野之士，典故出自《法

---

① 陈义钟编校《海瑞集》下编，中华书局，1962，第505页。
② 刘菊英：《本真在我，因触而诗——海瑞诗歌的思想艺术初探》，《海南大学学报（人文社会科学版）》1992年第3期。
③ 王先慎：《韩非子集解》（诸子集成本），上海书店，1986，第43~44页。

言·问明》："鸿飞冥冥，弋人何篡焉。"李轨注："君子潜神重玄之域，世网不能制御之。"①"振鹭"喻操行纯洁的在朝贤人，出自《诗·周颂·振鹭》："振鹭于飞，于彼西雝。"孔颖达疏："言有振振然絜白之鹭鸟往飞也……美威仪之人臣而助祭王庙亦得其宜也。"又《鲁颂·有駜》："振振鹭，鹭于下。"毛传："鹭，白鸟也，以兴洁白之士。"郑玄笺："兴絜白之士群集于君之朝。"诗人以玄鹤自比，则既非在朝者，也非在野者，那么诗人在哪里呢？答案是在西台。西台是御史台的通称，陆游《老学庵笔记》卷六："唐人本谓御史在长安者为西台，言其雄剧，以别分司东都，事见《剧谈录》。本朝都汴，谓洛阳为西京，亦置御史台，至为散地。以其在西京，亦号'西台'，名同而实异也。"②海瑞隆庆三年（1569）六月升任右佥都御史总督粮储巡抚应天十府，至隆庆四年四月上疏辞官、回籍闲居。这是海瑞在西台即御史台的确切时间，至于万历十三年（1585）正月召为南京右佥都御史之事，海瑞于五月十二初到南京，而在半道即已改命南京吏部右侍郎。但诗中先言"玄鹤恫""恻余衷"，再言"哀怨""屯溺""落魄"，结言"不老樊中"，整体情调倒似嘉靖四十五年（1565）因疏谏世宗斋醮而下锦衣卫狱时候所写。在没有找到西台和锦衣卫狱关联之前，只能存疑。

二 语典意工，情味隽永

古风和歌行可以大肆铺排渲染，相对而言用典使事也较自由。而律绝体裁短小，必须炼字炼句，才能适合近体诗的要求，而海公律诗绝句中的用典，语典意工，情味隽永。如《赠竹园隐者》：

> 寂寂江村路，何烦命驾过。羊求忘地远，松竹到门多。
> 野外常无酒，田间别有歌。洗杯深酌处，落日在沧波。③

朱逸辉校注本以为写于故乡闲居时，④非。据《随园诗话》补遗卷七

---

① 扬雄：《法言》（诸子集成本），李轨注，上海书店，1986，第17页。
② 陆游：《老学庵笔记》，中华书局，1979，第81页。
③ 陈义钟编校《海瑞集》下编，中华书局，1962，第506页。
④ 朱逸辉等校注《海忠介公全集》，东西文化事业公司，1998，第752页。

第五三条云:"海刚峰严厉孤介,而诗却清和。尝见鹫峰寺壁上有《赠竹园隐者》云:'寂寂江村路,何烦命驾过。羊求忘地远,松竹到门多。野外常无酒,田间别有歌。洗杯深酌处,落日在沧波。'末书'海瑞'二字,笔力苍秀。"①则此诗当作于任职南京时期。袁枚这里提到的鹫峰禅寺,位于南京秦淮风光带的白鹭洲公园内,始建于梁武天监年间,名法光禅寺。历唐、宋,经元、明,岁久废毁,据《金陵梵刹志》载明礼部尚书邹干撰《鹫峰寺碑记略》载:"国朝天顺间,进公保开拓旧址,重新构建佛殿三间,翼然严正,檐牙栋宇,远近想望。殿之前四天王殿,殿之后有毗卢阁,左庑之半建观音殿,簇以画廊二十余间,右庑之半建藏经殿,亦簇以画廊二十余间,俱彩绘其壁,东廊之前为钟楼,西廊之前为鼓楼,树碑铭,又于正殿之东辟地数亩间佛堂、方丈以为讲经之所,饭僧有堂,庖湢有所,栖僧有寮,退居有舍,池塘绕其后,金城抱其左。岁戊子(成化四年,1468),工克告成,特赐鹫峰禅寺。"②

此诗所用意象亦多暗含典故,与隐逸高士相关。"命驾"见《晋书》卷49《嵇康列传》:"性绝巧而好锻。宅中有一柳树甚茂,乃激水圜之,每夏月,居其下以锻。东平吕安服康高致,每一相思,辄千里命驾,康友而善之。后安为兄所枉诉,以事系狱,辞相证引,遂复收康。"③"松竹"喻节操坚贞的贤人,见《文选·袁宏〈三国名臣序赞〉》:"潜鱼择渊,高鸟候柯;赫赫三雄,并回乾轴;竞收杞梓,争采松竹。"吕向注曰:"松竹,贞坚也,并比于贤人也。"④"田间别有歌"暗用左思《招隐诗》"非必丝与竹,山水有清音"诗意。初看此诗,直写隐者,与禅寺了无交涉。况且访问隐者而题诗于寺院之壁,亦似不通。但是考察竹园一词,既可以按照字面理解为有竹子的园林,其实更有佛教典故在其中。竹园精舍、即竹林精舍,《说郛》卷77引晋道安《西域志》:"摩诃赖国有阿耨达山,王舍城在山东南,竹园精舍在城西,有佛六年苦行处。"为古代印度最初的寺院,在中印度迦兰陀村。本迦兰陀的竹林,迦兰陀归佛后,即以竹园奉佛立精

---

① 袁枚:《随园诗话》,人民文学出版社,1999,第755页。
② 邹干:《鹫峰寺碑记略》,葛寅亮:《金陵梵刹志》卷22《青溪鹫峰寺》,天津人民出版社,2007,第416页。
③ 《晋书》卷49《嵇康列传》,中华书局,1974,第1372页。
④ 萧统编,李善等注《六臣注〈文选〉》卷47,文渊阁《四库全书》本。

舍，为如来说法的场所。如此，则诗人寻访的对象或侨居寺院之中，或为附近之高人隐士。

七夕是古代重要的传统节日，或写少女乞巧，或言闺中相思。但是海瑞《七夕立秋值雨》却别抒情致：

> 尊前细雨飞南山，坐隔牛女河之间。
> 越岁佳期应自合，一望萧瑟总虚还。
> 萤垂碧草疏帘静，燕入深红画栋间。
> 漫指白云浮故国，忽因清梦落朝班。①

考察万年历，嘉靖、隆庆至万历时期，恰逢七夕和立秋同日者唯有隆庆五年，可知本诗作于隆庆五年（1571）七夕乡居之时，这首诗是借七夕儿女之情，来写君臣之思。"越岁佳期"明写牛女越年才能一会，实慨自己闲居经年，不见朝廷启用，"佳期应自合"者，理应合而实未合之意也。海瑞于穆宗隆庆四年（1570）四月上疏辞官、回籍闲居，至此经年，正合越岁之意。佳期未合，故发尾联"云浮故国""梦落朝班"之思。也许有人会产生疑问，诗人隆庆四年是主动上疏辞官的，又怎么会希望再度回朝呢？我们参看《年谱》，隆庆四年，先有都给事中舒化上疏，弹劾"公迂滞不达政体，宜以南京清秩处之"。后有给事中戴凤翔弹劾海瑞"庇奸民，鱼肉搢绅，沽名乱政。"② 即可明白当时诗人的处境，实际是被迫上疏，乞求归老养病。而在诗人赋闲之后，朝廷中还是有人希望海瑞能够出山。隆庆六年，"都御史雒泾坡等会荐公，有'忠贯日月，望重华夷'之语"。③ 可见当时诗人还是有再度出山的可能的。

《游归上之滴水岩》向我们展示了诗人精神世界的另一面貌。不管在诗歌中还是在历史上，海瑞的形象总是忧国忧民、忠勤王事，而此诗却写了乘兴游山，自叹潦倒。诗云：

> 露磴盘纡郁万岑，碧峰飞映翠华临。

---

① 陈义钟编校《海瑞集》下编，第 506～507 页。
② 陈义钟编校《海瑞集》下编，第 592 页。
③ 陈义钟编校《海瑞集》下编，第 593 页。

鳌飞玉栋浮云烂,鹊隐琼岩对雪深。

石顶有泉时滴滴,洞门无日昼阴阴。

簿书多暇偏乘兴,潦倒樽中月满簪。①

此诗朱校本以为游故乡琼山县石山之滴水岩,② 非。当为任南平教谕时期〔嘉靖三十二年(1553)冬至嘉靖三十七年春〕,游归化县滴水岩时所作。中华书局1962年出版的陈义钟校注本中,诗据光绪本增入,并用墨迹覆校,诗题作《游归上之滴水岩》,李锦全、陈宪打猷点校本也作《游归上之滴水岩》,朱逸辉、劳定贵、张昌礼校注《海中介公全集》本则作《游滴水岩》,当从陈本。

归上为地名,属于汀州府归化县。南平县属于延州府,西至沙县,一百四十五里。沙县和归化地壤相接。明成化六年(1470),汀州府同知程熙以"地境旷远,民梗难治"为由,奏析清流县的归上、归下里,宁化县的柳杨、下觉里,将乐县的兴善、中和里,沙县的沙阳里等地合置归化县,以示"归顺成化"之意,隶属于汀州府。据《大清一统志》卷333记载,滴水岩在归化县东北五里。上有泉水下滴,亢旱不竭。岩西有洞,曰虚鸣洞,一名玉虚洞。阔数十丈,洞内孔窍相通,凡数十里。泉石奇胜,甲于一邑。下有隐流,即滚溪诸水所出也。详细景物可以参看宗臣《游滴水岩记》:"余读《汀记》,归化东北五里盖有滴水岩云。"

"簿书"并非自簿书中除名,而是指官署中的文书簿册,唐代部郎中、州刺史也可以说亲"簿书",如时任滁州刺史的韦应物《再游西山》一诗中即有"自叹乏弘量,终朝亲簿书"之言;白居易《赴苏州至常州答贾舍人》则有"厌见簿书先眼合,喜逢杯酒暂眉开"之句。明人则只有州从事主簿、县令丞典史才言"簿书",教谕为八品之秩,学校为清水衙门,又无多事,故有"簿书多暇"之语,"潦倒"之慨。

南平教谕时期,海瑞还写过游访友人别墅之作《秋日访王龙津观物园》,野兴悠然,风格明快。诗云:

---

① 陈义钟编校《海瑞集》下编,第507页。
② 朱逸辉等校注《海忠介公全集》,东西文化事业公司,1998,第753页。

碧苔山深草堂洁，王子情□野兴悠。
修竹烟霞凝玉局，万松风露接清秋。
放歌剧饮不尽意，落日出林还泛舟。
山童载酒更呼酌，天半雷鸣翻白鸥。①

龙津为南平的古称。宋祝穆撰《方舆胜览》卷12记南剑州建置沿革时说："三国以前并同建安，吴孙休立建安郡，以南平县属焉。晋武平吴，易南平为延平县。宋明帝废延平县，五代王审知以为延平镇，审知子延翰改为永平镇，又改为龙津县。王延政僭位于建州，国号大殷，以将乐县为镛州，延平镇为镡州。南唐分延平，剑浦，富沙三县置剑州。皇朝以利路亦有剑州，乃加为南剑州，今领县五，治剑浦。"② 此处王龙津当为王姓南平县令之美称，"王子情□野兴悠"的"王子"一词非泛泛而称，而是美指王龙津。"王子"本来指代周王之子，后泛称帝王之子，后人也用来称美东晋王氏子弟。如唐代李贺《恼公》诗："春迟王子态，莺啭谢娘慵。"王琦汇解："曾益曰：'王子谓王凝之，谢娘谓谢道韫。'琦意：王子谓东晋时王氏子弟。"③ 民国9年吴栻修《南平县志》失载。

观物园为南平名胜，民国9年吴栻修《南平县志》记载其兴废之事。据卷6《名胜志》载："观物园，城西马坑，明参政黄焯娱亲之所。游可斋《传》云：观物园在郡西，离公所居不数百步，倚山麓，有泉石之胜。公筑室徜徉其间，奉亲之暇，读书吟咏自适。时或对客投壶弹棋，或飞翰作大行书，皆精绝。有丏文者应之，咸关理道，树风猷，否不与也。焯有小兴诗。"④ 卷18《礼俗志》居处："城中多傍山结庐，仅避风雨，雕甍画栋，曲槛回廊无有也。惟厓陳岻崿，举足有登陟之胜。烟岚缥缈，放眼得山水之观。向有藏春峡、水云村、观物园，今则或为庙为畦为墟矣。"黄焯，字子昭，南平人。《福建通志》《南平县志》皆有传。据《福建通志》可知，正德八年（1513）癸酉张岳榜下中举人，正德九年甲戌唐皋榜下进

---

① 陈义钟编校《海瑞集》下编，第507~508页。
② 祝穆撰，祝洙增订《方舆胜览》卷47《南剑州》，施和金点校，中华书局，2003，第202页。
③ 王琦等评注《三家评注李长吉歌诗》，中华书局，1959，第93页。
④ http：//www.fjsq.gov.cn/showtext.asp？ToBook=6040&index=14。

士及第，官终湖广左叅政，有《观物园》①四首。其情调格致，正可以好海瑞诗歌参详而读。

再如，《吕梁洪》为记游写景之作。诗云：

> 吕梁之险亦奇观，石壁惊涛走万滩。
> 楚缆吴樯天上度，朔云燕树镜中看。
> 日黄山阁湖光皱，雪白江村草色寒。
> 隔岸秋千春不歇，桃花开遍曲阑干。②

此诗朱逸辉、劳定贵、张昌礼校注《海忠介公全集》本解作吕梁山洪，③误。刘菊英《本真在我，因触而诗——海瑞诗歌的思想艺术初探》所言甚是，④实写徐州铜山县东南之吕梁洪。

首联写吕梁洪，用"石壁惊涛走万滩"形容奇险壮观。据《江南通志》卷14载："吕梁洪在（徐州）府东南五十里，有上下二洪，相去七里。巨石齿列，波涛汹涌。庄子所谓'吕梁悬水三十仞，流沫四十里'，是也。尉迟敬德尝疏凿以杀水势，今尉城其遗迹。明成化间，王事费瑄叠石为堤，归水于洪，吕梁之险十去五六。"⑤至明末时期已经不再险要。有万历戊子闽县举人徐熥《吕梁洪》诗可证："吕梁洪下水，已变作安流。安流虽自好，只是滞归舟。"可以参看元代陈孚、明代唐之淳《吕梁洪》诗、李东阳《修筑吕梁洪堤（附坝）记》等文献。颔联化用杜甫"春水船如天上坐，老年花似雾中看"，言吕梁洪处南北水路之要冲，笔力宏大，自见境界。颈联"山阁"，疑是指洪上之古建筑。洪上有吕梁洪庙，元董恩建，以祀汉寿亭侯关公。又有景福寺，在吕梁洪，金大定三年（1163）

---

① 黄焯《观物园》分别为：其一，"投归谢拘检，酒力控诗怀。自觉春无限，谁知生有涯。莺花寻党与，山水便同侪。煞有棋枰兴，还堪几阵排。"其二，"小园时散步，久矣壮心降。洗竹穿花径，观鱼过石淙。一经秋着耳，渐觉影横窗。幽事真吾事，闲人似不双。"其三，"棹歌寻旧兴，更上散人舟。不惜新纹破，应耽野色幽。乾坤留眼孔，日月任沈浮。一笑出尘外，林园乃善谋。"其四，"散步花边立，人来笑脸开。评诗翻旧帙，看竹下平台。管领轻舟兴，应从弱柳回。山中快清赏，谈笑且衔杯。"
② 陈义钟编校《海瑞集》下编，第508页。
③ 朱逸辉等校注《海忠介公全集》，东西文化事业公司，1998，第755页。
④ 刘菊英：《本真在我，因触而诗——海瑞诗歌的思想艺术初探》，《海南大学学报（人文社会科学版）》1992年第3期。
⑤ 《江南通志》卷14《舆地志·徐州府》，文渊阁《四库全书》本。

建。最妙处在尾联，起句写隔岸秋千，至三月犹不歇，于热闹中又颇能见出承平之乐，而对句写曲阑桃开，又把诗意收束到静景中去，余音袅袅，情韵无限。

三 补益家国身心事

不管是古风还是律绝，其实落脚点都在于"补益家国身心事"上。就小处而言，海瑞以诗歌热情赞美那些在家能尽孝的人。大处而言，海瑞沉思的目光常常落在国计民生之上。前者如《陆子还晋陵省母》《贞节周母莫孺人》，后者如《送诸生小试遇雨》《春日阻风部中限韵》。

《陆子还晋陵□母》诗云：

> 东风上河津，万里无流澌。游子倦行役，逝将去天涯。
> 执手出芳甸，言别更□□。白云度南山，绿草含西晖。
> 不有感物意，睠言怀母慈。寿域日以启，游子日以迩。
> 母颜欢北堂，客星烂珠履。有鸟巢高林，将母违素心。
> 翱翱空文翎，哀鸣无好音。美兹反哺鸟，孝养酬中湛。①

海瑞因为自己父亲早逝，为寡母辛苦养育，所以对孝子贞母怀有特别的感情。此诗的写作时间地点无考，陆子亦不详所指。因陆子将要还归晋陵探省母亲，海瑞有感而发，作诗相送，用典甚多。"睠言"亦作"睠言"，回顾貌。见于《诗·小雅·大东》："睠言顾之，潸焉出涕。""北堂"指母亲的居室。语本《诗·卫风·伯兮》"焉得谖草，言树之背"，毛传："背，北堂也。""客星"，晋张华《博物志》卷10载："旧说云'天河与海通'。近世有人居海滨者，年年八月有浮槎去来，不失其期。人有奇志，立飞阁于查上，多赍粮，乘槎而去……奄至一处，有城郭状，屋舍甚严。遥望宫中多织妇，见一丈夫牵牛渚次饮之。牵牛人乃惊问曰：'何由至此？'此人具道来意，并问是何处？答曰：'君还蜀郡访严君平则知之。'竟不上岸，因还如期。后至蜀，问君平，曰：'某年月日有客星犯

---

① 陈义钟编校《海瑞集》下编，第512页。

牵牛宿'。计年月，正是此人到天河之时也。"① 后遂用以为典，亦以指客人，在此指游子身份的陆子。"孝养"言竭尽孝忱奉养父母。语出《书·酒诰》："肇牵车牛远服贾，用孝养厥父母。"孔传："农功既毕，始牵车牛，载其所有，求易所无，远行贾卖，用其所得珍异孝养其父母。"但用典虽多，并不妨碍文气的贯通。其实最关键在于海瑞把自己对母亲的情感映射到了诗中，两言游子，三言其母，娓娓道来，如话家常，分外亲切。

《贞节周母莫孺人》是海瑞为文山友人周某的母亲莫氏所作。诗云：

> 宝镜鸾分四十年，魂飞孤冢锁云烟。
> 冰霜节操共姜苦，铁石肝肠令女坚。
> 万古纲常天地久，一生贞白鬼神怜。
> 朝廷有意教流俗，早晚褒书下九天。②

此诗三用典故，极言莫氏守节其情之苦，其志之坚。"宝镜鸾分"见《艺文类聚》卷90所引用南朝刘宋范泰《鸾鸟诗序》，喻夫妻生死离别、孤独悲哀。序称："昔罽宾王结罝峻卵之山，获一鸾鸟，王甚爱之，欲其鸣而不致也，乃饰以金樊，飨以珍羞。对之愈戚，三年不鸣。其夫人曰：'尝闻鸟见其类而后鸣，何不悬镜以映之。'王从其意，鸾睹形悲鸣，哀响冲霄，奋而绝。""共姜"是卫世子共伯之妻，共伯早死，姜不再嫁，后常用为女子守节的典实。《诗·墉风·柏舟》序称："柏舟，共姜自誓也。卫世子共伯蚤死，其妻守义。父母欲夺而嫁之，誓而弗许。故作是诗以绝之。"据《三国志》裴松之注引皇甫谧《列女传》，"令女"为谯郡夏侯文宁之女，（大将军曹）爽从弟文叔之妻。文叔早死，后来曹爽被诛，曹氏尽死。令女不以存亡盛衰易其心，"乞子字养，为曹氏后，名显于世。"③"万古纲常""一生贞白"，皆非泛泛浮词，其情实哀，对比同时林士元《贞节莫孺人三首》即可知。林诗云：

> 早岁离鸳侣，晨昏强自持。
> 个中惟欠死，此外更何思！

---

① 张华撰，范宁校证《博物志校证》卷10《杂说下》，中华书局，1980，第109页。
② 陈义钟编校《海瑞集》下编，第513页。
③ 《三国志》卷9《魏书·何晏传》，中华书局，2006，第178~179页。

盟誓山丘重，贞心天地知。
昭昭青史内，千古令名垂。

偕老平生愿，那堪丧所天。
妆台春梦冷，玉颊泪痕鲜。
劲节丹心炳，孤身白发坚。
彤庭旌节下，奕祀姓名传。

□自良人逝，冰霜苦自持。
红颜身不死，白璧行无疵。
镜里铅华谢，胸中铁石期。
覆舟身不没，节孝有天知。①

《送诸生小试遇雨》为海瑞任南平教谕时期，送县学生员参加学政府考时所作。诗云：

雷掣电鸣酣野战，水吟龙啸郁云兴。
山南月暗全无路，岸北沙明仅有灯。
海内英雄今并起，江中波浪此凭陵。
商霖散满焦枯发，野色新添万里青。②

"小试"也称为"小考"，指旧时太学生、童生应贡举及学政、府县之考试。诗中连用两个典故，鼓励诸生当有所作为。"海内英雄"用唐太宗事：唐太宗尝私幸端门，见新进士缀行而出，喜曰："天下英雄入吾彀中矣！""商霖"双关，既指秋雨，又关傅说。据《尚书·说命上》，商王武丁任傅说为相，命曰："若岁大旱，用汝作霖雨。"孔传解释说："霖，三日雨。霖以救旱。"谓依为济世之佐，后遂以"商霖"为称誉大臣之词。海瑞希冀自己的生员都能龙飞大海，化作霖雨，济国济民，正可看出海瑞的胸襟抱负，恰恰在"补益家国身心事"之上。

---

① http://wenxian.fanren8.com/08/01/70.htm.
② 陈义钟编校《海瑞集》下编，第507页。

《春日阻风部中限韵》应作于嘉靖四十四年（1565）春。考察海瑞行迹，嘉靖四十年冬赴部候选，至四十一年十二月调任兴国知县，为居于燕京时期，但所居应为吏部铨曹。此后嘉靖四十三年十月，授户部云南司主事，生活于燕京。四十四年十月上疏，四十五年春二月癸亥，户部主事海瑞疏谏斋醮下锦衣卫狱，十二月世宗崩，始出狱，改兵部武库司主事。穆宗隆庆元年（1567）之后，所司皆不在六部。诗云：

> 白昼日黄天欲浮，燕城三月似高秋。
> 涛生宫掖沙惊树，花覆苑墙春隐楼。
> 朝马不嘶金勒断，塞鸿无路到关愁。
> 却思丰沛有遗恨，猛士雕残蔓草稠。①

此诗虽为限韵之作，但诗人并非以游戏出之。嘉靖后期边患频频，仅据《明史·世宗本纪》检索而得，即有如下之条：

（三十七年）秋八月己未，吉能犯永昌、凉州、围甘州。

三十八年春二月庚午，把都尔犯潘家口，渡滦河，逼三屯营。三月己卯，掠迁安、蓟州、玉田。

三十九年春正月丙戌，俺答犯宣府……秋七月乙丑朔，把都尔犯蓟西，游击胡镇御却之。庚午，刘汉袭俺答于丰州，破之。九月己巳，俺答犯朔州广武。冬十二月，土蛮犯海州东胜堡。

（四十年秋七月）庚戌，俺答犯宣府，副总兵马芳御却之。九月庚子，犯居庸关，参将胡镇御却之……（冬十一月）庚戌，吉能犯宁夏，进逼固原……十二月丙寅，把都尔犯辽东盖州。

（四十一年夏五月）壬子，土蛮攻汤站堡，副总兵黑春力战死……（冬十一月）辛丑，吉能犯宁夏，副总兵王勋战死。

四十二年春正月戊申，俺答犯宣府，南掠隆庆……冬十月丁卯，辛爱、把都尔破墙子岭，入寇，京师戒严，诏诸镇兵入援。戊辰，掠顺义，三河总兵官孙膑败死。乙亥，大同总兵官姜应熊御寇密云，败之。十一月丁丑，京师戒严。

---

① 陈义钟编校《海瑞集》下编，中华书局，1962，第 508 页。

四十三年春正月壬辰，土蛮黑石炭寇蓟镇，总兵官胡镇、参将白文智御却之……冬十二月……俺答犯山西，游击梁平、守备祁谋战死。

四十四年春三月……是月，土蛮犯辽东，都指挥线补衮、杨维藩战死。夏四月……壬午，俺答犯肃州，总兵官刘承业御却之。[①]

由此可见，尾联"却思丰沛有遗恨，猛士雕残蔓草稠"非泛泛而言，实有感而发。"丰沛"，汉高祖刘邦为沛县丰邑人，还沛时曾自为歌诗曰："大风起兮云飞扬，威加海内兮归故乡，安得猛士兮守四方！"此处以汉高祖暗喻明太祖朱元璋，言其诛杀功臣，猛士凋残，以致此时虽欲"守四方"而不得，边患频频。

概言之，海瑞虽不轻易写诗，但所作诗篇，很少诗酒流连的应酬之作，这和他"匪特耻为声诗，即古今文词，要以阐发性灵而止"的文学观念是一致的。透过诗中典故，我们可以更清晰地认识作为诗人的海瑞是如何在诗歌中"求其真心"、展现其"本真"的。

(作者单位：兰州商学院传媒学院)

[①] 参见《明史》卷18《世宗本纪》，中华书局，1974，第245~249页。

从士本位到官本位

——论明清小说中海瑞形象的历史错位

郭皓政

士是中国古代一个特殊阶层,兴起于春秋战国时期,他们凭借某一方面的特殊才能(如才智、武勇等),既是"四民"(士、农、工、商)之首,又可跻身于贵族,位列大夫和卿之后。自汉代以来,士侧重于指读书人,尤指儒家知识分子。孔子云:"学而优则仕"(《论语·子张》)。随着儒家地位的上升,以及科举制度的出现,士与官的关系越来越密切。"士族""士大夫"作为贵族阶级的代称,都表明士的地位在不断提高。明代,中国科举社会进入鼎盛阶段,随之而来的一个负面效应,就是官本位的流行。读书就是为了做官,这种观念越来越深入人心。而四书五经,在科举时代的大多数人眼中,只不过是进入官场的垫脚石、敲门砖而已。于是,士开始丧失自身独立存在的价值,沦落为官的附属品,士本位遂为官本位所取代。这一转变过程对中国政治乃至整个社会的影响重大而深远。然而,即使在官本位流行的明代社会,依然有少数士人坚守士本位,捍卫着士阶层的理想和尊严,海瑞即是其中之一。

海瑞的出现,是明代文化史上令人瞩目的现象,代表了士本位对官本位的批判与抗争。而后世对海瑞的评价,无论是歌颂也罢、批评也罢,有不少都是以官本位为出发点,在一定程度上造成了海瑞形象的历史错位,使海瑞形象变得模糊化、庸俗化。因而,区分士本位和官本位这两种不同的价值观和人生态度,是澄清历史真相、深化海瑞研究的一大关键。本文拟将历史文献中记载的海瑞事迹与明清小说中的海瑞形象略加比较,希冀发现一个较为真实的海瑞,并以此为参照,对中国传统文化加以反思。

一　"海笔架"：对士本位的坚守与对官本位的批判

海瑞（1515～1587），字汝贤，号刚峰，广东琼山（今海南省海口市）人。其先祖海逊之在明初曾任广东卫指挥使，后迁至海南。海瑞的祖父海宽曾任福建松溪县知县，海宽子侄辈多有考中举人、进士者，堪称书香门第。海瑞的父亲海瀚乃廪生，早亡。海瑞由寡母抚养成人。海母粗识文字，教子严格，有如孟母，对海瑞性格的形成有重要影响。

海瑞生长在偏僻的海南。早在汉武帝时期，中央王朝就已经在海南设郡置县。但由于孤悬海外，海南在历史上长期被视作蛮荒之地。唐宋时期，海南是贬官之所，被贬谪到海南的官员中，不乏国家柱石和人品正直、才华横溢者，如唐代宰相李德裕、北宋大文豪苏轼、南宋时期力主抗金的李纲、赵鼎、胡铨和李光等。他们在海南原始淳朴的大地上播下了儒家礼乐文化的种子。明代开国之初，有大臣建议仍将海南作为流放罪人之地，但明太祖朱元璋有意提升海南的政治地位，以此作为"四海一家"的象征。[1] 于是，地方官员在海南大兴文教，本地文人也深受鼓舞，一时海南文风大盛。明代在海南科举史上是一个辉煌时期，进士辈出，秀才、举人更是不计其数。据统计，海南历史上一共出过110名进士，其中唐代空白，宋代有15人，元代空白，明代有64人，清代31人。[2] 海瑞的前辈乡贤丘濬曾作《琼山县学记》，云："今日衣冠礼乐之盛，固无以异于中州，其视齐鲁，亦或有过之者……至今琼人，家尚文公礼，而人读孔子书，一洗千古介鳞之陋。"[3] 明代海南诗人王佐亦云："圣制两出，掀揭乾坤，未及百年，而人才俗化之盛，媲美隆古。"[4] 面对内陆文化发达地区，海南文人已不再感到自卑，代之而起的是一种文化自豪感。这种文化自豪感，对海瑞文化性格的形成亦有一定影响。

朱元璋作为一代开国之君，对促进海南文化的发展起了关键作用。同时，朱元璋在明朝大力推行科举考试，对有明一代士风之负面影响也不容

---

[1] 唐启翠：《明清实录中的海南》，海南出版社，2006，第8页。
[2] 朱东根：《海南历代进士研究》，海南出版社，2008，第30页。
[3] 丘濬：《丘濬集》，海南出版社，2006，第4254、4255页。
[4] 王佐：《东岳行祠会修志序》，载唐胄《正德琼台志》，海南出版社，2006，第2页。

忽视。科举制度自隋末唐初诞生以来，便成为历代统治者笼络人才的一种重要手段。据说，唐太宗李世民面对新科进士曾经得意地说："天下英雄尽入吾彀中矣。"而朱元璋借助科举考试，不但笼络英雄，并且改造英雄、摧残英雄，使英雄变为奴才。明代将科举考试内容限定于四书五经的范围之内，表面上看是推行儒家思想，实质上，推行的乃是一套经阉割过的儒家思想。儒家思想中某些民主性、革命性的内容，在明代科举考试中都被遮蔽了。众所周知，儒家提倡"圣贤之道"，但朱元璋选用人才的主要标准却是"贤"，对"圣"绝口不提。在朱元璋看来，只有皇帝才配称圣，臣子只要达到贤的标准就足够了。①朱元璋尝览《孟子·离娄下》，见其中有"君之视臣如草芥，则臣视君如寇仇"等语，勃然大怒，谓非臣子所宜言，命将孟子之位从文庙中撤掉。后来在大臣抗争之下，虽然保留了孟子文庙配享之位，但却命儒臣修《孟子节文》，将《孟子》中凡不以尊君为主者如"民为贵，社稷次之，君为轻"等共十几句话统统删去。另外，朱元璋废除宰相制度，扩张君权，这对士人政治也是一个沉重打击。所以，明代对士人精神的戕害程度远胜于前代。对此，清代小说家吴敬梓在《儒林外史》中有深刻剖析。《儒林外史》第一回，王冕批评明代科举制度时，便说："这个法却定的不好！将来读书人既有此一条荣身之路，把那文行出处，都看得轻了。"②一针见血地指出了"荣身之路"与"文行出处"的矛盾。

当然，明代历史上，也不乏有气节、有思想的读书人，如被称为"读书人种子"的方孝孺，不肯向永乐皇帝低头，作为士人精神的代表与皇权展开激烈交锋。但是，如果从方孝孺为建文帝殉节的角度看，方孝孺之死依然有"愚忠"的味道。至明代中期，政治日益腐败。皇帝既然已非"圣"明天子，读书人成圣的愿望再度被激发出来。王阳明心学的流行，便体现了这样一种时代精神。王阳明及其后学认为人人皆可以成圣。阳明心学打破了科举制度下明代思想界的沉闷局面，唤醒了士人阶层的独立意识。不过，阳明心学在扯下程朱理学神圣面纱的同时，也对士人的道德底线形成考验；在带来人性解放的同时，客观上也造成人欲的泛滥。

① 参见拙著《明代状元与文学》，齐鲁书社，2010，第269~271页。
② 吴敬梓：《儒林外史》，人民文学出版社，2002，第13页。

以上是海瑞思想形成的社会和时代背景。海瑞的思想，既与新兴的阳明心学有相通之处，大胆地张扬主体精神；又深受传统孔孟之道（未被阉割过的原始儒家思想）影响，提倡浩然之气，严格自律。海瑞始终以"成圣"作为读书做人的最高目标，体现出对士本位的坚守，表达了对官本位的批判。

青年时代的海瑞，已树立起读书成圣的远大理想，对社会上流行的官本位思想深感忧虑。他曾作《严师教戒》（又题作《自警文》）一文以自励："有此生必求无忝此生而后可。无忝者，圣人我师，一一放而行之，非今所竞跻巍科、陟膴仕之谓也。"① 在《训诸子说》一文中，对读书人不以圣贤自许，而以"决状元进士于科第"为目标的社会现实表示忧虑，反对士人沉溺于八股文，"徒缀酸文、识陈语，为后日富贵故乡之计。"② 也许正是因为海瑞不肯向世俗低头，没有耗费太多精力去研究八股文，所以他在科举考试中未能考中甲榜进士，仅以举人身份获授福建省南平教谕之职。

海瑞步入官场之后，依然以"士"的身份自居，大胆地向官场规则发起挑战。在任南平教谕期间，上级御史来学堂视察，其他属吏都俯身下拜相迎，而海瑞仅是长揖而已。他有自己的一番道理，认为学堂是师长教士之地，官场的那一套礼节在学堂并不适用。海瑞倔强挺立的姿态，如同笔架一般醒目，时人遂送他一个"海笔架"的外号。学官之职，因清贫而受世人轻视，但海瑞却将其作为倡导师道、振作士气的重要职位看待。这个来自偏远海岛的读书人，在官场上的第一次亮相，就向世人表明了他坚定不移的士本位立场。他这样做，既是为学堂中的年轻士人做出表率，又是他自己官场生涯的一个宣言。他要用自己挺直的脊梁，在势利污浊的官场上撑起一片道德的天空。

此后，海瑞频频地给那些官僚政客制造"麻烦"。海瑞任浙江淳安知县期间，总督胡宗宪的公子飞扬跋扈，被海瑞狠狠地惩治了一番。都御史鄢懋卿出巡，路经淳安，海瑞不肯逢迎，鄢懋卿只好绕道而行。海瑞在京城任户部主事期间，更是大胆上疏，批评嘉靖皇帝不理政务，惹得嘉靖勃

---

① 海瑞：《严师教戒》，陈义钟编校《海瑞集》上编，中华书局，1962，第1页。
② 海瑞：《训诸子说》，陈义钟编校《海瑞集》上编，第3页。

然大怒。然而海瑞不怕死，所陈句句都是事实，嘉靖皇帝也拿海瑞没有办法，只能将他关入狱中。嘉靖死后，海瑞官复原职。隆庆三年（1569），海瑞任右佥都御史巡抚应天十府，力摧豪强，深受百姓拥戴，同时也得罪了不少官僚政要，受到官场排挤，屡遭弹劾。于是海瑞称病辞官，回归故里。张居正当国期间，忌惮海瑞个性峭直，始终不请海瑞出山。直到张居正死后，海瑞才官复原职，寻改南京吏部右侍郎。此时海瑞已是七十余岁高龄，依然不改初衷，他对士风浇薄的社会现状尤为痛心疾首，主张用酷刑以扭转士风。于是，有些官僚开始坐立不安起来，纷纷上疏丑诋海瑞。御史房寰对海瑞的攻击最有代表性，他批评海瑞"莅官无一善状，惟务诈诞，矜己夸人，一言一论无不为士论所笑"，并抨击海瑞"以圣人自居"。[①]很明显，房寰是站在官本位立场上抨击海瑞的。而入仕不久的青年进士顾允成、彭遵古、诸寿贤等上疏为海瑞辩解，称"臣等自十余岁时，即闻海瑞之名，以为当朝伟人，万代瞻仰"，"其英风劲气，振江南庸庸之士风而濯之以清冷之水者，其功安可诬也"。[②]

海瑞处世素以刚直著称，爱戴他的人，颂扬他为当代伟人。而那些反感甚至痛恨他的人，则批评他不通人情世故、欺世盗名。海瑞去世后，同乡梁云龙作《海忠介公行状》指出，并非海瑞过于矫激，而是当时的整个社会风气太虚伪，"昧其真而馁其浩然之气，不免与俗相为浮沉者，乡原（愿）也，非圣贤也。今天下惟乡原（愿）之教，入人最深。世俗群然称僻性，称太过者，多是中行之士。"[③]孔子提倡中庸之道，谓"不得中行而与之，必也狂狷乎！狂者进取，狷者有所不为也"（《论语·子路》），同时对乡愿哲学深恶痛绝，视乡愿为"德之贼也"（《论语·阳货》）。后世却往往将中庸与乡愿混为一谈。海瑞就算没有达到"中行之士"的高度，起码也属于狂狷者流。比起官场上流行的乡愿哲学，海瑞的思想言行无疑更符合儒家的"士"之道。

从官本位的立场出发，世人往往将海瑞视为一个"古怪"的官吏。事实上，海瑞并非不通人情世故。恰恰相反，海瑞对当时的社会现实有着相当清醒而深刻的认识。他指出："国朝以经术造士，士非此无以进其身。

[①] 黄仁宇：《万历十五年》，中华书局，2006，第136页。
[②] 顾允成等：《三进士申救疏》，陈义钟编校《海瑞集》下编附录，第625、627页。
[③] 梁云龙：《海忠介公行状》，陈义钟编校《海瑞集》下编附录，第534页。

迨得官则又有今时应官之道……人之所以责官，人之所以责士，判然两途矣。"① 在科举时代，不少读书人埋首于四书五经，不为探求立身处世之道，而是出于现实的考虑，汲汲于功名富贵。对此，海瑞忧心忡忡地指出，社会上的读书人大多"有秀才之名，无士气之实……为我国家二百年养士痛，而曰浩然之气将绝响于今日也。"② 在淳安知县任内，海瑞作《兴革条例》，指出士风日下的根源在于"今人不以行义视君子之仕，以荣身及亲当之。意向一差，是以百端施用，无一而可。昔人谓士非不修之家也，至应举入官，耽利禄，慕荣途，患得患失，靡所不至，不能不坏焉。"③ 他甚至痛心疾首地说："今之秀才不为处女，而为淫妇，亦多矣。"④ 这样的读书人，做官之后自然不会为百姓着想。海瑞指出："今人居官，且莫说大有手段，可为百姓兴其利，除其弊。止是不染一分一文，禁左右人不得为害，便出时套中高人者矣。"⑤ 对于读书、做官，海瑞有自己的立场和态度。他说："学者内以修身，外以为民，爵位者，所托以为民之器也。"⑥ 而当时的社会现实是"学为己，仕为人，其义不讲久矣。以故天下之人，坐受仕人之害。"⑦ 对于这样的社会现实，海瑞自然不肯低头。他说："今人每谓做官自有套子，比做秀才不同，不可苦依死本。俗人俗见，谬妄之甚！区区惟愿明公执我经书死本行之而已。如此不执，虽熟人情、老世故，百凡通融，失己失人，全无用处。"⑧

通过以上分析，我们应该对历史上真实的海瑞有所了解了。他身处官本位思想盛行的时代，却始终坚守士本位，敢于藐视一切权贵，捍卫着儒家知识分子的道德理想。他首先是一个"士"，然后才是一个"官"。

二 "海青天"：来自民间的想象和对官本位的妥协

海瑞居官期间，维护百姓利益，扶弱抑强，做了不少好事。他一生清

---

① 海瑞：《赠廖锦台膺首荐序》，陈义钟编校《海瑞集》下编附录，第383页。
② 海瑞：《赠黄广台思亲百咏序》，陈义钟编校《海瑞集》下编附录，第330~331页。
③ 海瑞：《兴革条例》，陈义钟编校《海瑞集》上编，第53页。
④ 海瑞：《兴革条例》，陈义钟编校《海瑞集》上编，第54页。
⑤ 海瑞：《复王七峰琼山知县》，陈义钟编校《海瑞集》下编，第421页。
⑥ 海瑞：《政序》，陈义钟编校《海瑞集》下编，第328~329页。
⑦ 海瑞：《赠大尹吴秋塘德政序》，陈义钟编校《海瑞集》下编，第388页。
⑧ 海瑞：《复周柳塘琼州知府》，陈义钟编校《海瑞集》下编，第421页。

廉自守，官至二品，生活却比寒士还要清苦。虽然官场上对海瑞有不少流言蜚语，民间却对海瑞极为爱戴。海瑞卒于南京，"小民罢市，丧出江上，白衣冠送者夹岸，酹而哭者，百里不绝。"[①] 百姓将海瑞和北宋名臣包拯相提并论，称海瑞为"南包公""海青天"。海瑞在世的时候，民间已有不少关于他的传说在流传。海瑞去世后不久，以他为主人公的小说、戏曲、曲艺作品便陆续出炉，这些作品往往突出海瑞作为"清官"的形象，寄托了百姓的理想和愿望，掺杂了大量民间想象成分，淡化了海瑞作为"士"而存在的文化意义，带有一定的官本位色彩，同历史上的海瑞有一定差距。下面，我们就以几部明清小说为例，略加分析。

明清时期，有三部与海瑞有关的公案小说，分别是《海刚峰先生居官公案传》《海公大红袍全传》和《海公小红袍全传》。这些作品习惯上被统称为"海公案"。为便于论述起见，下文将三者分别简称为《海刚峰公案》《大红袍》和《小红袍》。

《海刚峰公案》问世最早，在海瑞去世后仅19年，即明代万历三十四年（1606），已有刊刻本在流传。全书四卷，共71回，每回各讲一则断案故事。书中故事并非取材自海瑞真实事迹，其中大部分是转抄自他书。有些作品带有一定的神怪色彩，如第十一回《谒城隍遇猪跪吼》，写一奴仆被主人殴死后，化身为猪，向海瑞告状，事颇奇特。又如第十九回《风掀轿顶》，写海瑞乘轿外出，被东风掀去轿顶，海瑞命皂隶拿东风来审问。皂隶往东行，口唤"东风"，后果有人应。原来，其人名范俊，号东峰，尝有孤客至其家借宿，遭范俊谋财害命。此类故事荒诞不经，将海瑞视若神明，体现了民间对清官的敬仰和崇拜。还有一些故事，表现了海瑞的机智。如第二十一回《乘闹窃盗》，写有一富家汪大办喜事，邻人支德乘婚礼热闹之机藏到婚床底下，偷走了许多金银首饰。汪大在婚礼上见不到支德，疑心即其所为，告到官府。支德拒不认罪，海瑞遂设一计，在支德的掌心写了一个"金"字，对他说："如果是你偷的，字迹就会消失；不是你偷的，字迹就会一直存在。"然后命人将支德之妻拘来，当着其妻的面，海瑞问支德："'金'字在乎？"支德曰："'金'字尚在。"其妻误听为"金子尚在"，以为支德已经招供，遂回家取出赃物交给海瑞。支德无法抵

[①] 《明史列传》，陈义钟编校《海瑞集》下编附录，第529页。

赖，只好认罪。

《海瑞集》中也保存了一些关于海瑞断案的记载。如海瑞任淳安知县时，有《吴吉祥人命参语》《吴万人命参语》《何胜荣人命参语》《邵守愚人命参语》《何耀宗争坟地参语》《徐继人命参语》《方淙争谷参语》等七篇文章，[①] 涉及一些重大疑难案件，海瑞会同其他地方官员共同审理。海瑞在处理这些案件时，原情据理，认真参详，有自己的见地，在下结论时非常谨慎，以免草菅人命，体现出一位正直官员的良知和负责态度。大概是由于这些案件缺少传奇性，所以均未收入《海刚峰公案》。

明代万历年间，在《海公案》之前，已有《百家公案》《廉明公案》《诸司公案》《新民公案》等多部公案小说集问世，形成了一股公案小说出版热。其中，《百家公案》全称《新刊京本通俗演义全象百家公案全传》，专讲北宋名臣包拯的断案故事，神怪色彩颇浓，故事性也较强。其他几部公案小说集都以本朝时事为主。《廉明公案》全称《新刻皇明诸司廉明奇判公案》，书中收有大量的诉状、判词等法律文书。《诸司公案》是《廉明公案》的续集，但不再收法律文书，故事性有所加强。《新民公案》全名《郭青螺六省听讼新民公案》，写明代清官郭子章（1543～1618）的判案故事。这些公案小说，大多侧重表现清官断案的智慧，并带有一定的迷信色彩。《海刚峰公案》中对海瑞的描写亦是如此，人物缺乏鲜明的个性。

时至清代，公案小说有了进一步发展，不再以短篇故事集的形式出现，逐渐演化为真正的长篇章回体小说。清代比较流行的长篇公案小说有"包公案""施公案""彭公案""海公案""狄公案""李公案"等。不少公案小说都有续书，能够自成系列。清代"海公案"系列小说主要包括《大红袍》及其续书《小红袍》。

《大红袍》大约问世于清代嘉庆年间。作者托名"李春芳编"，真实身份不详。全书共六十回，语言自然流畅，具有一定的艺术水准，颇受读者欢迎，从晚清至民国不断再版，已知版本不下十三种。第一回写海瑞乃五指山的神兽投胎转世，自小受到神灵护佑。海瑞父亲去世后，其母将其抚

---

① 参见陈义钟编校《海瑞集》上编，第169～177页。

育成人，命海瑞进京赶考，"扬名显亲"。海瑞"非不图进取"，但为了侍奉高堂，不忍离家，被其母训斥了一番，"从此益励诗书以图进取"。① 可见，《大红袍》是以官本位为出发点，将扬名显亲作为海瑞的人生价值的体现。《大红袍》虚构了明代嘉靖年间海瑞同大奸臣严嵩、严世蕃父子的忠奸斗争故事。第三十回写海瑞痛打严嵩，嘉靖误信谗言将海瑞关入狱中。小说突出了海瑞的忠君思想，"大红袍"即海瑞赤胆忠心的象征。第六十回回末有段批语，云："近有以南词《大红袍》唱本行于世，其中多生枝节，写海公动辄狂奏，殊不合理。今编此卷，确实而书，庶忠臣不作狂士之讥。"② 其实，南词《大红袍》中的海瑞形象与历史上真实的海瑞更为接近。而小说《大红袍》的作者却用世俗的标准去衡量海瑞，为维护海瑞"光辉"形象，硬要将"狂士"改写成"忠臣"。作者心目中根深蒂固的官本位思想展露无遗。

《小红袍》是《大红袍》续集，写海瑞年老还乡后，太师张居正阴谋篡位，海瑞复出，与张居正进行斗争，借天波府杨家将的力量扳倒了张居正，功成身退，长命百岁，死后升天为神，做了"天下都城隍"。和《大红袍》相比，《小红袍》不但在艺术上比较逊色，情节也更加荒诞不经。历史上，张居正确实不太喜欢海瑞，在他执政期间，海瑞在家乡闲居了13年，直到张居正去世后，海瑞才重新被起用，两年后海瑞便死于任上，卒年73岁。《小红袍》从海瑞73岁写起，至海瑞百岁寿终，明显与历史不符。《小红袍》结尾处，写海瑞因惩治豪强，被"加升为兵部尚书兼吏部之职"；半年后又加封为内阁学士，告老荣归；死后又加赠太师。在《小红袍》作者心目中，似乎只有不断地给海瑞加官晋爵，将海瑞的官升到顶，才能证明海瑞的人生价值。这亦是官本位思想的一种体现。

上述三部小说的内容均未涉及海瑞上疏直谏嘉靖皇帝之事。而历史上的海瑞，正是因为写了《直言天下第一事疏》（又名《治安疏》）劝谏嘉靖皇帝而闻名于世。在这篇奏疏中，海瑞说出了人人想说而人人不敢说的话。如他直称："嘉靖者，言家家皆净而无财用也。"又说："迩者，严嵩

---

① 佚名：《海公大红袍全传》，山西人民出版社，2000，第4页。
② 黄岩柏：《海公系列小说》，辽宁教育出版社，2000，第76、77页。

罢相，世蕃极刑，差快人意，一时称清时焉。然严嵩罢相之后，犹之严嵩未相之先而已，非大清明世界也。"① 海瑞独特的文化人格，是以"士本位"为基础的。而明清小说中的海瑞形象，掺杂了太多的民间想象和百姓情感，绝口不提海瑞与皇帝的斗争，而是虚构出忠奸之间的斗争，用"官本位"取代了"士本位"。和历史相比，明清小说中的海瑞形象存在明显错位。

除小说外，民间还流传着许多与海瑞有关的戏剧、曲艺作品。如清初朱素臣的《朝阳凤》传奇，写海瑞与张居正之间的斗争；写海瑞与严嵩、严世蕃父子斗争的作品尤为多见，如传奇《吉庆图》《忠义烈》《海瑞市棺》，地方戏《朝金顶》《十美图》《五彩舆》（又名《小红袍》）、《德政坊》（又名《大红袍》）、《一捧雪》《海瑞搜宫》《海瑞算粮》《海瑞点炮》《生死牌》等。曲艺作品则有弹词《十美图》《福寿大红袍》《福寿小红袍》，以及《说唱海公奇案传》等。② 这些戏剧、曲艺作品与小说相互影响，大都源自民间想象，将海瑞与官场不良习气的斗争形象化为忠奸斗争，同时也将海瑞的士本位思想庸俗化为官本位思想。这些作品一方面使海瑞的"清官"形象深入人心，另一方面，也在一定程度上拉大了与历史上海瑞真实形象之间的距离。

三 余论

鲁迅先生评价《儒林外史》时曾说"伟大也要有人懂"，这句话用于形容海瑞也十分贴切。《儒林外史》第三十七回，描绘了一场"祭泰伯祠"的盛大典礼，表达了对科举制度下读书人心艳功名富贵、士风日下的忧虑，以及对真儒名贤的召唤。泰伯是周太王的长子，他不计较个人得失，为天下人着想，主动放弃王位继承权，让国给弟弟季历，由季历又传位给周文王，使周王朝走向兴盛。孔子赞美泰伯为"至德"（《论语·泰伯》）。朱熹认为，泰伯去国是为了帮助周太王实现翦商之志。海瑞曾作《泰伯论》上、下两篇，驳斥了朱熹的观点，认为泰伯去国并不是为了消灭商

---

① 海瑞：《治安疏》，陈义钟编校《海瑞集》上编，第218页。
② 黄岩柏：《海公系列小说》，辽宁教育出版社，2000，第8页。

朝,只是不慕名利而已。① 海瑞还写过一篇《孟子为贫而仕议》,在赞美孟子浩然之气的同时,批评了孟子"为贫而仕"的观点。② 海瑞和吴敬梓在思想上有相通之处,海瑞正是吴敬梓心目中理想化的"真儒名贤"。

　　海瑞是旧时代士人阶层中一个杰出的代表人物,在他身上,充分体现了儒家知识分子的道德自律精神和社会责任感。我们不应只看到其"清官"的表象,更要走进其内心世界,把握其思想实质。在研究海瑞思想时,既要留意以士本位为出发点的儒家思想的优良传统,又要关注官本位笼罩下的古代科举社会这一时代背景。当然,儒家思想并非尽善尽美,海瑞本人亦非完人。我们既要看到海瑞思想的闪光点,也要认识到其思想的历史局限性。海瑞生活在一个特殊的时代,正如《儒林外史》中所描绘的那样,代表士人理想的"真儒名贤"已逐渐凋零,代之而起的是市井间的四大奇人。时代在发展,社会在改变,但传统文化的血脉是无法割断的。研究海瑞形象的历史错位过程,为认识中国社会、反思传统文化打开了一扇窗口。希望透过这扇小小的窗口,我们能够看清更加真实的海瑞,并以史为鉴,弘扬"海瑞精神",反对不正之风,促进社会更加健康、稳定地向前发展。

(作者单位:海南师范大学文学院)

[①] 参见陈义钟编校《海瑞集》下编,第307、308页。
[②] 参见陈义钟编校《海瑞集》下编,第310页。

治黎策疏

海瑞治黎策疏的历史背景

李长青

嘉靖二十八年，海瑞赴省乡试，即以《治黎策》而中式，之后又陆续作《平黎疏》《平黎图说》《上兵部条议七事》等，在全面总结前人处理黎人事务实践的基础上，系统阐述了自己处理黎人事务的思路，给后人处理同类问题留下了可资借鉴并具体可行的建议方案，不仅在当时形成了空前的轰动性影响，而且对我们今天处理类似问题也有很高的参考指导意义。本文试就海瑞处理黎人事务的历史背景做一探究。

一 《平黎疏》所谓征黎"三大举"

嘉靖二十九年（1550）海瑞上《平黎疏》，云：

> 弘治十四年征儋州昌化县黎，嘉靖二十年征陵水县、崖州黎，嘉靖二十九年征感恩、崖州黎，凡三大举矣。[1]

有明一代，黎人起事频仍，考诸史籍，《平黎疏》所谓"三大举"可谓空前。今人刘耀荃编《黎族历史纪年辑要》[2] 引史料云：

> 明孝宗弘治十四年辛酉夏，儋州七方峒黎符南蛇倡乱，环海州县

---

[1] 海瑞：《平黎疏》，陈义钟编校《海瑞集》上编，中华书局，1962，第6页。
[2] 以下所引，凡出自刘耀荃编《黎族历史纪年辑要》者，不另出注。（广东省民族研究所，1982）

峒黎皆应之，攻儋州、临高、昌化县，陷感恩县，琼州西路一千余里道路不通，撼动海外三千里地，海南几危。

先成化初，土舍王赋欲并七方，致符那南之乱，官军平后，其侄那月者，率南蛇父族定钦等诸黎皆告出州徭役，后王世伟恶其异己，且惧所部或效之。十四年七月丁未以官役频繁，困于征求，遂唆土官符南蛇等仇杀那月不获，贼因劫杀作乱，刻箭传递，三州十县诸黎峒各皆领箭，闻风响应。闰七月丙申拥众万余围儋州。八月丙辰围昌化。九月丙戌分寇临高。时镇、巡二司调动汉达官军二万员名，会临儋境，分五道捣其巢。第一道首临落窑境，黎首符那南率轻兵据险迎敌，官民兵死者三千余，而分守重臣亦与难焉，其四道闻风溃回。十二月庚子，省军抵儋州，都指挥何靖住扎于州之保吉，孤营无备，甲辰为贼所劫，参议刘信遇害，死者不可胜计，自是贼势益炽，郡城惊动。

至是征猺将军伏羌伯毛锐始以两广总兵统汉达官军及狼土兵十万至儋。时贼渠魁拥众十方，众号十万，地险兵锐，而三州外应，强党以倍。毛锐令参将马澄等分军进击，克新场海，破田头寨，破其中坚，南蛇独拥精锐出敌，而援党皆未及期，昌化军指挥周远当与战死。南蛇恃勇轻出，逼夺民女为妾，饮酒留连，官军踵其迹，轻骑赴之，谋渡水脱走，误投深涧，骑争逐之，中箭败走，赴水死。是日（丙寅）中军进据七方，擒贼妻孥，焚其庐，治其宫，搜戮其亲族党与嚾类，不移日外应贼党以次削平。

《黄通志》。顾岕：《海槎余录》，王佐：《平黎记》《湛钺平黎记》

又同年户部主事冯颙奏复土官，使各集土兵，听镇巡官节制，有能擒首恶符南蛇者复其祖职，诏从之。

《明史·列传二百七》

此次符南蛇起事，是海瑞所谓"三大举"之首之肇因，始于弘治十四年（1501）七月，终于弘治十五年十二月，历时一年有余，人数众多，范围广博，声势浩大，影响深远，诚如明王佐《平黎记》所言：

儋州七方峒黎符南蛇倡乱，环海州县峒黎皆应之，攻儋州、临高、昌化县，陷感恩县，琼州西路一千余里道路不通，撼动海外三千里地，海南几危。①

以至于朝廷被迫先后两次调集海南本地及两广各类兵力前后达十二万余，耗银数十万，才平息下去。

《明史》卷186《潘蕃传》载，"符南蛇乱海南，聚众数万，蕃令副使胡富调俍土兵讨斩之"。《潘蕃传》所谓俍土兵，即前文刘耀荃所引史料中之"狼土兵"，俍兵是由当地壮族土司组建的地方武装，土兵则是湘西土家族土司组建的地方武装，"俍""狼"之间为假借，此不赘述。

前文中刘耀荃编《黎族历史纪年辑要》所引史料有"都指挥何靖住札于州之保吉，孤营无备，甲辰为贼所劫，参议刘信遇害"句，《明孝宗实录》卷一八九"弘治十五年七月乙酉"条亦载其事，云广东布政司参议刘信尝讨黎人，"死于锋镝"，考诸《明史》卷15《职官志四》，知"参议"为从四品，职"分司诸道"，据此，刘信可能是明代死于黎人起事的职级最高的官员。

在前引史料中，土官、土舍屡见，成化初年黎人起事首领符那南、此次黎人起事首领符南蛇及王赋、那月、王世伟等，俱为土官、土舍，且其相互之间关系错综复杂，显示此次符南蛇起事与当时明朝在海南岛的制度、体制，尤其是土官、土舍体制密切相关。

关于嘉靖二十年之"举"，刘耀荃编《黎族历史纪年辑要》引史料云：

> 明世宗嘉靖十八年己亥……万州鹧鸪啼峒大抵村黎酋那红、那黄叔侄争田，叔不胜，乃投陵水军堡村庄千户万人杰为报怨，人杰率兵以捕猎为名，袭大抵村，尽夺其妻孥资产而有之，黎酋积愤，纠合黎停、岭脚二峒陈任（又称那任）等攻劫陵水县九十六村，掠夺殆尽，惟存附郭港玻一村，贼屡合攻，知州黎巽屡败之，后黎巽罹罪去，人杰亦服药而死，于是黎贼益猖獗。（《黄通志》）付使陈大珊令指挥张世延等进剿遇贼伏兵，并百户于溥、项桧俱力战死。
>
> 《府志》
>
> 嘉靖十九年庚子，总督蔡经以崖、万二州黎岐叛乱，攻逼城邑，

---

① 王佐：《鸡肋集》，海南出版社，2004，第140页。

请设参将一员驻札琼州分守。

《明史·列传一百七》

嘉靖二十年辛丑，都御史蔡经、总兵柳珣、参将程鉴等调田州向武等目兵十万二千分三大哨征崖、陵郎孟陈那任等叛黎。初督府适有事安南，未遑也，官军半月以前虚声攻讨北哨，至，既招又剿，既降又诛，诛又复招，威信不立，贼不复听，惟肆攻掠，海南卫指挥佥事张世延帅兵御之，战于干多崩河，兵败被杀，蔡经奏请讨命下，会师十万，九月，分兵为三哨，参将程鉴所部四万五千人为中哨，由昌化进剿德霞等地，参将董廷玉所部三万一千人为左哨，由万州进剿郎温、椰根，都指挥武銮（鸾）所部二万六千人为右哨，进剿黎亭、岭脚。中左哨先进，贼伪遁设伏，战颇不利，后邓岩大败之，贼溃，所破峒二百七十有奇，斩五千五百余级，登黎婺山巅而还，十二月凯旋，官军颇亦伤折，右哨颇完。捷闻，进经为兵部尚书，珣加太保。

《黄通志》《古今图书集成·职方典》

此次起事相较于弘治十四年符南蛇起事，持续时间更长，始于嘉靖十八年，终于嘉靖二十年，前后几达三年。

与前一次符南蛇起事相似，朝廷为平息事态，也从广西征调了多达十余万的大军，且以目兵为主，据吴永章《黎族史》第338页注知，"目兵"即上文所谓"俍兵"；又据嘉庆《广西通志·土司列传》卷268载，田州土知州岑芝，"奉调从征，抵琼州督战，杀贼数十人，以外援不至而死，其土兵同时死者，亦数百人"，可见起事黎人战斗力之强悍与官军伤亡之惨重。

此次起事同样也与黎人头领内部矛盾密切相关，与符南蛇起事不同，此次更有明朝地方军职官员千户万人杰参与其中而激变，其直接诱因更显复杂。

此次起事平息后仅几年，至嘉靖二十五年，又有小规模的黎人起事，据《交黎剿平事略》卷3、刘耀荃编《黎族历史纪年辑要》引阮元《广东通志》记载，当年安南范子仪等因故作乱，寇扰广西钦州、廉州等地，之前曾抵海南岛活动，乱起之后即有海南黎人"贼寇琼崖，相犄角"，呈现出明显的内外勾结相互配合之势，这是海南岛黎人起事的一个新特点。这次起事虽然影响不大，但持续时间不短，直到嘉靖二十九年才彻底平息。

到嘉靖二十七年，就有了海瑞《平黎疏》所谓征黎"三大举"之第三"举"。刘耀荃编《黎族历史纪年辑要》引史料云：

> 四月，崖州知州叶应时（一作邵浚）、判官黄本静奸贪科扰黎人，致纵赵坤文等乘机捉局，勒取牛财，止强、石讼黎酋那燕、那撵等聚众四千人为乱，阴结感恩、昌化古镇州峒黎符门钦等为助，攻毁感恩县治，几陷崖州，东至陵水，西至昌化，七百余里之路，阻绝不通，三州县之地遭其破残，一海南之境被其动摇。
>
> 嘉靖二十八年己酉八月，诏发两广汉达土舍兵九千剿之，屡抚不下，巡按御史黄汝桂奏闻，巡抚欧阳必进移镇雷阳，调（广西）两江俍僮土官目兵及广东、海南汉达军兵八万七千余人，会镇守广西付总兵沈希仪偕参将武鸾、俞大猷等分三哨进讨，中哨入自感恩，至千家、多涧、德霞等衬，左哨入自陵水，至止强，石讼、否浅等村，右哨入自昌化，抵峨乍、峨浅，刻期齐集，贼于险隘迳路竖立排栅，开掘濠堑，悬木垒石，预为准备，仍用强弓利矢，皮盔角甲聚集各山险岭，结阵以待。官军抵其巢穴，斩贼首那燕及其党五千三百八十级，俘一千四十九人，夺牛羊器械倍之，招降三千七百人。捷闻，嘉靖二十九年庚戌赐总兵官陈圭、总督欧阳必进禄米，荫袭有差，沈希仪进都督同知。
>
> 《阮通志》《明史·列传二百七》《玄览堂丛书》第十二册

此次黎人起事，"攻毁感恩县治，几陷崖州，东至陵水，西至昌化，七百余里之路，阻绝不通，三州县之地遭其破残，一海南之境被其动摇"，其范围之广大，影响之强烈，堪比弘治十四年符南蛇起事，初"诏发两广汉达土舍兵九千剿之，屡抚不下"，迫使朝廷再次调集来自两广等数省的俍、僮、汉、达军兵合计近十万，分三路进剿，才得以平息。

此次那燕起事和弘治十四年符南蛇起事，在朝廷征调的外省官军中都有达军（兵），考诸《明太祖实录》《明史》及其他明臣疏策，知其为明开国初年归附的北方边地少数民族部族，时所谓"鞑靼军士"，明朝廷恩遇其甚厚，世为军户，平时不为编调，而专事机动应急，战斗力远高于明代以汉人为主的常备官军，海瑞等习称其"打手"，其一部后至广东，宗教信仰除喇嘛教外，多为伊斯兰教。到明中期后统编为忠顺军，对明可谓忠心耿耿，明末时曾有"教门三忠"力守广州至城破而死。

此次起事之肇因，显为地方官吏之贪渎、腐败、苛榨，而旁涉黎人内部矛盾。所谓"崖州知州叶应时、判官黄本静奸贪科扰黎人，致纵赵坤文等乘机捉局，勒取牛财"，据《交黎剿平事略》卷4《走报地方紧急黎情疏》载："嘉靖二十六年十二月初二日本州岛（按指崖州）判官差赵坤文，将盐土碗入止强村，每家派碗一个，取膳鸡一只，盐一碗，取芝麻五升，各黎遵从；初四日，赵坤文同王细恩捉拿黎人那燕绑缚，图赖先次盗伊马鞭，勒取牛三只或银三两赔还。"那燕盛怒之下，呼其侄那内、那乃杀死赵王二人，随即逃入罗活峒，"各黎惊惧逃散"；到嘉靖二十七年，"知州叶应时、判官黄本静，累差壮赖以学、雇民王仕广"等，"进小营黎村，外科马站并杂项银谷"；事件中的赵坤文即当地甲头，在这一过程中，显有倚仗官府，借势欺人，进而敲诈勒索之恶行。

明代海南黎人起事迭次频发，其中规模声势浩大者，除海瑞疏所言"三大举"外，还有万历二十五年定安马矢起事和万历四十一年崖州抱由、罗活峒起事。从弘治十四年（1501）算起，到万历四十一年（1613）为止，前后不过一百一十二年，撼动海南全岛、波及两广数省、影响全明上下的大规模起事竟然发生了五次，平均二十余年就有一次，尤其是嘉靖十八年那红起事与嘉靖二十七年那燕起事，相隔不到十年，万历二十五年马矢起事与万历四十一年崖州抱由、罗活峒起事，相隔仅十六年；此外，在这前后还有其余若干次规模较大的黎人起事，例如洪熙元年（1425）定安王观苟起事和宣德二年（1427）澄迈王观珠起事，几乎是前后继起，前人曾有过统计，如此大规模的起事，明代共发生过十四次。

这可以看作是明代黎人起事的两大特点，即规模浩大与频次密集。

二 土官、土舍与黎人起事

宋淳熙年间周去非有《岭外代答》，其卷2《外国门上·海外黎蛮》条云：

　　海南有黎母山，内为生黎，去州县远，不供赋役；外为熟黎，耕省地，供赋役，而各以所迩隶于四军州。生黎质直犷悍，不受欺触，本不为人患。熟黎多湖广、福建之奸民也，狡悍祸贼，外虽供赋于官，而阴结生黎以侵省地，邀掠行旅。居民、官吏经由村峒，多舍其家。①

周去非所云"黎母山"，《寰宇通志》卷106《黎母山》条，谓其为"五指山"，两相参核，周去非所谓"黎母山"，当为包括现今五指山、黎婺山在内的海南岛内陆中、南部山区，而周去非所云"四军州"，即当时之琼州、万安军、吉阳军和昌化军，皆处环海平原地带。从周去非的记述看，当时黎人成分复杂，有所谓生、熟之别，尤其所谓熟黎，既有"耕省地，供赋役"而王化归附者，也有"湖广、福建之奸民"，这反映出当时在生黎、熟黎与非黎人之间存在着非常突出的人口流动和身份、族属反复变动的情况，这种情况在历史上始终存在，是黎人起事很重要的诱因之一。

海南岛土官之设始于宋，周去非继前引段后又云：

> 峒中有王二娘者，黎之酋也。夫之名不闻，家饶于财，善用其众，力能制服群黎。朝廷赐封宜人，琼管有令于黎峒，必下王宜人，无不帖然。二娘死，女亦能继其业。②

考诸徐松辑《宋会要辑稿·蕃夷五·黎峒》，可知王二娘其"宜人"封号承袭于其母黄氏，而其母黄氏在绍兴二十年（1150）"琼山百姓许益结集作过"，依照"黎法"分发黎箭，发动生黎峒首图谋作乱时，曾"亲往诸洞说谕，化外黎人各皆安静，莫肯同徒"，至乾道七年（1171）五月皇帝敕谕，封其为宜人；而在王二娘呈递给琼管司的状中，言"祖本化外，昨于皇祐、熙宁间归顺王化……氏三代受朝廷告命，及至母黄氏承袭"云云，由此推算，至王二娘之后，女"继其业"时，已累世达五代；之后，朝廷又下诏，补王二娘之侄黄弼为承信郎，"差专一弹压本界黎峒"。

综合《岭外代答》与徐松辑《宋会要辑稿·蕃夷五·黎峒》，王二娘

---

① 周去非：《岭外代答》，中华书局，1985，第19页。
② 周去非：《岭外代答》，第19页。

家族颇有梁陈隋唐时代冯冼氏家族的风采,既是当时声威显赫且忠心耿耿的黎人头领,也有朝廷颁赐的"宜人"封号,即所谓诰命夫人,"琼管有令于黎峒,必下王宜人,无不帖然"。

这样的行政管辖方式,具有非常明显的分区分级管理特征,即军州系统管辖环海四州军,以王二娘等为代表的黎人头领管辖黎人、黎区,朝廷对黎人、黎区的管辖,则假军州系统通过黎人头领来实施;这种管辖体制有利有弊,其弊端在于如果生黎、熟黎与非黎人之间的人口流动和身份、族属等发生变动,影响到黎人头领之间及其与朝廷军州体系之间的权力、利益分配格局,就很容易演变、激化成表现为黎人起事的社会动荡。这一点在明代中后期表现得尤为突出。

明朝前期,在海南岛的流官序列中,既有专事抚黎的抚黎知府,直接管辖黎区土官和黎人,也有常规的府州县系统职官,但随着时代发展,其弊端日见。正德二年(1507),王佐作《朱崖录》,表进于朝,对此有详细分析。明朝廷鉴于这种专设抚黎职官的做法弊端日深,在宣德四年(1429)革除抚黎职官,处理黎人事务的工作由府州县系统直接承担。在设立抚黎职官的同时,黎区的土官由于历史与传统的原因而继续存在,革除抚黎职官后,黎人土官即与府州县系统发生了直接关系,而黎人土官为了自己的权力、利益,既常借官衙苛压黎众,又常借黎众要挟官府,激变时有发生,所以对于黎峒土官曾两度废止,但黎峒黎人首领的地位、权力和影响,实际上并未削弱。

万历《儋州志》地集《黎岐志·乡人陈策平黎策》对弘治十四年符南蛇起事有所分析:

> 弘治初,土舍符节黎人各投里长陈遇春等带引,出州粮差。符节慎怒,背从昌化县知县陈斌,捏申本州岛抱驿都五图黎户附昌化县,愿拨。州同何佑受嘱,径呈准拨。时钟英新任州事,询究其由,知必基祸。直示通都贴民王旺等赴奏,奉勘合时,未蒙拨回。后钟英卒,同知陈珉接掌州事,深文巧计,指鹿为马,谓奏无人。昌化节申:符南蛇逃役不以为害,反以为利。批文急于星火,更甲猛于虎狼,南蛇之恶于是萌矣。①

---

① 曾邦泰等:《万历儋州志》,海南出版社,2004,第190页。

陈策这一段记述，指出了符南蛇起事与当地土舍及州县官员之间错综复杂的因果关系。符节是当地世袭土舍，陈遇春是州县之下最基层的吏员里长，两人之间的矛盾在于，符节统辖下的黎人开始由里长陈遇春带领，脱离符节的黎峒体系，投向了儋州而成为向化附籍乡民，这大大损害了土舍符节的权威和利益；符节的应对是勾结昌化县时任知县陈斌、儋州同知何佑，使自己统辖的黎峒"抱驿都五图黎户"脱离儋州，而转属于昌化县，目的是制止下属黎峒黎人"投奔里甲""出州粮差"，以维护自己的权威和利益，而由此造成的儋州方面的"州粮差"损失，则转嫁给一向与官府不睦的符南蛇，其间虽有波折，而最终竟成其事，以致酿成弘治十四年符南蛇起事。符南蛇起事，号曰官役频繁，详审陈策《平黎策》，知其言之有据。

黄佐嘉靖《广东通志》亦曾述符南蛇起事：

> 成化初，土舍王赋欲并七方，致符那南之乱。官军平后，其侄符那月者，率南蛇父族。定钦等诸黎皆告出州，供摇役。吞并者裔恶其异己，且惧所部或效之。十四年七月丁未，以官役频繁事，唆南蛇等仇杀那月，不获，贼因劫杀作耗，刻箭传递，诸州县黎峒闻风响应。①

成化五年，土舍王赋与符那南不睦构乱，激成符那南起事，事平之后，符那南辖下的七方峒由符那南侄符那月统辖，而符那南其他后裔则"恶其异己"，其时又有符定钦等附籍向化，投向儋州，一如陈策《平黎策》所云："七方村符那日不服符那月，而服里长吴环乌；落窑峒之符侬蛮不服王世伟，而服里长李继坚，"愈使其忧惧所部效法，于是唆使符南蛇攻杀符那月，以致激变。在黄佐的这段叙述中，可以看到附籍向化与反附籍向化的尖锐对立，其本质是土官、土舍为了维护自己的权势、利益，挟黎众以邀官府，符南蛇起事虽有"官役频繁"的名号，但黎人土舍之间的矛盾冲突则是更为本质的缘由，而进一步分析，则可以看到黎峒黎人头领与官府之间的尖锐对立与冲突。

在黎峒头人与官府矛盾尖锐对立的背景下，土舍符节何以有那么大的能量，勾结儋州、昌化县两地官吏，使自己统辖的黎峒"抱驿都五图黎

---

① 嘉靖《广东通志》卷68《外志五》，第1840~1841页。

户"脱离儋州而转隶于昌化县呢?

出身海南琼山的明代名儒、鼎臣丘濬曾作《世引堂记》,文见清康熙十八年丘氏可继堂重刻本《丘海二公文集合编十六卷》之《丘文庄公集》卷5,该记即因符节之求堂名而作,言其家世云:

> 古儋大姓符氏,世居其乡之大里,里环其居。数十里间,皆山菁溪峒,其中居民咸依焉以居。符氏之先,系根紫贝,在胜国时曾授符印,为守土官。国朝永乐初,符添庆者,率其人朝阙庭,文皇帝嘉其功,授宜伦县令,以抚其人,世袭其职。及宗孙符节,应世其官……节将归,谓予而言曰:"节自幼有志世用,潜心经史而专门于《春秋》。初志固欲出,一奋以光大我宗访也。但以祖父来世官乡土,节悉为宗子,当嗣其职,而为一方人所附。土俗,非其宗不属也。不得已舍己之所业,以缔先世之所基。恒念自先考无恙时,为屋数楹。中有黄堂,为祖宗栖托之地。旁有列馆,为会友读书之所……伏请大人先生赐以一名……"予于节之大父元春有一面之雅,知其家世为详,乃名其堂曰"世引"。①

在此之前,符节先入昌化县学,继以贡生入京应试,中选得入太学,但他却选择不入太学而请归故里,归乡前即谒见丘濬而请赐堂名,这是丘濬《世引堂记》之由来。

在前引《世引堂记》文中,可以看到符节家世之概要。符家为当地世居大户,其先在明代之前即"授符印,为守土官",永乐二年,崖州监生潘隆本请招黎人,得授知县,奉敕抚黎,次年即率土人进京陛见,其中就有符节先辈符添庆。丘濬《世引堂记》言其"率其人朝阙庭,文皇帝嘉其功,授宜伦县令,以抚其人,世袭其职",据万历《儋州志》地集《黎岐志》载,符添庆"以招主受土官主簿",之后符节祖父符元春、叔祖符应干亦曾入朝贡献,其事分别见于黄佐嘉靖《广东通志》卷68《外志五》、万历《儋州志》地集《黎岐志》、《明英宗实录》卷78"正统六年四月壬午"条、卷142"正统十一年六月丁未"条、卷239"景泰五年三月丙寅"

---

① 丘濬:《世引堂记》,《丘海二公文集合编》卷5,《四库全书存目丛书》集部第406册,第330页。

条和卷291"天顺二年五月辛亥"条，故丘濬云"于节之大父元春有一面之雅，知其家世为详"，至符节本人，承继祖业则为顺势而成。这是符节身份的一个方面，即具有根深叶茂之家世背景的世袭土官。

《世引堂记》又记符节谒见时自述：

> 节自幼有志世用，潜心经史而专门于《春秋》。初志固欲出，一奋以光大我宗祊也。但以祖父来世官乡土，节忝为宗子，当嗣其职，而为一方人所附。土俗，非其宗不属也。不得已舍己之所业，以缔先世之所基。

丘濬时为名儒、鼎臣，而符节则敢自言其"自幼有志世用，潜心经史而专门于《春秋》"，且"初志固欲出"，但"忝为宗子，当嗣其职"，"不得已舍己之所业，以缔先世之所基"，可见其于儒学经史及儒家价值观念等确有心得，并力图身体而力行之，又为中选而入太学之太学生，由此可见符节身份的另一方面，即深受儒学熏陶，深明儒家价值观的读书人、士大夫。

由此，可以解答前面关于符节何以有那么大的能量的问题了，一则为家世深厚的世袭土官，二则为精通儒学经史的读书人太学生，三则世交于名儒、鼎臣丘濬并深得其赞赏的士大夫，三者合一，面对昌化县令、儋州同知等，其交游运作，自然是水到渠成、游刃有余。

总结上文，若深究弘治十四年符南蛇起事缘由，身为世袭土官而又饱读经史的符节当难辞其咎，不止如此，在其他几乎所有明代黎人起事中，几乎都有土官从中作祟，原因无外乎土官、地方官吏、官府之间的权力、利益冲突，这些冲突并不能简单归结为统治、压迫与被统治、被压迫的结果，更不能归结为民族矛盾、压迫与冲突，而应该从社会、文化、历史的发展和文明演进的高度去分析认识，那就不是本文所要做的了。

三 开道立邑

从弘治十四年到嘉靖二十七年，不到五十年间，竟发生了三次撼动海南全岛的大规模黎人起事，每次都要从两广调动数以十万计的军队，耗费数以十万计的银两，死伤数以万计的人员，损失不计其数的资财，论以生灵涂炭、家破人亡、生死两难不为过，这对海瑞产生了极大的震撼和刺激，海瑞在《平黎疏》中自云"伏闻黎患，痛琼民岁月罹害"，故嘉靖二十八年，海瑞赴省乡试，即以《治黎策》而中式，之后又作《平黎疏》《平黎图说》《上兵部条议七事》等，系统阐述了他处理黎人事务的思路，其核心为两条，即开道、立邑。

开道，即开通十字道路，依海瑞《上兵部条议七事》，分别是琼州至崖州、万州至昌化县的两条纵横交叉于五指山区黎峒腹地的道路。这一举措的核心价值，是基本消除了黎峒腹地与环海平原地区的自然地理障碍，在军事上破除了黎人起事可借为屏障的高山丛林的阻碍作用，平时则可以借此沟通黎峒与汉区之间的文化、物资、人员往来，一旦有事即可以应急机动，及时平息事态，可谓处理黎人事务的根本。

详考海瑞疏策和历史，这一根本性的措施在海瑞之前，就不断有人提出，例如海瑞疏策中提到的林如楚、俞虚江等，而最早提出这一建议的应该是定安莫宣宝，时间在洪武八年。宣统《定安县志》卷6《列传志一·莫宣宝》条载：

> （洪武）八年，永嘉侯朱亮祖重其名，召取征五指山。宣宝建议开五指十字大路。方鸠工营凿，会黎贼突出，宣宝奋臂敌之，中流矢，卒。朱侯曰："无此人，事不可为矣。"遂班师，命殡殓成礼，遣官祭葬。上事于朝，太祖嘉之曰："义士！"[1]

到目前为止，这可能是有关开通十字大路的记载中提议时间最早的。

立邑，即在黎峒腹地设立州城、县治，直接统辖当地黎人。这一举措，开始较早，据宋王象之《舆地纪胜》载，在唐懿宗咸通五年（864），曾于定安西南黎婺山附近设置忠州，但七年后即废止，之后在元至元二十八年至至元三十年，曾有元军深入五指山腹地，刻石立记，随后在当地设立寨学，立屯田府，其后还有几次类似尝试，但都未能成功，原因很明白，道路不通，山林阻隔，内外沟通无由，故而难以久驻。

虽然开道立邑之议非起于海瑞，但一经海瑞疏奏，立刻轰动朝野，获得了空前的影响，之后凡议治黎者，无不奉为圭臬，直到清代后期张之洞、冯子材处理黎人事务，仍然以开通十字大路为要，并最终完成了这一

---

[1] 宣统《定安县志》卷6，海南出版社，2004，第388页。

宏大工程，奠定了现代海南岛的陆路交通框架结构。

　　以上概略叙述了海瑞治黎疏策的历史背景，从中我们可以看到海南岛历史发展在明代的主要脉络之一，即黎族社会与王朝体系之间错综复杂的关系与相互作用和影响；海瑞是当时历史现场亲历者中之佼佼者，其治黎疏策是作为思想家和政治家的智慧结晶，具有超越时代与历史的意义与价值，在当今时代仍然具有深刻的现实意义和具体的指导参考作用，我们今天在相关领域所做的一切，几乎没有超出海瑞疏策范畴的，所以，十分有必要对海瑞治黎思想进行更为深入的分析与研究。

（作者单位：海南大学人文传播学院）

海瑞治黎思想研究

安华涛

黎人问题始终是明王朝的一块心病。海南本土学者及任职海南的官吏对黎人问题纷纷发表见解，提出主张，百家言治黎。海瑞是其中较有特色的一位。但对海瑞治黎思想的研究却甚为薄弱。自1979年至今，只有一篇文章专题研究海瑞治黎思想，且观点极为偏颇，[①] 诚为憾事。本文专题研究海瑞的治黎思想，拟从以下几个方面，梳理其治黎的主要主张，并与同时代的学者作对比，考察海瑞治黎思想的影响及局限，给予其治黎思想以合理的定位与评价。

一 海瑞的治黎思想及其发展

海瑞治黎思想的发端是嘉靖二十八年（1549）乡试策文《治黎策》。之后海瑞参加嘉靖三十二年的会试，伏阙上《平黎疏》，[②] 并于此时作《上兵部图说》，[③] 系统阐发其治黎思想。

《治黎策》[④] 是海瑞嘉靖二十八年乡试中式的策文，也是海瑞首次阐发

[①] 参见孙有康《试论海瑞的治黎政策》，《广东技术师范学院学报》1980年第1期，该文显然带有"文化大革命"后的时代色彩，对海瑞的治黎思想有诸多扭曲。

[②] 王国宪《海忠介公年谱》将其定为嘉靖二十九年。但《平黎疏》中提及嘉靖二十九年征黎事，并称"今距大征仅三岁"，则当为嘉靖三十二年所做。万历癸未进士梁云龙所作《海忠介公行状》认为，《平黎疏》在先，《上兵部图说》在后，皆为一时之作。详见《海瑞集》，李锦全、陈宪猷点校，海南出版社，2003，第817～818、802页。

[③] 另有《上兵部条议七事》一文，似是《上兵部图说》所载之图的解说。从内容上看，《上兵部图说》一文完全涵盖了《上兵部条议七事》的内容。

[④] 《治黎策》，一作《平黎策》，其引文详参《海瑞集》，李锦全、陈宪猷点校，第157～159页。

其治黎思想。这篇策文已经囊括了海瑞治黎思想的三个主要方面：1. 人才难得。策文开宗明义提出："天下之事，图之固贵于有其法，而尤在于得其人。"他认为，做事的方法固然重要，但若不得其人，仍无济于事。得人与得法缺一不可。具体到治黎上，方法固然需要讲求，但合适的人选也相当重要。2. 黎人乃琼州心腹大患："夫琼黎中处，环海州县，譬之人则心腹之疾也。失今不治，后将浸淫四溃，而为四肢之患，皇甫规所谓'虺蛇入室，不可一日安焉'者也。"3. 治黎的关键是开路设县。他认为："为今之计，不过坚持开十字道之心，固执立州县之计而已。自此之外，虽议之之尽其方，处之之尽其术，皆下策也。"

海南岛特殊的地理环境，造成了汉代以后州县环海、黎人居中的格局。黎人所居，地势较高，地形复杂，林木茂密，瘴气纵横，是汉人难以到达之处。海南一府三州十县，绝大多数州县或辖境内包黎峒，或与黎峒接壤。黎峒与州县之间，往往有孔道往来，黎人可以由此越出黎界，劫掠州县，情形不利则可以退守黎峒，州县无可奈何。因此，在海瑞看来，开通黎区十字大路，设置州县，为治黎唯一可行之策略。

为此，海瑞驳斥了三种不当言论：1. 有人主张禁止商贸，断绝黎人兵器制作原料的来源。海瑞以为，趋利是人的本性，对黎人也是一样，奸商要抑制，但不能禁止所有商人与黎人交易。2. 有人主张禁止逃兵、逃民进入黎区。海瑞认为黎区无徭役之扰，物产丰富，而州县赋役繁重，会把一部分人赶到黎区，逃兵、逃民应该禁止但无法完全禁止。3. 有人认为严治土酋，以免他们激变黎人。海瑞认为读书知礼义者尚且盘剥百姓，毫无廉耻，更何况无知的土酋。贪暴土酋要治理，但也难以根治。海瑞结合现实，对这些空泛的言论，一一批驳。

《治黎策》是海瑞治黎思想的第一次阐发，站在统治阶层的立场上，海瑞主张在大兵获胜的有利情形下，开通十字大道，并将部分沿海州县、屯田内移，内迁无地的百姓佃耕，而将不宜剿灭的黎人迁出与民杂居，方为百年之计。

嘉靖三十二年，海瑞再次赴京会试，伏阙上《平黎疏》，[①] 系统阐发其

---

① 《平黎疏》引文详参《海瑞集》，李锦全、陈宪猷点校，第111~115页。

治黎主张。① 结合调查，海瑞推算黎地不过方圆四百里而已。② 但这区区方圆四百里却是琼州的心腹之患。自成化以后，黎乱渐多，朝廷忙于征兵镇压，调动频数。小规模的征剿之外，在海瑞之前，已有弘治十四年征昌化县黎、嘉靖二十年征陵水崖州黎与嘉靖二十九年征感恩县崖州黎等三次大规模的用兵，每次调兵十余万，花费白银数十万两，并对地方百姓产生严重的骚扰。之所以出现这种情况，是因为"武臣惮难畏寇，文臣养望待迁，图目前苟安，不为地方永久谋虑"，换言之，"无一人竭材力、尽忠、实心为琼远计，为陛下担当者。"这是海瑞《治黎策》中"得人之难"的具体化。

从琼州黎人与百姓之间的关系考虑，"若琼则内之黎岐与州县百姓，鸡犬相闻，鱼盐米货相通"。黎汉之间这种千丝万缕的联系，使得州县对黎岐无法放任不理。海瑞从三个方面来论证开路设县的必要性：1. 前贤多有开道立县的提议，载在琼郡志书，为不刊之论；2. 战胜而不占有其地，大兵一退，黎人"即旋转耕其田，处其地，数年生长积聚，仍前为州县寇害，不少衰止"，等于前功尽弃；3. 文昌斩脚峒等黎、琼山县南岐峒等黎，皆纳赋服役，与省民无异。而儋州七方峒黎人能讲汉语写汉字。由此可证，黎人经过教化，完全可以为我所用。因此，开路设县是可行之举，而举行的关键是要做到两点：

其一是择人。合适的人选是治黎的关键。海瑞认为，治黎的人选应该具备一定的条件："知识事机、力可大任、不贪富贵、志在立功"，方可委以兵备大权，专任治黎。

其二是授权。海瑞认为，琼州远离京师，遇事请示，必然会贻误时机，授权是必要的，治黎官的权利范围主要是：

> 凡一切招民、置军、设里、建学、迁创县所、屯田、巡司、驿递诸事宜，许③抚臣等从中节制，年年借用；许其调用广西土兵、广东

---

① 明刊本无题，阮本作《区处兵后地方疏》，《备忘集》作《久安疏》，均取自"为区处兵后地方以绝后患图久安事"一语。合集本作本题。
② 《平黎疏》云："尝博访附黎居惯行黎村人氏、近日大征踏路官兵，皆称自崖州罗活峒抵琼山大坡头营，三日可全。是黎岐盘踞地不过方四百里而已。"
③ 万历《琼州府志》作"不许"，从上下文意看，以"不许"为是。详参戴熺、欧阳灿总纂，蔡光前等纂修《万历琼州府志》，海南出版社，2003，马镛点校，第440页。

汉达官军打手约四千人，值变故许其调用约万人，量拨一次大征银粮之半以充其费。

此即海瑞所谓"设县立所，限其大概；乘机审势，听其便宜"。授权是治黎的关键，治黎者"得专任之柄，宽其行事"，方能成功。但考核不可或缺，"三年考其成立之功，七年稽其变化之效"，达到预期效果，则加官晋爵，否则必严办，以此督促治黎者尽心尽力。

《上兵部图说》① 是海瑞对开通十字大路进行的详细规划与说明，共有七条。其中第一条为建置新县。海瑞主张在黎峒内平衍膏腴之处立县，主要是崖州罗活峒、抱显村、感恩古镇州、陵水郎温峒、琼山大坡山营、儋州七坊峒。立县迁县，需有序进行，先置所移屯。其不必立所者，亦宜拨军兵数百名防守，俟黎平后议撤。海瑞特别建议在凡阳、磨赞二村之间建置一县，因为此处"乃东西南北之中"，并将海南卫、兵备道、参将府迁于其中，以便控制四方。

第二、三、四、五条皆为县、所、屯田内迁的建议。他主张，因感恩土瘠民苦，耕作亦非要害，可迁于古镇州。会同、澄迈二县亦非要害，似可迁于附近黎峒；各州县巡检司非要害者，皆迁于新立所近地，或冲要里社，以为关防；海南卫十一所屯田，因附近黎人登版籍为良民已久，屯军已无意义，可拨其田为民田，迁军余别营屯田于黎峒中；崖州所、昌化所都在州县中，其旁州县居民熟弓矢，可以自御海寇。可将崖州所迁于罗活峒，昌化所迁于古镇州，这样内可以制黎岐，外可以御海寇。从以上四条可以看出，海瑞主张州县、卫所、屯田皆应发挥其作用，尽量内迁，加强黎区的行政、军事、治安、屯耕的力量，加强政府对黎区的控制。

第六条主张要区别对待黎人，先易后难，逐步推进，达到壮大自我，同化黎人的目的。第七条虽未明言土官、土舍问题，但解决之道正在于限制二者的权限。海瑞主战对归化黎人实行里甲制度，对其进行编户管理，将峒首、村首变为里长，限制其权限。同时将可开垦山林及无主黎田招民垦种，民黎杂处，结成里社，既起到监督作用，又可以自然同化。

作为这一时期治黎思想的延续，《申海南道陈双山文》② 是海瑞任福建

---

① 《上兵部图说》引文详参《海瑞集》，李锦全、陈宪猷点校，第149~152页。
② 《申海南道陈双山文》引文详参《海瑞集》，李锦全、陈宪猷点校，第189~191页。

延平府南平县教谕时,写给海南道陈双山的。信中海瑞重申其治黎思想,并希望陈双山能够实施。海瑞强调黎岐是海南岛的腹心之患,必欲除之而后快:

> 无黎则三州十县可宁谧。去二三万黎人,安五六十万百姓;加五、七年功,成千万年逸……黎溃则三州十县举受祸。

就兵员与粮饷问题,海瑞提出就地练兵取食的主张:

> 盖琼民游荡,并无衣食,弃为盗贼者甚多,练集五、六月可成精兵。借州县民壮工食,权益区处给其始,资黎地米山货木价给其终,兵行粮随,殊无难事。

自《治黎策》至《申海南道陈双山文》,时间约为嘉靖二十八年至嘉靖三十三年,[①] 期间海瑞多方奔走呼吁,陈述其平黎主张,但"朝廷议格不行",海瑞的主张最终落空。

历官多年之后,海瑞的治黎思想有了一些新的变化,在给蔡知府的序言中,海瑞直言:

> 予尝以为黎人之不我向也,乃我无以致其向。其为乱则始于州县之民,长养成就于无良之吏。黎势不能以至州县言曲直者,无以剖别其不平之端,而欲使之不为不得其平则鸣之举。嘉靖间二勤王师,予未敢曰师出之为名也。此则太守不能处分之罪,非其人之过也。[②]

海瑞改变了以往较为偏激的立场,转而从黎人的角度来思考问题,认为州县的百姓埋下了黎人反抗的种子,无良的官吏使之成长壮大,最终导致一发不可收拾的局面。在这个过程中,黎人始终处于无法自明的境地,不平则鸣,唯有以暴抗暴。进一步说,嘉靖年间的两次平乱,是否真的师出有名也颇值得怀疑。海瑞将黎人的反抗,直斥为"太守不能处分之罪,非其人之过"。李鸿然先生认为"海瑞批判明王朝血腥镇压黎族人民,说

[①] 王国宪《海忠介公年谱》将《申海南道陈双山文》定为三十三年,该文有"本职初官,遽不得上人意"之语,与史志所载相合,当无误。

[②] 海瑞:《赠养斋蔡太守抚黎序》,《海瑞集》,李锦全、陈宪猷点校,第538页。

嘉靖年间两次'剿黎'师出无名，是高亢的正义之声。"[1]

因此，当发生黎人之间或与官府之间的对抗行为时，地方官吏的处理方式就显得尤为重要。陵水县令吴秋塘，当辖境内牛岭地方出现剽夺事件时，采取"招抚劝谕"的方式，化解黎乱，海瑞称之为"德政"。[2] 而崖州知州蔡楠苢任未久，"抱有四村雠杀，旁村效尤，祸变事机，浸浸滋蔓"，他"单车往谕"，"曲曲而直直之，不过数语，卒有以得其心，平其夙忿，解怨为欢，村村如故"，[3] 海瑞为之作序。

此时的海瑞，已看到黎人"诺信义，死而不移"，有"天真之性"，同情黎人没有机会"得以舒发本真"，也不能"自至守令之庭曲曲直直"，不得已"以弓刃为雪雠之具"。[4] 这一认识较之以前的言论为高，这是海瑞治黎思想的重要发展。

要之，海瑞前后期治黎思想有了进一步的发展，看问题也更为深入，从毫不顾念黎人到同情黎人，这是一个不小的转变。但海瑞仍未改变其开通十字大路的治黎主张，这是把握海瑞治黎思想的钥匙。

二 海瑞治黎思想产生的原因

明代是治黎政策日趋完善的时代。洪武初年，鉴于元代土酋权重多乱，明太祖对元代官吏采取分而制之的策略，对"土酋主郡黎者"采取降职、免官、徙边的办法，削夺其职权；让"兵屯子孙尽复民役，或为峒首"，[5] "以峒管黎"，[6] 不再拥有军事指挥权；琼州府州县官员"不用土人"。这一政策取得了良好的效果，黎人"州县得以制之。三十年间，转乱为治"。[7]

此后，明代的治黎策有两个重要的转变：一是永乐年间重新重用黎酋

---

[1] 李鸿然：《海瑞的乡土情怀》，《海南大学学报（人文社会科学版）》1998年第3期，第11页。
[2] 海瑞：《赠陵水尹吴秋塘德政序》，《海瑞集》，李锦全、陈宪猷点校，第534页。
[3] 海瑞：《赠养斋蔡太守抚黎序》，《海瑞集》，李锦全、陈宪猷点校，第537~538页。
[4] 海瑞：《赠养斋蔡太守抚黎序》，《海瑞集》，李锦全、陈宪猷点校，第537页。
[5] 戴熺、欧阳灿总裁，蔡光前等纂修《万历琼州府志》，马镛点校，第433页。
[6] 明谊修，张岳崧纂《道光琼州府志》，海南出版社，2006，第888页。
[7] 戴熺、欧阳灿总裁，蔡光前等纂修《万历琼州府志》，马镛点校，第433页。

招抚生黎，二是成化以后日益依赖武力治黎。

永乐年间起用土酋招抚黎人，是明代治黎政策的根本性转变。朝廷先后派遣潘隆、刘铭等招谕未降黎人，熟黎峒首王贤佑也奉诏招谕生黎，以黎首招抚生黎的做法开始推行。① "峒首则量所招民数多寡授以职事"，②大批黎酋因此而成为土官。土官之外，还有土舍。永乐年间，设土舍四十一所，"辖黎兵多寡不等，遇有调发，随军征进，专为前锋，无事则派守各营，听管营官调度。"③

土官在招抚生黎方面确实起到了很大的作用，至永乐十一年七月，招抚生黎三万多户。④但随着朝廷对土官控制的松弛，土官又成为危害地方激起黎变的诱因。土舍继土官之后，危害更甚。土官、土舍的危害，主要表现在以下三个方面：1. 成为朝廷和黎人之间的障碍。"黎将附籍州县，百计沮挠；有司或失黎心，多方煽惑；既成祸变，又走泄军机。""百年之祸，皆土舍酿成之"。⑤ 2. 侵夺户口，与州县争权。刘铭任抚黎知府后，将近山都图版籍以及从征并留居者，通称为熟黎，归其管属。永乐十年，暗将熟黎未落户者两万余户、四万几千余口报作新招生黎，纳粮不当差，所谓"梗化"。⑥ 3. 盘剥黎众。"土舍代收钱粮，侵而不纳，官黎两病"，以致"各土官以贪暴失黎众心"。⑦

土官、土舍身为黎人峒首或豪酋，同时身兼朝廷封赐的官职，成为朝廷与黎人间的中介。设置初期，他们尚能发挥应有的作用，但当朝廷法令松弛时，他们便首鼠两端，谋取私利，成为黎人的蠹虫，亦且站到了朝廷的对立面，成为朝廷招抚黎人的障碍。

吏治腐败是明代一直无法解决的难题。宣德六年已经出现地方官勒索黎人的现象；正统九年，军人滥杀黎首，"掳其财务，致各黎激变"。⑧但明初对动用武力还是保持了谨慎的态度。宣德二年，指挥王瑀等追捕作乱

---

① 参见明谊修、张岳崧纂《道光琼州府志》，海南出版社，2006，第890页。
② 唐启翠辑录点校《明清〈实录〉中的海南》，海南出版社，2006，第14~15页。
③ 戴熺、欧阳灿总裁，蔡光前等纂修《万历琼州府志》，马铺点校，第332~333页。
④ 详参唐启翠辑录点校《明清〈实录〉中的海南》，海南出版社，2006，第16页。
⑤ 戴璟等纂修《嘉靖广东通志》（二种），海南出版社，2006，第544页。
⑥ 戴璟修，张岳等纂修，黄佐纂修《嘉靖广东通志》（二种），海南出版社，2006，第545页。
⑦ 唐启翠辑录点校《明清〈实录〉中的海南》，第97、66页。
⑧ 唐启翠辑录点校《明清〈实录〉中的海南》，第24、32页。

黎人，生擒首领王观政及附属262人，斩首267级，招抚复业黎人820户。宣宗告诫兵部尚书张本："若首贼既得，余者但招抚之，仍戒纵军扰民"，并认为："今之为变，必有所激所致之死地，亦不可矜怜，宜严戒抚黎官，宽以驭之。若生事激变，国有常刑。"① 可见，最高统治者尚保持着清醒的认识。

至弘治年间，情况已经悄然发生了变化。弘治四年，陵水县黎人陈那洋等流劫乡村。两广镇、巡等官遣左参将姚英等进剿。此役"凡擒贼六十二人，斩九百五十四级，俘获四百八十一人。"擒、斩、俘获比例严重失调，朝廷开始以杀戮对抗反叛。弘治十五、十六年，平定符南蛇之乱，"斩首二千五百六十有奇"。嘉靖年间，征剿万州鹧鸪啼峒大抵村黎酋那红、那黄及黎亭、岭脚二峒陈任等，"凡擒斩五千有奇，歼其首贼三十八人，俘获男女一千二百余人，夺归虏者二十二人，招抚余党七千有奇。"嘉靖二十八、二十九年，征剿崖州黎首那燕，"前后擒斩首从贼五千三百八十名颗"。② 这些征剿均杀戮惨烈。

成化以后，明朝越来越多地依赖于武力镇压，招抚偶或行之，镇压则成为这一时期治黎的主要手段。"今之为变，必有所激"，明代海南官吏将领的残暴，已经在朝廷和黎人之间筑起一道高墙，两相对立，呈水火不容之势。

海南地方动荡，民生凋敝，黎人已经成为海南安定的不利因素，治黎问题引起广泛的关注，海瑞治黎思想，显然与当时的海南社会现实关系密切。此外，促成海瑞形成治黎思想的，还有以下几个方面。③

1. 黎人与州县的形势发生逆转，开通十字大路，打通黎区，成为可能。经过唐、宋、元三朝的开拓，明朝初中期的治理，至嘉靖年间，黎区已经被大大压缩，成为被州县环绕的"黑子之地"。琼州知府谢廷瑞调查发现，生黎南北约七百里，东西四百余里，黎人无城郭甲胄，容易攻破。吴会期认为，黎区"度其中未开通处，不过二百里耳"。

2. 百家言治黎。治黎之策引起有明一代官员与文人学者的关心，开始

---

① 唐启翠辑录点校《明清〈实录〉中的海南》，第21页。
② 本段史料详参唐启翠辑录点校《明清〈实录〉中的海南》，第45、53、63、67页。
③ 海瑞治黎思想的形成，与其经世务实思想也有密切关系，留待专文论述。

了真正意义上对治黎之策的反思。认真反思提出治黎建议的主要是两类人，一是海南本土的文人学者，他们对治黎策的反思主要从大的方面入手，提出一些根本性的问题与建议。如王佐、唐胄等人。二是仕宦于海南的官员，他们主要从当下治黎的措施与弊端着眼，提出可行的建议。如韩俊、俞大猷等人。

本土文人学者中，从历史大势出发考察治黎策的第一人当是王佐。王佐《珠崖得失论》从海南黎峒居中、州县环外的格局着眼，历数历代治黎得失，指出州县居于主势，琼州方能安宁。唐胄继王佐之后，进一步探讨主宾之势，并在此基础上，讨论治黎的策略问题。他历数历史上三种伐黎情势，认为完泽胜券在握，却纳间受降而归。这是可伐而不伐；唐末咸通四将、明代毛锐颠覆黎人巢穴，却都中途而止。这是伐而不尽；阔里吉思直至五指山下，刻石黎婆，立学府县寨，但任用土人，引发黎乱。这是能尽伐而不能处之。针对当时的情形，他提出熟黎是黎乱的根源，主张于每年在四五月与秋天大熟之时，派兵深入，且作为一种战略，应从简易处入手，自易及难，自外而内。唐胄还提出，治黎官员应具备三个条件：一是威望要高，二是材志兼备，三是权大且专。这是海瑞治黎须得人与授权的理论原型。①

仕宦于海南的官吏也在认真反思治黎之策，并提出可行的建议。综观各家成说，可以见出他们对土舍与开路设县这两个关键问题持相同或相近的观点。土舍问题，海瑞鲜有提及，不赘述。关于开路设县，最早提出开通五指山十字大路的应是莫宣宝。莫宣宝，定安人，元末曾率乡兵抵御陈子瑚。洪武八年，从朱亮祖征五指山，建议开通十字路。② 此后，指挥张庸、百户李贵相继兴举，③ 但都未能成功。弘治年间，韩俊再次提出：开辟五指山十字路，均通四处往来。④ 正德初年，杨理《上欧阳郡主四事》，其中之一便是"开通道路事"。⑤ 吴会期于嘉靖十九年提出开通十字路的主

---

① 王佐、唐胄的观点详见戴熺、欧阳灿总裁，蔡光前等纂修《万历琼州府志》，马镛点校，第 432~436 页。
② 明谊修，张岳崧纂《道光琼州府志》，海南出版社，2006，第 1525 页。
③ 宋席珍、莫家桐修编《宣统定安县志》，海南出版社，2004，第 798 页。
④ 戴熺、欧阳灿总裁，蔡光前等纂修《万历琼州府志》，马镛点校，第 436 页。
⑤ 宋席珍、莫家桐修编《宣统定安县志》，第 798 页。

张，"琼崖之路可由黎峒中行"。① 这些思想与海瑞开通十字大路的思想一脉相承，但以上这些仅仅是主张而已，没有展开深入的理论探讨，这要留待海瑞来完成。

在各种治黎言论中，俞大猷的一些主张尤为重要：（一）州县、卫所、巡司内迁。俞大猷建议，在罗活峒设立参将府，崖州千户所内迁，在抱显村增设一县，在古镇州设立屯所，筑城穿池，永久防守。（二）未经征剿的黎峒，区别对待，将镇南巡检司迁入儋州摧抱村，藤桥巡检司迁入陵水岭脚峒，在琼山沙湾添设巡检司。各巡检司筑城穿池，为以后立州县作准备。这些想法直接影响了海瑞的开路设县详细规划。②

三　海瑞治黎思想的影响及局限

海瑞的治黎思想，是明代中后期官吏学者治黎思想的重要组成部分，在当时虽未能实施，但作为一种思想，仍然有其重要价值。

海瑞的治黎思想中，最主要的是开通十字大路，创建州县，派驻军队，移民屯垦，逐步同化黎人。自《治黎策》之后，海瑞孜孜以求，不断阐发其开通十字大路的治黎主张，伏阙上《上平黎疏》，请以治黎自任。《上兵部图说》《上兵部条议七事》以及《申海南道陈双山文》，无不在阐发其治黎思想，希望能够得到主管者的认可并实施，彻底改变海南黎乱不已、用兵不断的局面。因此，无论在理论深度，还是在为之付出的努力程度上，海瑞在前人的基础上，将开通十字大路的治黎方略，大大地向前推进了一步，影响深远。

清康熙三十一年，总兵官吴启爵提出在黎人地方建筑城垣，添设官兵。③ 光绪十三年，张之洞经营海南，奏派冯子材平定海南黎客之乱，制定并颁布抚黎章程十二条。④ 其中，第一条开宗明义，提出"开通十字大路，以期黎汉永远相安"的设想，并于开通大路的生黎之地，"选择要地，

---

① 戴熺、欧阳灿总裁，蔡光前等纂修《万历琼州府志》，马铺点校，第439页。
② 海瑞在《上兵部图说》中称："奏疏图说中间用参将俞虚江处黎图说语。盖虚江守备琼崖日久，熟于黎事，其语不可易也。"详参《海瑞集》，李锦全、陈宪猷点校，第152页。
③ 唐启翠辑录点校《明清〈实录〉中的海南》，第112页。
④ 唐启翠辑录点校《明清〈实录〉中的海南》，第350～354页。

设官抚治，安营弹压"。在奏折中，张之洞坦承开路一事"大率参考前明海瑞、俞大猷诸人之说，加以变通推广"。《海忠介公年谱》在嘉靖二十九年后有按语："逮光绪十二、三年间，张文襄相师督粤时，奏派冯宫保子材、方观察长华开道抚黎。中道自定安太平司开道通崖州、乐安司，西路自儋州南丰开道通陵水宝停司。其十字大路，仍用公策。"又曰：

> 惜开道而无立县，仅设中路、西路、南路，三抚黎局，縻数十万经费而开无用之路，无人来往，是其策之失也。①

这其实提出两个问题：一是开路。以有无人员往来为标准，断定所开之路为"无用之路"，显然有些武断。平黎乱后，张、冯"综考黎峒形势，北以十万峒之牛栏坪为要，东以太平峒之什密为要，东南以宝停司为要，南以罗活峒之安司为要，西南以古振州峒为要，西以红毛峒之凡阳为要，皆出入冲要可以屯兵足食之所"，拟开大路十二道。这是建立在调查研究的基础之上的，应该说切合实际。但所开道路少有行人也是实情。光绪十三年（1887），胡传受广东巡抚吴大澂之托考察海南黎峒。胡传所见新开道路，确实行人稀少，岭头一处为杂草覆盖，② 且黎中，"屡有抢劫"。③

这源于族群间的隔阂。生黎之地向来为汉人之禁区，入生黎须依靠熟黎为向导。省民与生黎往来本就不多，加之刀兵之后，人户逃散，地方不安，往来者就更为稀少。但十字大路开通的意义不在于此。十字大路一开，生黎区与汉区交通无碍，有变则官兵可以迅速深入，控制局面。事实也证明，自冯子材开通十字路后，确实再无大规模黎乱的记载。

二是张之洞、冯子材未能在黎区设县。设县需要的条件较高，城垣、官吏、兵卫，以及由此而产生的巨额费用，都是不得不考虑的。考察张之洞抚黎章程十二条，及此后各项生黎地区开发措施，似乎此时尚不具备设县的条件。以抚黎局管理生黎，在一定程度上既可以控制生黎，又可以避免因设县而对黎区产生的扰害。至1935年，民国政府方在黎区增设白沙、保亭、乐东三县。明代学者开路设县的主张，至此方才真正完成，前后历

---

① 《海瑞集》，李锦全、陈宪猷点校，第818页。
② 胡传：《游历琼州黎峒行程日记》，《禹贡》第2卷第1期，第26页。
③ 胡传：《游历琼州黎峒行程日记》，《禹贡》第2卷第1期，第30页。

四五百年之久。这既可以看出明代学者的眼光,也可见开路设县一事难度之大。

当然,海瑞关于开路设县的主张以及详尽的规划,是在参考前人的成说,并根据自己的研究与调查得来的,并没有经过实地的检验,其主张在一定程度上说并非完美,比如设县一事,海瑞主张在凡阳、磨赞二村之间立一大县,因为此地是东西南北之中,并迁海南卫并兵备道、参将府于其中。这是理论上的理想方案。但光绪十三年,胡传考察黎峒时发现:"自凡阳以东,地稍开展。凡阳地面方广不过五六里,四面环以山,海忠介谓凡阳、毛赞之间可建一大县,殆非亲至其地,一睹广狭何如耳。将来若添城设县,据形势莫如南板,取宽旷莫如边水,凡阳不足道也。"[1]

总之,海瑞的治黎思想是时代与个人相结合的产物,既无法摆脱时代固有的局限性,也无法避免因个人视野与知识结构的局限而形成的偏颇立场,但这就是真实的海瑞及其治黎思想。作为一名有良知的读书人,海瑞关注所处时代的重要社会问题,形成自己的观点,并能与时俱进,不断发展,这是十分可贵的。在海瑞的时代及其以后的数百年间,海瑞的治黎思想仍然为世人所重视,并在实践中得到修正和检验,也可见其治黎思想的生命力。

(作者单位:海南大学人文传播学院)

---

[1] 胡传:《游历琼州黎峒行程日记》,《禹贡》第2卷第1期,第28页。

海瑞其人

关于海氏迁琼世系的考证

阎根齐

笔者在研究海瑞时发现，由于《海氏族谱》版本多数系传抄，在抄写过程中难免存在错漏、不清等现象，给迁琼海氏家族的研究带来了许多困难，有些因为大宗与小宗的不同，甚至存在着相互抵牾的问题。现结合历代《海氏族谱》记载和海瑞祖墓的调查材料，对海氏迁琼世系作了一些补充或更正。

一 迁广始祖海俅至迁琼始祖海答儿世系

1. 迁广始祖海俅。据光绪二十五年的《海氏答儿公族谱》卷之一记载："官指挥讳俅，于宋南渡，由闽州迁广之番禺，为番禺始祖。"大宗十五世海连天在《续修海氏族谱》序等都有类似或相同的记载。可见，海俅迁广时任武官指挥一职。又据《海忠介公全集·海氏族谱序》等记载："自南宋时，始祖指挥三公讳俅，由闽而来，占籍于广，娶杨氏，生惠来训导公讳钰"。[①]可见，海俅在兄弟排行中为第三，配偶杨氏。海俅何时迁广，文献记载不详。

2. 迁广二世海钰。过去，包括笔者在内对这一世不是缺乏记述，便是记载错误，如笔者在《粤东正气——海瑞》[②]一书中就多出"惠来"一代，蒋星煜先生则将"海钰"写成"海金玉"，[③]都是不该犯的错误。"惠

---

① 朱逸辉等校注《海忠介公全集·海氏族谱序》，东西文化事业公司，1998，第855页。
② 阎根齐、陈涛：《粤东正气——海瑞》，南方出版社，2008，第12页。
③ 蒋星煜：《海瑞》，上海人民出版社，2008，第9页。

来"为惠来县的省称,在今广东惠来县。"训导"为明清时期府、州、县学教官副职,掌协助府学教授、州学学正、县学教谕教导所属生员。①

3. 迁广三世海甫震。据《海忠介公全集·海氏族谱序·海瑚序》记载:"钰生庠士大公讳甫震,二公讳甫云,秀为甫云公后。"明嘉靖年间,迁琼五世海瑚借赴广州乡试之际,获海氏旧谱,即从海秀处所得。

4. 迁广四世海逊之。《海忠介公全集·海氏族谱序·海瑚序》又记:"甫震公生冠带公讳逊之,逊之生答儿公。""冠带",原指帽子及腰带,借指士族及官吏。因不见海逊之有官职记载,这里应指缙绅。

5. 迁琼始祖海答儿。海答儿在广东为迁广五世,后来海答儿"从军海南,着籍于琼,即始迁祖也。"即海答儿为迁琼始祖,亦称迁琼海氏一世祖。"海答儿"之名在清道光和光绪年间的《海氏族谱》中皆作"海答尔",乃是海氏后人传抄之误。

海答儿的迁琼时间有洪武七年(1374)说,如清光绪三十二年海答儿十五世孙海对苏主修的《海氏族谱·序》记载:"始祖原籍番禺,洪武七年从军海南,立籍海口,生四男,绝两房,今分二支(四男指海福、海宁、海宁、海信。绝两房指海宁和海信乏嗣——引者注)";另一为梁云龙的《海忠介公行状》等记载海答儿的迁琼时间为"洪武十六年"。

据李勃先生考证,明洪武二年、三年,确有大陆将士被派来海南守边,海南卫是洪武五年置,治所在琼州府治东。洪武十七年六月,开始筑海南卫城。海南卫下辖的左千户所的前身是洪武三年所立的东所,洪武六年改为左所。②海南明代早期的将士屯田是在元朝基础上的继承,洪武三年尚有十一处。洪武十六年,整点大军,年六十以上不堪差役者屯田,其屯在琼山县境内,离城远者四十里,近者二十里。这样,综合这几个方面的原因,后世皆以海答儿洪武十六年从军海南为是,但也不能排除洪武七年从军海南的可能。

海答儿的官职有任"指挥"和"指挥使"两说。查梁云龙的《海忠介公行状》和王国宪的《海忠介公年谱》,都只记载海答儿"从军海南",均未记载他担任什么官职。"指挥"和"指挥使"的官职虽然都是武官,

---

① 参见徐连达主编《中国历代官制大词典》,广东教育出版社,2002,第349页。
② 李勃:《海南岛历代建置沿革考》,海南出版社,2005,第353页。

但级别相差很大，"指挥"仅是七品以下的低级官吏，而"指挥使"则是海南卫一级的三品武官。海答儿被派到今西峡岭屯田，只能是"指挥"而绝非"指挥使"的官职（参见表1）。

表1 迁广始祖海俅至迁琼始祖海答儿世系

姓名	世系	朝代	配偶	籍贯	功名与经历	资料来源	备注
海俅	一世	南宋	杨氏	闽州（今福建省福州市）	任职指挥，由闽州入广东之番禺（今广州市）	《海忠介公全集·海氏族谱序·海瑚序》，光绪三十二年海对苏重修《海氏族谱》卷之五	生海钰
海钰	二世		?	广东番禺	广东省惠来县训导	《海忠介公全集·海氏族谱序·海瑚序》	海答儿子，生二子：长子甫震，次子甫云
甫震	三世	元代		广东番禺	庠士	同上	海钰长子
甫云	三世	元代		广东番禺		同上	海钰次子，生子秀
海逊之	四世	元代		广东番禺	冠带	同上	甫震子
海答儿	五世	明代		广东番禺	洪武十六年，从军海南，为迁琼始祖	同上	海逊之子，生子四：长子福、次子宁、三子宇（乏嗣）、四子信（乏嗣）

二 迁琼始祖海答儿至五世海瑞大宗世系

我们从历代的《海氏族谱》记载中可以看出，迁琼海氏家族从二世（海答儿长子海福、次子海宁，另二子海宇和海信因乏嗣无记）起，已分大宗和小宗。大宗的一支和小宗的一支在记述自己的祖先时不但侧重点不同，而且在记载自己的世系时，虽然都尊海答儿为迁琼始祖，但对其后世祖宗的排列已不相同。这样，在大宗与小宗各自的族谱中按辈分就发生了错位。如1986年重修的《海氏答儿公族谱·海氏从合谱》卷之六将海答儿长子海福（大宗的一支）称为二世，而将海福的长子海宽称为三世。在光绪三十二年海对苏重修的《海氏族谱》中，已将海答儿长子海福、次子海宁尊为一世祖，将海福长子海宽尊称为纨绔子弟，将海宁子海方尊称为三世祖。于是，就同一人（如海宽）而言，在大宗的《海氏族谱》中称为三世，而在小宗的《海氏族谱》中则被尊称为二世。保存在海口市白龙区坡道乡道客新村海对贤的《海氏族谱传》也将海福称为一世祖，而将三世海宽称为纨袴子弟，将四世海瀚称为三世祖。① 这可能是海氏家族不同的支系而写的《海氏族谱》所造成的。

据《海氏答儿公族谱·海氏从合谱》卷之五《大宗世系行略》记载：从迁琼海氏家族四世海深起，又分长支和次支派。因海宽有八个儿子，就有八个支派，如海宽如为三世，长子海深为四世，海深长子海瑚为五世，海深就称为"长支深公之派"，将海宽次子海浩称为四世，海浩子海瑜（五世）长子，海瑜就称为"次支浩公之派"，以下类推。

又据《海氏答儿公族谱·海氏从合谱》卷之六《小宗世系行略》记载：从迁琼海氏家族五世海澄起，也分出长支和次支派，如将海澄长子海盛称为"长支澄公之派"，将海汉长子海应魁称为"次支汉公之派"，将润公子海应干称为"三支润公之派"，四支缺记，将海涣长子称为"五支涣公之派"。这样，在《小宗世系行略》中，除记载迁琼始祖海答儿、二世海宁、三世海方、四世海澄之外，主要记载了海方以下的支系，而对于大宗的同辈支系则忽略不计。

如果该支系乏嗣，嗣继的有大宗，也有小宗的。如大宗八世的海振邦，为"列嗣子小宗次子"，又"以长兄宏邦长子晏为嗣"。② 关于五世海瑞是否有子嗣的问题，历来就有争议。如蒋星煜先生引《海忠介公全集序》说："'殁之日，族之人以先生家无厚赀，逡巡未即嗣；其知慕先生而嗣之者，亦以家无厚赀，即顷者圣天子鉴先生忠，嘉与恩荫，竟艰于赴泉曹'。也就是说，虽然知道过继给海瑞为嗣可以得到朝廷的封赠而得到官职或官衔和俸禄，但还是没有人愿意过继"。③ 后来，海瑞终无子嗣。笔者在《粤东正气——海瑞》一书中也采用了这一说法。现在从海氏族谱的记载来看，几乎每一位乏嗣的人都有嗣继人，即使本人不乐意或本宗无合适的人选，也会有族人代为推选或从另一支族人嗣继。如光绪三十二年海对苏重修的《海氏族谱》记载："瀚公子海瑞乏嗣，以

---

① 朱逸辉等校注《海忠介公全集·海瑞家谱传》，东西文化事业公司，1998，第903页。
② 《海氏答儿公族谱·海氏从合谱·大宗世系行略》卷之五。
③ 蒋星煜：《海瑞》，第132页。

瑜之长男坤继。"该《海氏族谱》在"四世祖"下面接着记载:"海瑜,长坤,出继瑞。"海瑜父为海浩,海浩为海宽次子,海宽为海福子,海福为海答儿长子。可见,过继给海瑞的是属于大宗的一支。由此观之,海瑞确有嗣继人。

在《海氏答儿公族谱·海氏从合谱》卷之五中又记载:六世八支瀚公之派"源,瑞长子,字本川,未娶而卒,推小宗六世鹄长子列为嗣。"这是说,到海瑞的长子海源时,虽然"未娶而卒",族人还是推举了小宗六世海鹄的长子海列为子嗣。

由此可知,古代迁琼海氏族人一旦出现"乏嗣"的情况,可以由小宗出嗣大宗的,也可由大宗出嗣小宗的,当然,更不乏同宗为嗣的。现将迁琼始祖海答儿至大宗五世海瑞世系列表如下(参见表2)。

表2 迁琼始祖海答儿以后至大宗五世海瑞世系

姓名	字号	世系	朝代	生卒年	配偶	葬地	功名与经历	资料来源	备注
海福	朝举	二世	明代		张氏		松溪县知县	《海忠介公年谱》	海答儿长子,生二子:长子宽、次子宁
海宽	德裕	三世	明代		邢氏	定安县积善图西峡岭	会邑庠生中试,景泰七年(1456)举人,官至福建松溪县知县	光绪三十二年海对苏重修《海氏族谱》卷5	生八子:长子深、次子浩、三子泌、四子瀹、五子潮、六子浴、七子沂、八子瀚
海深	汝渊	四世	明代		郑氏	府城柑榸园	邑庠生	同上	生四子:长子瑚、次子珍、三子璟、四子琏
海浩	汝深	四世	明代	1461~1528	周氏	府城柑榸园	定邑廪生充岁贡候选	同上	子瑜
海泌	汝宏	四世	明代	1462~1534	唐氏	与妻合葬府城柑榸园		同上	
海瀹	汝道	四世	明代	1464~1514	周氏	与妻合葬府城柑榸园		同上	
海潮	汝会	四世	明代	1466~1537	唐氏	葬府城西门外	乡荐,恩贡,八品冠带	同上	生子瑚

续表

姓名	字号	世系	朝代	生卒年	配偶	葬地	功名与经历	资料来源	备注
海浴	汝素	四世	明代	1467~1530	唐氏	与妻同葬府城柑榄园	国学生	同上	乏嗣
海沂	汝源	四世	明代	1469~1550	蔡氏	府城柑榄园	儋州廪生充岁贡，候选儒学	同上	乏嗣
海瀚	和川	四世	明代	1490~1517	谢氏	同妻葬于定邑石峡岭西排坡	（琼州）邑廪生	同上	生子海瑞
海瑚	夏甫	五世	明代	1492~1545	林氏	与妻同葬于府城柑榄园地	琼州庠生，嘉靖十三年主修《海氏族谱》	同上	生二子，长子道洪，次子道明，为长支
海珍	□甫	五世	明代	未详	黄氏	葬地不详	琼州庠生	同上	为长支
海琏	商甫	五世	明代	未详	程氏	葬大校场地		同上	乏嗣，为长支
海瑜	世珍	五世	明代	1483~1517	唐氏	与妻同葬于府城柑榄园	琼州庠生	同上	生子甸为次支浩一派
海璟		五世	明代	未详	邱氏			同上	生子坤，为四支渝嗣一派
海玥	世璞	五世	明代	1490~1517	邱氏	与妻同葬于府城柑榄园	八品冠带	同上	生二子：长子中虚，次子中适为五支潮一派
海瑞	汝贤	五世	明代	1514~1587	王氏	葬今于海口市丘海大道	官至南京都察院右都御史	同上	八支海瀚一派

需要说明的是，自从海答儿以后，迁琼海氏族人大多有自己的字号，这也是汉族的习惯，但古文献一般不记，因海氏族人长尊者讳，故在《海氏族谱》中大量出现，成为研究海氏世系的重要依据。如大宗三世海宽的字号。

海瑚在主笔续修《海氏族谱》时提到：自己曾"敬问先祖松溪大尹德裕公，知迁自番禺，但先祖少失怙，族无长老，失记始祖迁祖之名，端自答儿公始，亦史阙文之意也"。"失怙"就是死了父亲的意思。那么，这位海瑚的"德裕"公又是谁呢？海瑚的先辈中有两位可称"松溪"的（古人在哪个地方任职，常以哪个地方的名称为号）：一个是迁琼纳裤子弟海福，曾任松溪县知县，另一位是迁琼三世祖海宽，景泰七年（1456）乡荐，官至松溪县知县。对于海福任职，《海忠介公行状》《海忠介公全集·海氏族谱序·莫见龙序》等书都无记载，仅有《海忠介公年谱》有"曾祖福，敕封松溪县知县"，而海宽在梁云龙的《海忠介公行状》中记载较详："有讳宽者，以经行闻，领乡荐，知闽中县事，即公大父也"。大父，即海瑞的伯父。海福的父亲海答儿在世时间较长，而海宽的父亲海福可能早逝。综合以上条件，笔者认为海瑚所说的先祖应是指海宽，"德裕"就是海宽的字。

四世小宗海澄的字以前也鲜为人知，但《海忠介公全集·海氏族谱序·海瑚序》记载：海瑚第一次主笔续修《海氏族谱》时，"予少时读叔父御史汝清公所修族谱，自答儿公始，至叔父瀚公止。"后面又说："瑚所以拳拳修谱为心者，上以继汝清公之初志也"。在海瑚的先辈中，既是海瑚的叔父，又符合担任过御史，进行过修《海氏家谱》的只有海澄一人。故"汝清"应该是海澄的字。

三　迁琼始祖海答儿至六世小宗世系

我们从《海氏族谱》中可以发现，迁琼海氏族人从四世开始便有了生卒年的记载，这对研究这些人物的生平事迹非常重要，但古人为了尽量减少字数，常常将皇帝的年号省略，而只记干支（每六十年为一个甲子），这样，仅凭这些难以确定该人物的具体生卒年代。因此，需要根据天干地支加上皇帝的年号进行推算。

1. 海宁（海方的父亲）：《海氏答儿公族谱·海氏从合谱》卷之六记载：海宁"生甲申年，卒己卯年，寿五十六"。海宁妻邢氏"生乙酉年，卒丙戌年，寿六十二"。按以上方法推算，海宁生于永乐二年（1404），卒于天顺三年（1459）；海宁妻邢氏生于永乐二年（1404），卒于成化二年（1466）。

2. 三世海方（海澄的父亲）。上述《海氏族谱》卷之六记载：海方"生乙巳年，卒戊申年，寿六十三"，海方妻"生丁未年，卒丙午年，寿六十"。按照古代一般在十余岁至二十余岁成婚的话，那么，根据上述方法推算，海方生于洪熙元年（1425），卒于成化二十二年（1486）。

3. 四世海澄（海盛的父亲）。光绪三十二年海对苏重修《海氏族谱》卷之六记载：海澄"生宣德壬子年，卒弘治丙辰年，寿六十五"。宣德壬子年，即1432年；弘治丙辰年，即1496年。海澄妻邱氏"生天顺甲寅年，卒弘治癸亥年，寿七十"，但在天顺和弘治年间都没有这两个干支，故系抄写错误。在宣德九年（1434）为甲寅年，弘治十六年（1503）为癸亥年。但海澄的父亲生于1425年，海方乃八岁生海澄，似乎不太合理，故光绪三十二年的《海氏族谱》记载的海澄妻邱氏的生卒年可能有误。

4. 四世海汉（海方次子）。光绪三十二年海对苏重修《海氏族谱》卷之六对海汉生卒年漏记。

5. 四世海涧（海方第三子）。光绪三十二年海对苏重修《海氏族谱》卷之六记载：海涧生于"宣德丙辰年，卒于戊午年，寿六十三"。宣德年间没有丙辰干支，只有正统元年（1436）为丙辰年，故为错记；卒于戊午年应为弘治十一年（1498）。妻邱氏生于"宣德戊午年，卒壬戌年，寿六十五"。宣德年间也没有丙辰年，只有正统元年（1436）为丙辰年，故为错记；卒壬戌年，即弘治十五年（1502），按此向前推65年，即正统三年（1438）。由此计算，海涧妻生于1436年，卒于1502年。

6. 四世海澜（海方第四子）。光绪三十二年海对苏重修《海氏族谱》卷之六记载：海澜生于"宣德己未年，卒丁巳年，寿五十八"。宣德年间也没有己未年，只有正统四年（1439）为己未年，故为错记；卒于丁巳年，即弘治十年（1497）。海澜妻程氏生于"宣德辛酉年，卒于乙卯年，寿五十六"。与上述同样道理，应为程氏生于正统六年（1441），卒于弘治八年（1495）。

7. 四世海涣（海方第五子）。光绪三十二年海对苏重修《海氏族谱》卷之六记载：海涣"生宣德壬戌年，卒丁巳年，寿五十六"。丁巳年，即弘治十年（1497），往前推56年，正是正统七年（1442）。

8. 五世海盛（海澄子）。光绪三十二年海对苏重修《海氏族谱》卷之六记载：海盛"生戊寅年，卒辛巳年，寿六十四"。戊寅年，只有天顺二年（1458），辛巳年在正德十六年（1521）。

9. 五世海应魁（海汉长子）。光绪三十二年海对苏重修《海氏族谱》卷之六记载：海应魁为五世次支（海）汉之派。该卷仅记海应魁"生丁丑年，卒壬午年，寿六十六"，妻颜氏"生己卯年，卒庚辰年，寿六十二"。

依照其父海方约生在1432至1436年之间的时间推算,海应魁应生于天顺元年(1457),卒于嘉靖元年(1522)。妻颜氏生于天顺三年(1459),卒于正德十五年(1520)。

10. 五世海应神(海汉次子)。光绪三十二年海对苏重修《海氏族谱》卷之六记载:海应神"生庚辰年,卒丁卯年,四十八岁",妻马氏"生辛巳年,卒癸酉年,寿五十三"。依照海应魁的生卒年推算方法计算,海应神应生于天顺四年(1460),卒于正德二年(1507)。妻马氏生于天顺五年(1461),卒于正德八年(1513)。

11. 五世海应鸾(海汉三子)。光绪三十二年海对苏重修《海氏族谱》卷之六记载:海应鸾,海汉第三子,娶许氏"生卒年未详"。

12. 五世海应干(海润子)。光绪三十二年海对苏重修《海氏族谱》卷之六记载:海应干,海润子,"生己卯,卒戊辰年,寿五十",妻"生壬午,卒己卯年,寿五十八"。用上述海应干的父亲海润生于1436年的方法推算,海应干应生于天顺三年(1459),卒于正德三年(1508)。妻马氏生于天顺六年(1462),卒于正德十四年(1519)。

以下五世"五支涣公之派"海应麒、海应麟、海鸣、海鸾、海鹄等生卒年皆无记载。

13. 六世海鸿(海应神子)。光绪三十二年海对苏重修《海氏族谱》卷之六记载:海鸿"生甲辰年,卒辛亥年,寿六十八"。因海鸿是海应神子,海应神生于天顺四年(1460),由此推算,海鸿生于成化二十年(1484),卒于嘉靖三十年(1551)。

14. 六世海鹤(海应干子)。光绪三十二年海对苏重修《海氏族谱》卷之六记载:海鹤,应干长子,为"三支润公之派"。"生癸卯年,卒丁未年,寿六十二"。依照海应干生于天顺三年(1459)推算,海鹤应生于成化十九年(1483),卒于嘉靖二十三年(1547)。但按此推算,海鹤寿65岁,与"寿六十二"不符,疑为抄写错误。

15. 六世海鹏(海应干次子)。光绪三十二年海对苏重修《海氏族谱》卷之六记载:海鹏,应干次子,也为"三支润公之派"。"由邑庠生中试,嘉靖丙午科举人(1546),授广西梧州府苍梧县知县,升梧州府通判,再升梧州府同知。娶吴氏,生二子:长子宏修,次子一龙。公生丙午年卒丁巳年,寿七十二,葬搏苍地。氏生于丁未年,卒甲寅年,寿六十七。葬

"定邑积善图排坡地,有碑"。依照海应干生于天顺三年(1459)推算,海鹏应生于成化二十二年(1486),卒于嘉靖三十六年(1557)。吴氏生于成化二十三年(1487),卒于嘉靖三十三年(1554),实际寿六十八年。(参见表3)

表3 迁琼始祖海答儿至六世小宗世系[1]

姓名	字号	世系	朝代	生卒年	配偶	葬地	功名与经历	资料来源	备注
海宁	朝安	二世	明代	1404~1466	邢氏	与妻同葬定邑积善图石峡岭		光绪三十二年海对苏重修《海氏族谱》卷6	海答儿次子,生子方
海方	着五	三世	明代	1425~1486	邱氏	夫妻同葬定邑积善图西排坡	会邑庠生中试,景泰七年(1456)	同上	生五子:长子澄、次子汉、三子润、四子澜、五子涣
海澄	汝清	四世	明代	1432~1496	邱氏	琼州府城后巷园	邑庠生中试,天顺六年举人,成化十一年进士,官至四川兵备道监察御史	同上	生子盛
海汉	汝汪	四世	明代	未详	黄氏	葬于府城柑榄园	邑庠生	同上	生三子:长子应魁,次子应神,三子应凤
海润	钦叔	四世	明代	1436~1498	邱氏	与妻同葬府城柑榄园	邑庠生,弘治五年举人	《海忠介公年谱》	海方第三子,生子应干
海澜	懋叔	四世	明代	1439~1497	程氏	与妻同葬府城柑榄园	邑庠生	同上	乏嗣
海涣	甫修	四世	明代	1442~1497	梁氏	琼州府城后巷园	邑庠生	同上	生二子:长子应麒,次子应麟
海盛	伯良	五世	明代	1458~1521	梁氏	葬大校场地		光绪三十二年海对苏重修《海氏族谱》卷之六	海澄第五子,生子鸣
海应魁		五世	明代	1457~1522	颜氏	夫葬大英,妻葬田头坡		同上	海汉长子,生二子:长子鸾、次子鹄

续表

姓名	字号	世系	朝代	生卒年	配偶	葬地	功名与经历	资料来源	备注
海应神		五世	明代	1461~1513	马氏	夫妻同葬白沙地		同上	海汉次子,生子海鸿
海应凤		五世	明代	未详	许氏			同上	
海应干	佳儒	五世	明代	1459~1508	冯氏	葬府城柑橄园,妻葬五里桥	邑廪生	同上	海润子,生二子:长子鹤,次子鹏
海应麒		五世	明代	未详	何氏			同上	海涣长子
海应麟		五世	明代	未详	唐氏			同上	海涣次子
海鸣	期辉	五世	明代	未详	张氏		邑庠生	同上	海盛子
海鸾		六世	明代	未详	周氏	葬地未详		同上	
海鹄		六世	明代	未详	杨氏	与妻合葬红坎地		同上	海应魁次子,生三子
海鸿	一鸣	六世	明代	1484~1551	妻冯氏妾李氏	葬府城柑橄园,妻葬五里桥	邑庠生	同上	海应神子,妾生子诚修
海鹤	汝高	六世	明代	1483~1547	唐氏	葬五原都搏苍地	邑庠生	同上	海应干子,生二子:长子慎修,次子选修
海鹏	一举	六世	明代	1486~1557	吴氏	葬搏苍地,妻葬定邑积善图排坡	邑庠生嘉靖丙午科举人,授广西梧州府苍梧县知县、通判、同知	同上	海应干次子,生二子:长子宏修,次子一龙

说明:

[1] 本文所有表格均参考《海忠介公行状》《海忠介公年谱》《海忠介公全集·海氏族谱序·莫见龙序》《海忠介公全集·海氏族谱传》《海氏族谱》和海瑞祖墓的碑记等材料综合而成。

四 迁琼始祖海答儿六世孙至清代的世系

明初在海南岛实行的屯田制明末时已名存实亡,至清初时便已彻底废除。海氏家族便在屯田制的解体过程中,从石峡村迁至今海口市和其他地方。从表4中,我们清楚地发现,到迁琼海氏四世(即正德九年,1514年海瀹去世时)已葬在今海口市府城镇柑橄园。据明《正德琼台志·屯田》记载:"宣德丙午(宣德元年,1426)拨田归民,照民起科。"即石峡屯被裁撤。这说明在海瑞的父亲海瀚(即大宗的一支)辈已从石峡村迁至琼州府城（今海口市府城镇），而小宗的一支仍留在石峡岭居住直至明末（参见表4）。

表4　迁琼始祖海答儿六世孙至清末部分世系[1]

姓名	字号	世系	朝代	生卒年	配偶	葬　地	功名与经历	资料来源	备注
海鹏	一举	六世	明	1486～1557	吴氏	夫葬搏苍地，妻葬石峡岭西排坡	邑庠生嘉靖丙午科举人，授广西梧州府苍梧县知县、通判、同知	同上	海应干次子，生二子：长子宏修，次子一龙
海甸		六世	明	1507～1564		夫葬西排坡，妻葬柑榄园	吉邑廪生	光绪三十二年海对苏重修《海氏族谱》卷之六	海瑜长子，生子三：长子纯、次子纹、三子绅
海坤	厚齐	六世	明		杨氏	卒葬未详		同上	生二子：长子惟寅、次子惟宗
海中虚	希明	六世	明	1515～1589	杨氏	与妻合葬于群圹坡	本邑廪生，充岁贡，任高州府茂名县训导	同上	玥长子，生子起元
海中适	恬天	六世	明		李氏	夫葬红坎坡，妻葬白沙		同上	海玥次子，生二子，长子鋐，次子峻
海纯	精一	七世	明		李氏	迁葬定邑李家图尖岭		《海氏答儿公族谱》卷之五	甸长子，生子迈
海启科		七世	明					《海忠介公全集·海瑞家谱》	海中虚长子。《海瑞家谱》中的六世
海一龙	定如	七世	明	1511～1573	陈氏	与妻同葬柑榄园	邑庠生	光绪三十二年海对苏重修《海氏族谱》卷之六	海鹏次子，生二子：长子宏邦，次子振邦
海迈		八世	明		林氏		举人、教谕，浙江处州推官	《海忠介公全集·海氏族谱序·莫见龙序》	海瑞侄孙
海惟宗		八世	明			葬柑榄园	邑庠生	《海忠介公全集·海瑞家谱》	海坤独生子，乏嗣
海思贤		九世	明					同上	嗣继海惟宗，乏嗣
海起晏		十世	明	1533～1603		葬柑榄园	太学生，通判	光绪三十二年海对苏重修《海氏族谱》卷之六	海思贤第三子。《海瑞家谱》中的八世祖

续表

姓名	字号	世系	朝代	生卒年	配偶	葬地	功名与经历	资料来源	备注
海廷芳		十世	明清				乡荐，康熙八年举人，重修《海氏族谱》	《海忠介公全集·海氏族谱序·莫见龙序》	海迈孙
海纯之		十一世	明清		李氏		文林郎	《海忠介公全集·海瑞家谱》	《海瑞家谱》中的九世祖。海起晏独子，生二子：长子海思荣，次子海思宠
海岱		十二世	清					《海忠介公全集·海氏族谱序·莫见龙序》	
海思荣		十二世	清					《海忠介公全集·海瑞家谱》	海纯之长子。《海瑞家谱》中的十世祖
海清		十三世	清					同上	《海瑞家谱》中的十一世祖。海思荣独生子，生子四：长子海见龙、次子海见蛟、三子海见鹏、四子海见鲲
海见龙		十四世	清	1809年卒				同上	《海瑞家谱》中的十纨裤子弟。海清长子，生四子：长子海琼琰、次子海琼玥、三子海琼瑶、四子海琼佩[2]
海见蛟		十四世	清					同上	海清次子
海见鹏		十四世	清					同上	海清三子
海见鲲		十四世	清					同上	海清四子
海连天		十五世	清				庠生，重修《海氏族谱》	《海忠介公全集·海氏族谱序·莫见龙序》	
海琼琰		十五世	清				根据石峡村海氏祖墓"海大公"墓前石碑补		海琼琰生二子：长子海光祖、次子海光明。《海忠介公全集·海瑞家谱》中的十三世祖

续表

姓名	字号	世系	朝代	生卒年	配偶	葬地	功名与经历	资料来源	备注
海琼玥		十五世	清					同上	《海忠介公全集·海瑞家谱》中的十三世祖
海琼瑶		十五世	清					同上	《海忠介公全集·海瑞家谱》中的十三世祖
海琼佩		十五世	清					同上	《海忠介公全集·海瑞家谱》中的十三世祖
海光贤		十六世	清				庠生	同上	海琼琰长子。依海瑞祖墓石碑记载。《海瑞家谱》中的十四世祖
海光祖		十六世	清					同上	海琼琰次子。依海瑞祖墓石碑记载。《海瑞家谱》中的十四世祖
海光明		十六世	清					同上	海琼琰三子。依海瑞祖墓石碑记载。《海瑞家谱》中的十四世祖
海尚廉		十六世	清					光绪三十二年海对苏《海氏族谱》卷之六	
海安波		十七世	清				根据石峡村海氏祖墓"海大公"墓前石碑补		海见龙曾孙。依海瑞祖墓石碑记载。《海瑞家谱》中的十四世祖
海安汝		十七世	清					同上	海见龙曾孙。依海瑞祖墓石碑记载。《海瑞家谱》中的十五世祖
海安澜		十七世	清					同上	海见龙曾孙。依海瑞祖墓石碑记载。《海瑞家谱》中的十五世祖
海安沂		十七世	清					同上	海见龙曾孙。依海瑞祖墓石碑记载。《海瑞家谱》中的十五世祖

续表

姓名	字号	世系	朝代	生卒年	配偶	葬地	功名与经历	资料来源	备注
海充富		十七世	清					光绪三十二年海对苏《海氏族谱》卷之六	
海对苏		十八世	清					同上	

说明：

[1] 该表上接表3。

[2]《海忠介公全集·海瑞家谱》上的记载为："海见龙（十纨裤子弟）有四子：长子叫海琼珥、次子叫海琼瑶、三子叫海琼琰、四子叫琼□"，与石峡村海氏祖墓"海大公"墓前石碑刻文严重不符，"海大公"墓前石碑刻文为："男：琼、琰、玥、瑶、佩；孙：庠生：光贤、祖、明；曾孙：安波、汝、澜、沂全立"，按照现在的读法应为："男：琼琰、琼玥、琼瑶、琼佩；孙：庠生光贤、光祖、光明；曾孙：安波、安汝、安澜、安沂全立"。故应依此为准。

明末清初时期，海南岛持续动荡不安。明末的海南岛先是拥明反清的势力范围，直到清康熙十六年（1677），"海南岛的反清势力被平定"，[①]清朝的统治才逐步稳定下来。在持续的政治动荡和战乱中，大批居住在琼州府城的名门望族纷纷逃到偏僻的农村。如光绪三十二年的《海氏答儿公族谱·海氏从合谱》卷之五的记载：十世海廷芳"移居祖庄德兴都天池村。"该卷又记：十世长支深公之派海廷着"移居文昌何一都排坡村"；廷繭"移居乐育英都高样村"。该卷还记载：十世海绍先"移居德兴都下赛村"；十世长支深公之派海廷芝"移居德兴都天池村"。海廷芳在续修《海氏族谱》时记载了这次迁居今海口市甲子镇天池村的艰辛："其家谱创成于澄，续修于瑚，传至廷芳百有余年，当易姓之交，海外遭兵燹者数年，廷芳抱残守缺，重加篡辑编校忠介公《备忘集》付梓行世，重修家谱未及刻成，遽归道山。"[②] 海廷芳，字紫山，系迁琼海氏小宗海宁的一支。

古代海氏家族的最后一次迁徙是在清末民国时期。按照光绪三十二年海对苏重修《海氏族谱》卷之六的记载，迁琼海氏家族的支系有的已在九世、十世时分别迁到今琼海市、定安县居住。如该卷记载：九世海□"移居会同"（今琼海市），十世海廷英"移居定邑李家园"（今定安县）。另外，该《海氏族谱》记载时代最晚的是十六世祖海尚廉，尚廉子海充富（十七世），充富子海对苏（十八世）。海对苏时已在清末。

---

① 李勃：《海南岛历代建置沿革考》，海南出版社，2005，第374页。
② 朱逸辉等校注《海忠介公全集·海氏族谱序·莫见龙序》，第857页。

《海忠介公全集·海瑞家谱》记载，在海口市白龙区坡道乡道客新村海对贤家存有《海氏族谱传》。该文既是转述，也未说明此《海氏族谱传》的撰写年代，从"一直传到今天已经十八、十九代了"一句推测，应是清末或民国时期。

今海口市美兰区灵山镇东头村委会拾桂村（原为文昌市大致坡镇，前年调整中划归海口市）海氏第二十一世孙海新行家有一卷海答儿十五世孙海对苏在清光绪三十二年（1906）主修的《海氏族谱》。此村有两户海姓人家。

清光绪三十二年海答儿十五世孙海对苏主修的《海氏族谱·序》记载："海答儿，番禺人，洪武七年从军海南，海口之西北隅、今之老容、白沙等村，则皆散处者也。自公而后相传又十三代矣。"

《海忠介公全集·海瑞家谱》又记："在海口市白龙区坡道乡道客新村，住着两户人家：海对贤与海顺成。他们是海瑞的非嫡系后裔十八、十九孙（海瑞没有嫡系后裔）……从《海氏族谱传》看，海氏家族从十五代起，有些人移居海南岛南部的崖州，如海安波等。有些人移居白沙地区，如海安澜。有些人则移居东溪方面，如海安流等。至于这些人有没有后裔，迄今不得而知。"

2011年清明节期间，笔者曾与到海瑞墓、海瑞故居祭拜的海氏族人座谈，他们估计现在海南岛的海氏后人约有500人，主要分布在海口、琼海、定安、文昌市境。

（作者单位：海南大学社会科学研究中心）

《治安疏》成因考

李 勃

明朝嘉靖四十四年（1565）十月，著名清官海瑞上《治安疏》，直陈数千言，力谏斋醮，并极论嘉靖皇帝之过失：

> （陛下）二十余年不视朝，纲纪弛矣。数行推广事例，名爵滥矣。二王不相见，人以为薄于父子。以猜疑诽谤戮辱臣下，人以为薄于君臣。乐西苑而不返宫，人以为薄于夫妇。天下吏贪将弱，民不聊生，水旱靡时，盗贼滋炽。自陛下登极初年，亦有之而未甚也。今赋役增常，万方则效，陛下破产礼佛日甚，室如悬磬，十余年来极矣……乃修斋建醮，相率进香，天桃天药，同辞表贺，兴宫筑室，工部极力经营，取香觅宝，户部差求四出。陛下误举，诸臣误顺，无一人为陛下一正言焉……陛下诚有不得知而改之行之者，臣每恨焉。是以昧死竭悃悃为陛下一言之。①

意即批评嘉靖帝妄求长生，迷信道教，宠信方士，不理朝政，朝政日坏，民不聊生等。

> 帝得疏大怒，掷之地，顾左右曰："趣执之，无使得遁。"宦官黄锦在侧曰："此人素有痴名，闻其上疏时，自知触忤当死，市一棺，诀妻子，待罪于朝。僮仆亦奔散无留者，是不遁也。"帝默然，少顷，复取读之，日再三，为感动太息，留中数月。尝曰："此人可方比干，

---

① 海瑞：《治安疏》，陈义钟编校《海瑞集》上编，中华书局，1962，第217~221页。

第朕非纣耳!"①

海瑞之所以胆敢冒死直谏,学术界至今还没有专文进行探讨。笔者认为,其原因是多方面的,主要原因当是:当时的大环境即明朝中后期宽松的政治环境,为其上疏提供了有利条件。此外,当时的小环境(即海南耿介之士——唐胄的光辉榜样)和海瑞的个人因素(即强烈的社会责任感、忠君爱民情结、刚正不阿的性格)也都起了一定的作用和影响。

一 海瑞上疏的大环境——明朝中后期宽松的政治环境

我国现有大学和中学的中国历史教科书,几乎一致认为,明朝中后期吏治腐败,政治黑暗。其实,当时社会也有其开放和光明的一面,尤其是政治环境较为宽松。主要表现有二:

其一,学术思想和言论较为自由。这方面的例证很多,诸如:

例证一:明宪宗成化元年(1465),翰林院侍讲丘濬参与编纂《明英宗实录》时,大胆主张为于谦平反,不怕得罪最高统治者明英宗和明宪宗。据明人何乔新的《赠特进左柱国太傅谥文庄丘公墓志铭》说:"或谓少保于谦之死,当著其不轨。公曰:'己巳之变,微于公,天下不知何如!武臣挟私怨,诬其不轨,是岂可信哉?'众以为然,功过皆从实书之"。②《明史·丘濬传》也载:"至修《英宗实录》,有言于谦之死,当以不轨书者。濬曰:'己巳之变,微于公,社稷危矣!事久论定,诬不可不白。'其持正又如此。"③试想:下诏杀害于谦的是英宗,继位的宪宗又是英宗之子,英宗刚死,丘濬就大胆主张为于谦昭雪,这与公开揭露英宗之罪何异?但宪宗还是欣然采纳了丘濬的建议,诏复于谦官,并赐祭。如《明史·宪宗纪一》载:成化元年二月己丑,"诏雪于谦冤"。④ 成化二年八月,"谕祭于谦。复其子冕官"。⑤ 又《明史·于谦传》也载:"成化初,(谦

---

① 《明史》卷 226《海瑞传》,中华书局,1974,第 5930 页。
② 何乔新:《椒邱文集》卷 30,文渊阁《四库全书》本;又见项笃寿《今献备遗》卷 27《邱濬》,文渊阁《四库全书》本。
③ 《明史》卷 181《丘濬传》,第 4810 页。
④ 《明史》卷 13《宪宗纪一》,第 163 页。
⑤ 《明史》卷 13《宪宗纪一》,第 163 页。

子）冤赦归。上疏讼冤，得复官，赐祭。诰曰：'当国家之多难，保社稷以无虞。惟公道之独持，为权奸所并嫉。在先帝已知其枉，而朕心实怜其忠。'天下传诵焉。弘治二年，用给事中孙需言，赠特进、光禄大夫、柱国、太傅，谥肃愍。"① 丘濬建议为于谦平反，说明他主持正义，不畏皇权。宪宗采纳丘濬的建议为于谦昭雪，则说明他宽容大度和政治开明。

例证二：成化三年（1467）五月，荆门州学训导高瑶抗疏陈十事，力主复郕王帝号。据《明史·高瑶传》载："高瑶，字庭坚，闽县人。由乡举为荆门州学训导。成化三年五月，抗疏陈十事。其一言：'正统己巳之变，先帝北狩，陛下方在东宫，宗社危如一发。使非郕王继统，国有长君，则祸乱何由平、銮舆何由返？六七年间，海宇宁谧，元元乐业，厥功不细。迨先帝复辟，贪天功者遂加厚诬，使不得正其终，节惠陪祀，未称典礼。望特敕礼官集议，追加庙号，尽亲亲之恩。'章下，廷议久不决。至十二月始奏：'追崇庙号，非臣下敢擅议，惟陛下裁决。'而左庶子黎淳力争，谓不当复，且言：'瑶此言有死罪二：一诬先帝为不明，一陷陛下于不孝。臣以谓瑶此举，非欲尊郕王，特为群邪进用阶，必有小人主之者。'帝曰：'景泰往过，朕未尝介意，岂臣子所当言？淳为此奏，欲献谄希恩耶？'议遂寝。然帝终感瑶言。久之，竟复郕王帝号。"②《明史·宪宗纪一》也载：成化十一年（1475）"十二月戊子，复郕王帝号"。③

郕王即明代宗朱祁钰（也称景泰帝或景帝）曾得罪过明英宗和明宪宗父子。州学训导高瑶"以卑官建危议"，④ 大胆为景泰帝大唱赞歌，不怕得罪宪宗父子，其大无畏精神难能可贵。同时说明宪宗时的政治清明。

例证三：成化十七年（1481），礼部右侍郎兼掌国子监事丘濬作《世史正纲》时，在中国历史上最先明确提出杀害岳飞的主要凶手是宋高宗赵构而非秦桧，将矛头指向封建皇帝。据明人丘濬的《世史正纲·宋世史》载：绍兴十一年，"帝下岳飞于大理寺狱。"并自加按语："岳飞之死，世皆以为秦桧矫诏杀之。而此特笔帝下飞于狱何？高宗非幼弱昏昧之主，桧

---

① 《明史》卷170《于谦传》，第4551页。
② 《明史》卷164《高瑶传》，第4460页。
③ 《明史》卷13《宪宗纪一》，第170页。
④ 《明史》卷164《高瑶传附黎淳传》，第4461页。

非承其意，决不敢杀其大将……况《宋史·何铸传》明言：铸白飞冤，而桧答以'此上意也'哉！"① 意谓：宋高宗不是昏庸愚昧之主或傀儡皇帝，如果秦桧不秉承宋高宗的意旨，绝不敢杀害岳飞。何况《宋史·何铸传》明确说：御史中丞何铸告诉秦桧，所谓"岳飞谋反"是冤案。而秦桧回答说：要杀害岳飞，是皇上的主意啊！丘濬这一论断，可谓有理有据，完全符合史实，与当代宋史专家王曾瑜教授的观点不谋而合。② 这不仅说明丘濬客观公正、实事求是，而且说明当时学术思想的自由。

例证四：具有反传统精神的王阳明思想在南北各地广泛传播。明朝中后期，程朱理学的统治地位发生了动摇，以王守仁为代表的"心学"思想逐步发展起来。王守仁③不仅是明朝的高级官员，而且是一位著名的教育家。他当官期间，所到之处，积极开办社学、书院和学校，并亲自讲学。他50岁时回到故乡浙江余姚，聚徒讲学。据《王文成公全书·传习录下》载：王守仁在浙江余姚讲学时，"四方来游者日进。癸未年（即嘉靖二年，1523）已后，环先生而居者比屋，如天妃、光相诸刹（佛教寺庙），每当一室，常合食者数十人，夜无卧处，更相就席，歌声彻昏旦。南镇、禹穴、阳明洞诸山，远近寺刹，徒足所到，无非同志游寓所在。先生每临讲座，前后左右环坐而听者，常不下数百人。送往迎来，月无虚日。至有在侍，更岁不能遍记其姓名者。"④ 其当年讲学之盛况，于此可见一斑。对此，史籍也屡有记载，诸如《明史·王守仁传》载："其为教，专以致良知为主……学者翕然从之，世遂有阳明学……守仁弟子盈天下。"⑤《明史·王艮传》载："王氏弟子遍天下。"⑥ 明末黄宗羲《明儒学案》载："阳明先生之学，有泰州（指王艮）、龙溪（指王畿），而风行天下。""阳明巡抚江西，讲良知之学，大江之南学者翕然从信。"⑦ 王艮"谒王守仁，

---

① 丘濬：《世史正纲》卷27《宋世史》，朱逸辉等校注，海南出版社，2005，第615页。
② 王曾瑜：《秦桧事迹述评》，《江西社会科学》1981年第4期。
③ 王守仁（1472~1529）是明代著名的主观唯心主义的哲学家和教育家。字伯安，明浙江余姚人。弘治十二年进士，历任南赣巡抚、都察院右副都御史、南京兵部尚书、总督两广军务等要职。卒谥"文成"。其著作由门人编辑成《王文成公全书》38卷，其中在哲学上最重要的著作是《传习录》和《大学问》。
④ 《王文成公全书》卷3《传习录下》，文渊阁《四库全书》本。
⑤ 《明史》卷195《王守仁传》，第5168~5169页。
⑥ 《明史》卷283《儒林传二·王畿传附王艮传》，第7275页。
⑦ 黄宗羲：《明儒学案》卷32《泰州学案》，文渊阁《四库全书》本。

从之学。王氏弟子遍天下。"① 以上记载说明,当时王阳明学说在南北各地广泛传播。

那么,王守仁"心学"为何深受欢迎呢?主要原因当是:其思想强调自我和富有创新意识。其内容涉及哲学、伦理、教育等方面,其中最重要的观点有:

在世界观方面,提出"心外无物"和"心外无理"的哲学命题。②

他认为"心"(指人的意识或主观精神)是一切事物的本原,一切都是从"心"中派生出来的。一切客观事物及其规律、法则只存在人的"心"中,离开了人"心",什么都不存在。他说:"心之所发便是意","意之所在便是物"。③ 意为意念想到什么,什么事物就存在。又说:"夫万事万物之理不外于吾心"。"心明便是天理"。④ 意为一切事物的规律,不存在于客观事物之中,而只存在于我的"心"中。否认心外有理、有事,有物。

在认识论方面,提出"知行合一"说,反对朱熹提出的"知先行后"说。

王守仁所说"知行合一"的"知",主要指人的道德认识或观念。"行",主要指人的道德行为。因此,知行关系,也就是指道德观念和道德行为的关系,也包括一些思想意念和实际行动的关系。其"知行合一"思想包含以下两层意思:

一是指"知"和"行"是统一的,密切相连、不可分割,即道德认识和道德行为是同一过程中相互渗透的两个方面,是不可分开的。他说:"未有知而不行者,知而不行,只是未知。"强调学者必须"知行并进"。⑤ 在他看来,知、行是一回事,不能分开。

二是指以"知"为"行","知"决定"行","行"统一于"知"。他说:"知是行的主意,行是知的工夫;知是行之始,行是知之成。"⑥ 意思是说,道德观念是人的行为的指导思想,人的行为是道德观念的体现。

---

① 见《大清一统志》卷68扬州府《人物三·明·王艮》,文渊阁《四库全书》本。
② 《王文成公全书》卷4《与王纯甫书》,文渊阁《四库全书》本。
③ 《王文成公全书》卷1《传习录上》,文渊阁《四库全书》本。
④ 《王文成公全书》卷2《传习录中》,文渊阁《四库全书》本。
⑤ 《王文成公全书》卷3《传习录下》,文渊阁《四库全书》本。
⑥ 《王文成公全书》卷3《传习录下》,文渊阁《四库全书》本。

道德意念活动是行为的开始，人的行为是道德意念的结果。他又说："今人学问，只因知行分作两件，故有一念发动，虽是不善，然却未曾行，却不去禁止。我今说个知行合一，正要人晓得，一念发动处便即是行了。发动处有不善，就将这不善的念克倒了，须要彻根彻底不使那一念不善潜伏在心中，此是我立言宗旨。"① 很明显，在这里，王守仁把人的思想动机或道德意念也看作"行"，认为"行"统一于"知"。

王守仁的"知行合一"说主要针对朱学而发，与朱熹的思想对立。程朱理学主张"知先行后"，将知行分为两截，认为必先了解"知"，然后才能实践"行"。王守仁提倡"知行合一"正是为了救朱学之偏。应该承认，王守仁的"知行合一"说，不仅克服了朱熹"知先行后"的弊端，而且注重道德认识和道德实践的统一，深化了道德意识的自觉性和实践性的关系，有利于个人的道德修养，对于矫正社会上知行脱节、言行不一、讲假话的不良风气，显然是有积极意义的。

在伦理思想方面，提出"致良知"，作为道德修养方法。这里的"致"，含有推及、推行、恢复和"行"之意。"良知"是指天赋的道德意识。"良知"一词，最早出于《孟子》卷13《尽心上》："人之所不学而能者，其良能也。所不虑而知者，其良知也。"② 认为"不学而能"和"不虑而知"都是天赋（即天授）给人的，是人生来就具有的，并不是通过后天学习才得来的。王守仁对此再进一步加以发挥，认为人生来就具有"良知"，而"良知"即天理（即封建道德意识），是一种不假外力的内在力量。所谓"致良知"，就是将"良知"推行、扩充到各个领域的一切事物中去。他说："心自然会知。见父自然知孝，见兄自然知弟（悌），见孺子（小孩）入井，自然知恻隐，此便是良知。""良知不假外求。"③ 又说："致吾心良知之天理于事事物物，则事事物物皆得其理矣。"④ 即认为人们只要按照"良知"来行事或推及"良知"于客观事物，那么一切事物就会自然得其规律、规则。

在教育思想和治学方面，提倡独立思考，自求自得，实事求是，反对

---

① 《王文成公全书》卷3《传习录下》，文渊阁《四库全书》本。
② 《孟子》卷13《尽心上》，上海古籍出版社，1987，第103页。
③ 《王文成公全书》卷1《传习录上》，文渊阁《四库全书》本。
④ 《王文成公全书》卷2《答顾东桥书》，文渊阁《四库全书》本。

盲从权威，并主张学术思想自由。他说："夫学贵得之心，求之于心而非也，虽其言之出于孔子，不敢以为是也，而况其未及孔子者乎！求之于心而是也，虽其言之出于庸常，不敢以为非也，而况其出于孔子者乎！"① 这段话旨在说明：读书或研究学问，贵在独立思考，要有主见，要实事求是，不要盲从权威或书本的说法。这是王守仁思想的精华，值得后人学习和效法。

他又说："夫道，天下之公道也；学，天下之公学也。非朱子可得而私也，非孔子可得而私也。天下之公也，公言之而已矣。"② 意为主张学术公有和学术自由，人人都可以自由研究和发表自己的见解，学术不能由少数人说了算，更不能被朱熹和孔子所垄断。

由此可见，王阳明这些言论，在当时思想界确实是一大革命，在一定程度上起到了促进思想解放的作用。总之，王阳明的"心学"虽然是主观唯心主义的，是典型的唯我论，但是也包含一些合理的内容。尤其是他强调治学要独立思考，实事求是，以自己的见解作为衡量是非的标准，反对以朱熹、孔子的是非为是非，并主张学术思想自由等，使当时僵化的思想界出现了一股新鲜空气，对后人追求思想自由有很大的影响。明代官方的统治思想是朱熹的理学思想，王阳明敢于与朱熹思想唱反调，但他本人却照样在朝廷当大官，而且其反理学思想能够在南北各地自由地广泛传播，有力地冲击了传统思想。这说明当时学术思想极为自由。

明朝中期以来，由于王阳明思想的广泛传播，冲破了旧思想的牢笼，使人们的自我意识大大增强。王阳明心学强调自我，蔑视权威，提倡社会相对平等，提倡学术公有和学术思想自由，反对僵化的传统思想，必然对广大知识阶层有所影响。如海瑞就明显受王阳明心学思想的影响，特别强调主观意识和自我修养。他说："君子之于天下，立己治人而已矣。立己治人，孰为之？心为之。心为之，心自知之。得若失，心自致之。虽天下之理，无微不彰，而人之视我，终不若我之自视。"③ 他又说："圣门之学在知行，德行属行，讲学属知。慎自修饬者，决无不讲之学。真实读书

---

① 《王文成公全书》卷2《答罗整庵少宰书》，文渊阁《四库全书》本。
② 《王文成公全书》卷2《答罗整庵少宰书》，文渊阁《四库全书》本。
③ 海瑞：《备忘集》卷3《序·赠郡侯肖野郭公膺保荐序》，文渊阁《四库全书》本。

者，肯弃身于小人之归乎？是故知行非有二道也。"① 这与王阳明所说的"求理于吾心，此圣门知行合一之教"② 的观点，基本一致。海瑞又说："学求以复其良心而已，操心治心，此不师而师之严切者。"③ 意谓学习只是恢复其良知而已，费心考虑和治理意念。这明显是王阳明"致良知"的思想。

按：到了万历年间，学术思想和言论更加自由，如当时著名的东林书院可以公开议论政治。史籍对此记载很多，诸如：

《明史·顾宪成传》载：东林书院的创办人顾宪成，"其讲习之余，往往讽议朝政，裁量人物。朝士慕其风者，多遥相应和。由是东林名大著，而忌者亦多。"④

明末黄宗羲《明儒学案·顾宪成传》载："甲辰（即万历三十二年，1604），东林书院成，大会四方之士……亦多裁量人物，訾议国政，亦冀执政者闻而药（改过迁善）之也。天下君子以清议归于东林庙堂。"⑤

东林党领袖顾宪成为东林书院所写的一副著名楹联更能说明问题："风声雨声读书声，声声入耳；家事国事天下事，事事关心。"⑥ 一直流传至今。这副对联既是东林书院的办学宗旨，又是当时社会开放和言论自由的典型例子。这与明初规定各级学校生员不准议论国家大事，"军民一切利病，并不许生员建言"⑦ 的情况相比，显然相去甚远。

其二，朝廷或地方官员都可以上疏批评朝政和皇帝。

这方面的例子也很多，诸如：

例证一：成化七年（1471）冬，大学士彭时上疏批评时政。据《明史·彭时传》载：彭时上疏"言政本七事：一，毋惑佛事，糜金钱；二，传旨专委司礼监，毋令他人，以防诈伪；三，延见大臣议政事；四，近幸赐予太多，工匠冒官无纪，而重囚死徒者，法不蔽罪。宜戒淫刑、滥赏；

---

① 海瑞：《备忘集》卷7《教约》，文渊阁《四库全书》本。
② 《王文成公全书》卷2《答顾东桥书》，文渊阁《四库全书》本。
③ 《海忠介公全集》卷2《训谕·训诸子》，朱逸辉等校注，东西文化事业公司，1998，第166页。
④ 《明史》卷231《顾宪成传》，第6032页。
⑤ 黄宗羲：《明儒学案》，文渊阁《四库全书》本。
⑥ 梁羽生：《名联谈趣》，上海古籍出版社，1999，第275页。
⑦ 《明会典》卷76《礼部三十五·学规·事例》，文渊阁《四库全书》本。

五，虚怀受谏，勿恶切直；六，戒廷臣毋依违，凡政令失当，直言论奏；七，清理牧马草地，减退势要庄田。皆切中时弊。"① 其疏中所言，显然都针对皇帝而发。

例证二：成化十三年（1477），谨身殿大学士商辂反对宪宗徙民塞外，并揭发宪宗信任的专权宦官汪直之罪。据《明史·商辂传》载："仁寿太后庄户与民争田，帝欲徙民塞外。辂曰：'天子以天下为家，安用皇庄为？'事遂寝。"此后，商辂又率同官上疏揭发专权宦官汪直十一罪。② 宦官本是皇帝的家奴，宦官之所以专权和为非作歹，主要原因在于皇帝对宦官的信任和重用。因而，揭发宦官的罪恶，也就是间接批评皇帝。

例证三：嘉靖初，在著名的"大礼议"之争中，以内阁首辅杨廷和和礼部尚书毛澄为首的朝臣力主尊嘉靖皇帝生父兴献王朱祐杬的尊号为皇叔考，而坚决反对尊其为皇考，不怕得罪最高统治者嘉靖皇帝。其起因是这样：正德十六年（1521）三月，明武宗去世。因无子，由慈寿皇太后与大学士杨廷和定策，以遗诏名义决定由武宗的堂弟朱厚熜（即兴献王的长子）继位。四月，朱厚熜即帝位，史称明世宗，年号嘉靖。世宗即位后，诏命礼臣集议其生父兴献王朱祐杬的尊号。当时以大学士杨廷和、礼部尚书毛澄为首的朝廷大臣主张尊明孝宗朱祐樘（即明武宗父）为皇考，尊兴献王朱祐杬为皇叔考。其主要理由是"继统"（即继承帝统）又要"继嗣"（即继承血统）。③

尤其是嘉靖十七年（1538）六月丙辰，户部左侍郎唐冑上《明堂享礼疏》，④ 坚决反对嘉靖皇帝欲以其生父兴献王祀明堂配上帝，而主张以明成祖祀明堂配上帝。⑤

例证四：嘉靖年间，朝廷大臣杨廷和、乔宇、周琅、张嵩、张汝、安盘、郑一鹏、杨名、杨最、罗洪先、周相、杨爵、刘魁、周怡、杨允绳、

---

① 《明史》卷176《彭时传》，第4686页。
② 《明史》卷176《商辂传》，第4689~4690页。
③ 参见《明史》卷17《世宗纪一》、卷190《杨廷和等传》、卷191《毛澄、何孟春等传》；《明史纪事本末》卷50《大礼议》。
④ 唐冑：《明堂享礼疏》，见《传芳集》。按：现存该疏内容不完整，散见各书，皆为摘录，说法不一，以《明史》卷48《礼志二·大飨》摘录为多。
⑤ 《明史》卷17《世宗纪一》、卷48《礼志二·吉礼二·大飨》、卷203《唐冑传》；《国榷》卷56嘉靖十七年六月，等等。

朱勤熨等，曾先后上疏批评明世宗迷信道教，不理朝政。①

更有甚者，武选司郎中孙铤上疏极谏，竟然以秦二世以及……及宋徽、钦二宗为喻，指斥明世宗。如清陈鼎《东林列传·孙铤传》载："孙铤，字文中，余姚人……迁职方员外郎。丁外艰服阕，补武选郎中。是时，世宗深居斋宫，锢言事诸臣，屡兴大狱，举朝惴恐。铤具疏极谏，以秦二世、宋徽、钦为喻，尽发诸奸与中珰（宦官）不法事。大学士徐阶见之，大诧曰：'痴也郎！奈何轻批逆鳞哉？'会上病，诸珰壅之不得达。引疾归。隆庆元年，起南京文选司郎中，升南尚宝卿。"② 武选司郎中孙铤敢"批逆鳞"，把明世宗比喻为秦二世及宋徽、钦二宗，这是何等胆量？当时虽为宦官"壅之不得达"，但终究不能隐瞒不报。明世宗不予治罪，穆宗初年反而升官。这说明当时朝臣敢讲话和政治相对清明。

从上述可见，成化至嘉靖年间，朝廷或地方官员上疏批评皇帝屡见不鲜。嘉靖末年海瑞上疏极谏，并非首倡，只是其中较为突出的一位而已。

按：到了万历年间，官员上书批评时政和皇帝的措辞更加尖锐。诸如：

万历二十年（1592）七月，刑部员外郎于玉立疏陈时政阙失。说"君身之不修，未有甚于今日者矣。"③ 意谓万历皇帝乃历史上德行方面最坏的君主。

万历二十二年，中书舍人丁元荐"上封事万言，极陈时弊"，指斥皇帝"征敛苛急""赏罚不明""忠贤废锢"等。④

万历二十八年二月，东林党人、凤阳巡抚李三才上疏批评明神宗派遣矿监税使、对人民实行竭泽而渔的掠夺政策。明确指出明神宗的"病源"在于"溺志货财"（意即对财物的过分贪婪和剥民太甚）。⑤

同年四月，凤阳巡抚李三才又奏请停矿税，批评明神宗对农民进行残酷剥削，使农民无法生存："自矿税繁兴，万民失业。陛下为斯民主，不

---

① 详见《明史纪事本末》卷52《世宗崇道教》；《明史》卷116《诸王·周定王朱橚传》、卷190《杨廷和传》、卷209《杨最、杨爵、周怡、刘魁、杨允绳等传》、卷283《儒林二·罗洪先传》等。
② 陈鼎：《东林列传》卷14《明·孙铤传》，文渊阁《四库全书》本。
③ 《明史》卷236《丁元荐传附于玉立传》，第6157页。
④ 《明史》卷236《丁元荐传》，第6156页。
⑤ 《明史》卷232《李三才传》，第6062页。

惟不衣之，且并其衣而夺之；不惟不食之，且并其食而夺之。征榷之使急于星火，搜括之令密如牛毛。"①

万历三十四年（1606）秋，工科右给事中王元翰上疏，"极言时事败坏"，深刻揭露了明神宗不理朝政、政事废弛、民怨沸腾等罪恶。②

遍览《明史》，诸如此类，不胜枚举。面对臣下的频繁上疏，批评时政，明神宗多数采取"留中不发"的态度。明人董其昌编辑的《神庙留中奏疏汇要》44卷，③只是收录明神宗朝奏疏的一部分，其中不乏批评时政和指斥皇帝。这说明原来的政治高压或专制统治政策的松弛。

明朝中期以来，朝廷或地方官员之所以敢于不断上疏批评皇帝，主要原因是皇帝的腐败和不理朝政，加上朝廷官僚之间、官僚与宦官之间的相互倾轧，在一定程度上削弱和放松了对人民的专制统治。如明世宗迷信道教，"一意修真……二十余年不视朝"。④ 明神宗也是如此：辅臣朱赓"辅政三载，犹未一觏天颜"。"九卿强半虚悬，甚者阖署无一人。监司、郡守，亦旷年无官……两都台省寥寥几人"，⑤ 遂致政事废弛。他对待臣下的频繁上疏，往往置之不理，故多成为"留中之疏"。⑥ 最高统治者既然不理朝政，放松了专制统治，则臣民当然可以无所顾忌，畅所欲言。

上面所谈，只是涉及思想文化和政治生活方面的情况，至于当时人们的经济生活和社会风尚等方面的开放情况则更加丰富多彩。限于篇幅，在此不谈。明朝中后期的社会开放和变化情况，在中国封建社会里诚为罕见。因而，学术界有人认为，明朝中后期是中国近代社会的转型时期。如著名明史专家毛佩琦教授说："就明朝中后期的情况而言，中国社会已经明显地表露出向近代转型的征兆"。⑦

以上情况，就是海瑞上疏的大环境或政治环境方面的主要内容。海瑞之所以胆敢上疏批评皇帝，显然首先受到当时社会环境的深刻影响。

---

① 谷应泰：《明史纪事本末》卷65《矿税之弊》。
② 《明史》卷236《王元翰传》，第6150页。
③ 《明史》卷288《文苑四·董其昌传》。明董其昌辑《神庙留中奏疏汇要》44卷，上海古籍出版社，1996。
④ 《明史》卷226《海瑞传》，第5928页。
⑤ 《明史》卷236《王元翰传》，第6150页。
⑥ 《明史》卷288《文苑四·董其昌传》，第7396页。
⑦ 毛佩琦：《从明到清的历史转折——明在衰败中走向活泼开放，清在强盛中走向僵化封闭》，中国明史学会主办《明史研究》第8辑，黄山书社，2003，第7页。

二 海南耿介之士——唐胄的光辉榜样

海瑞之所以胆敢上疏，除了受大环境的影响，还有海南小环境的影响，主要是海南耿介之士——唐胄的光辉榜样。

明初加强对海南岛的治理，在岛上设置琼州府，统领全岛三州（即儋、万、崖）十三县（即琼山、澄迈、临高、文昌、定安、会同、乐会、宜伦、昌化、感恩、万宁、陵水、宁远），隶属于广东省。又置海南卫，作为全岛最高军事机构，先后统领十二个千户所，领于广东都司，隶属于中央前军都督府。[①]

明代海南文教发达，人才辈出。据海南旧志记载，明代海南曾设立众多学校，计有府学1所、州学3所、县学13所、社学201所、义学17所、卫学1所、所学9所、书院21所。此外，琼州府及其所属三州十三县均分别设立阴阳学和医学各1所。[②]

明代海南汉族人口才25万人，但中进士64人、举人614人（其中文举599人，武举15人）、正途出身的各类贡生有2439人。[③]

在海瑞入仕之前，已有许多海南人在朝廷和地方当大官，如官至文渊阁大学士（正一品）的有丘濬（琼山人）；官至尚书（正二品）的有薛远（琼山人）、廖纪（陵水人）；[④]官至侍郎（正三品）的有唐胄（琼山人）、钟芳（崖州人）；官至都察院佥都御史（正三品）的有邢宥（文昌人）；官至布政使（从二品）的有胡濂（定安人）；官至太常寺卿（正三品）的有夏升（海南卫左所人）；官至按察使（正三品）的有林士元（琼山人）；曾任巡抚（明代临时委派的地方高级军政长官）的有邢宥（江南巡抚）、唐胄（山东巡抚）等。至于在中央各部门担任郎中、员外郎、主事、给事中、监察御史以及在地方各省任参政、参议、副使、佥事、知府的，则不

---

① 参见李勃《海南岛历代建置沿革考》，海南出版社，2005，第312~356页。
② 参见李勃《明代海南文化的发展及原因新探》，《海南师范大学学报（社会科学版）》2011年第5期。
③ 参见李勃《明代海南文化的发展及原因新探》，《海南师范大学学报（社会科学版）》2011年第5期。
④ 廖纪原籍是明陵水县，这在明代广东和海南诸旧志里都有明确记载。《明史》卷202本传记作河北"东光人"，系以其户籍所在地言之。

计其数。① 因此，明代海南岛有所谓"鼎臣继出，名满神州"之誉。② 明代海南人在朝廷当官的不仅人数多和职位高，而且几乎每个都是为政清廉和耿介之士。其中最突出的，是被《明史》作者称誉为"岭南人士之冠"③的唐胄。

唐胄（1471～1539），字平侯，号西洲。明琼山县（今属海口市）人。弘治十五年（1502）进士。历任户部主事、员外郎、广西提学佥事、云南按察司副使、云南提学副使、云南右参政、云南右布政使、广西左布政使、右副都御史南赣巡抚、山东巡抚、南京户部右侍郎、户部左侍郎（正三品）等职。嘉靖十七年（1538）夏，明世宗欲以其父献皇帝祀明堂配上帝，他上疏力争，坐削籍归。冬遇赦复冠带（恢复官职）。次年四月卒于家。明穆宗隆庆初（1567），赠右都御史（正二品）。④ 他曾多次抗疏，较著者有以下三次：

嘉靖十五年冬，嘉靖皇帝以安南久不贡，将遣兵征讨。诏遣锦衣官问状，中外严兵待发。⑤ 闰十二月，户部左侍郎唐胄上《谏讨安南疏》，⑥ 力陈不可讨之理由有七。⑦

嘉靖十六年，武定侯武臣郭勋怙宠，奏请将其五世祖郭英配享太庙。唐胄上《驳郭英配享庙祀疏》，力请止之。⑧

嘉靖十七年六月，嘉靖皇帝欲以其生父兴献王祀明堂配上帝，唐胄上《明堂享礼疏》⑨争之，力言不可。其主要理由有六：

一是认为汉代以来祀明堂皆配以父，不符合周代礼制："三代之礼，莫备于周。《孝经》曰：'郊祀后稷以配天，宗祀文王于明堂以配上帝。'

---

① 李勃：《明代海南文化的发展及原因新探》，《海南师范大学学报（社会科学版）》2011年第5期，第123页。
② 参见万历《广东通志》卷57《郡县志四十四·琼州府·图经》，四库全书存目，齐鲁书社，1997。
③ 《明史》卷203《唐胄传》，第5329页。
④ 参见《明史》卷203《唐胄传》等。
⑤ 参见《明史》卷203《唐胄传》。
⑥ 谈迁：《国榷》卷56嘉靖十五年闰十二月壬子；《御选明臣奏议》卷23唐胄《谏讨安南疏》，文渊阁《四库全书》本。
⑦ 参见《明史》卷203《唐胄传》；《御选明臣奏议》卷23唐胄《谏讨安南疏》等。
⑧ 参见《明史》卷130《郭英传附郭勋传》及203《唐胄传》、《御选明臣奏议》卷23唐胄《昭典礼疏》，秦蕙田《五礼通考》卷122《吉礼一百二十二·功臣配享》等。
⑨ 唐胄：《明堂享礼疏》，见《传芳集》。按：现存该疏内容不完整，《明史》卷48《礼志二·大飨》摘录较多。

又曰：'严父莫大于配天，则周公其人也。'说者谓周公有圣人之德制作礼乐，而文王适其父，故引以证圣人之孝，答曾子问而已。非谓有天下者皆必以父配天，然后为孝。不然，周公辅成王践阼，其礼盖为成王而制，于周公为严父，于成王则为严祖矣。然周公归政之后，未闻成王以严父之故，废文王配天之祭，而移于武王也。后世祀明堂者，皆配以父，此乃误《孝经》之义，而违先王之礼。"①

二是认为朱熹也主张，明堂之配不专于父："昔有问于朱熹曰：'周公之后，当以文王配耶，当以时王之父配耶？'熹曰：'只当以文王为配。'又曰：'继周者如何？'熹曰：'只以有功之祖配，后来第为严父说所惑乱耳。'由此观之，明堂之配，不专于父明矣。今礼臣不能辨严父之非，不举文、武、成、康之盛，而乃滥引汉、唐、宋不足法之事为言，谓之何哉！"②

三是强调古代明堂之礼不可废，只应当奉大宗配享："臣谓明堂之礼，诚不可废。惟当奉大宗配，于礼为宜。"③

四是认为嘉靖帝对其父庙号的态度前后不一致："皇上嗣统之初，廷臣执为人后之说，于是力正大伦者，惟张孚敬、席书诸臣。及何渊有建庙之议，陛下嘉答诸臣，亦云：'朕奉天法祖，岂敢有干太庙！'顾今日乃惑于丰坊耶？"④

五是认为比照周代礼制，今年大享之祭当配太宗（即明成祖）："自三代以来，郊与明堂各立所配之帝。太祖、太宗功德并盛，比之于周，太祖则后稷也，太宗则文王也。今两郊及祈谷，皆奉配太祖，而太宗独未有配。甚为缺典。故今奉天殿大享之祭，必奉配太宗，而后我朝之典礼始备。"⑤

六是认为如果嘉靖皇帝是圣人，则其父专庙之享，将百世不改变："若献皇帝得圣人为子，不待称宗议配，而专庙之享，百世不迁矣。"⑥ 从

---

① 《明史》卷48《礼志二·大飨》，第1259~1260页。
② 《明史》卷48《礼志二·大飨》，第1260页。
③ 《明史纪事本末》卷50《大礼议》。
④ 《明史纪事本末》卷50《大礼议》；《御定资治通鉴纲目三编》卷22《明世宗》。
⑤ 《明史》卷48《礼志二·大飨》，第1260页。
⑥ 唐胄：《传芳集》之《明堂享礼疏》；《明史纪事本末》卷50《大礼议》；《御定资治通鉴纲目三编》卷22《明世宗》；《御批历代通鉴辑览》卷109《明·世宗皇帝》。

上文可见，唐胄这次抗疏的中心思想是以周代的礼制、《孝经》的记载和朱熹的观点为根据，反对嘉靖皇帝以其父兴献王祀明堂配上帝，而主张要以明成祖祀明堂配上帝。

唐胄坚持真理和正义、正气凛然，敢与皇帝唱反调，充分表现其耿介不阿的高尚品格。因触怒皇帝，被下诏狱拷掠，并削籍回乡。① 唐胄是明代因抗疏而入诏狱的第一位海南人，也是明代有影响的全国著名人物之一。其耿介不阿的高尚品格为后来著名的清官海瑞树立了光辉的榜样，成为海瑞精神的重要来源之一。

海瑞和唐胄都是琼山县人，唐胄卒时（嘉靖十八年）海瑞已二十六岁，对先辈唐胄的事迹应该非常了解。海瑞是继唐胄之后入诏狱的第二位海南人，其为人行事与唐胄之所以极其相似，显然受到唐胄耿介不阿的高尚品格的深刻影响。

三　海瑞上疏的个人因素

海瑞胆敢上疏，除了受到大、小环境的影响，还有个人因素起作用。其个人因素主要是强烈的社会责任感、忠君爱民情结和刚正不阿的性格。下面分别简单介绍。

1. 强烈的社会责任感

海瑞幼年失父，母子相依，自小就接受母亲谢氏严格的儒家传统教育。如海瑞《乞终养疏》说："臣甫四岁，父瀚不幸蚤世。时母谢氏年二十八，誓自砥守，勉针芥纺绩资之，育臣教臣，至有今日。"②

明梁云龙《海忠介公行状》也载："公甫四龄，而赠公捐馆。太恭人年方二十有八，矢志励节，日夜与公偕寝处，口授《孝经》、《学》、《庸》诸书，长就外傅。为访择严明师托之，其贞一不渝似《柏舟》，而慈训孚翼，则有断杼和丸之风。故公尝自谓：'勉自修饬，若非冲年背父者，母氏之力为多。'"

万历《琼州府志》卷10也载："海大恭人谢氏，庠生海瀚妻，年二十

---

① 参见《明史》卷17《世宗纪一》、卷48《礼志二·吉礼二·大飨》、卷203《唐胄传》；《国榷》卷56嘉靖十七年六月，等等。

② 海瑞：《乞终养疏》，朱逸辉等校注《海忠介公全集》，第143页。

八而寡,子瑞四岁,家计萧条。谢矢志鞠育,日夜勤女红,口授瑞以《孝经》、《学》、《庸》诸书。长就外傅,少有戏谑,必严词正色诲之。后瑞官至右都御史,皆谢之教也。"[1]

海瑞在严母的管教下,开始培养起强烈的社会责任感。主要体现在以下七点。

一是少年时代,海瑞就自觉立志要学当圣贤,并制定极其严格的行为准则。如明梁云龙《海忠介公行状》载:"公生而顾秀挺拔,风神迥异。稍知识,直欲学仿圣贤。而纷纷世态,皆无当于心。以圣贤教人,千言万语,只是欲人识其真心。率其真而明目张胆,终身行之,卓然不牵于俗者,圣贤也。昧其真而馁其浩然之气,不免与俗相为浮沉者,乡愿也,非圣贤也。"他尝著《严师教戒》作为座右铭,以神的口气诲之曰:"瑞乎!女知女之托形于天地间者乎?天付完节,女须完之。毋宫室、妻妾动心;毋恟恟易操;毋财帛世界而中流不砥;毋对人语雄而愧影愧衾;毋质冕裳、参狐貉而有媚心、耻心;毋疚中而气馁;毋矜能而讳医;毋自许穷天地亘古今而不顾者,而终或不然。有一于此,不如遄死!"[2]意谓:海瑞啊!你知道你是天地和合之物吗?天把完整的节操交给你,你必须完整地保持之!不要为豪宅、美女所动心;不要为权势滔天而改变自己的节操;不要为财富而放弃原则,要做中流砥柱;不要说大话而问心有愧;自己的衣帽虽陈旧而喜爱,不要一看到别人穿着华贵的服装就觉得自己寒碜;不要无端愧恨而灰心丧气;不要高傲自大而讳疾忌医;不要以为精通天地、古今所有事情而不加思索,结果却并非如此。如果犯有以上一条,不如快死!这既是海瑞的自誓词,也是他的人生观!他以此作为行为准则,执此以往,且终身诵之。自谓圣人复起不能易也。

二是海瑞当生员时,就留心世事。明王弘海《海忠介公传》载:海瑞"自为诸生时,即抱当世之虑"。[3] 雍正《广东通志》也载:海瑞"四岁而孤,母谢氏矢志训之。自为诸生时,即抱当世之虑。"[4]

---

[1] 万历《琼州府志》卷10《人物志·烈女·贞节·明朝·琼山县》,李锦全、陈宪猷点校,第774页。
[2] 梁云龙:《海忠介公行状》,陈义钟编校《海瑞集》下编,中华书局,1962,第534~535页。
[3] 又见郭棐《粤大记·海瑞》。
[4] 雍正《广东通志》卷46《人物志三·琼州府·海瑞》。

三是海瑞上京应试时，还关心家乡的治安。《明史·海瑞传》载：海瑞"举乡试入都，即伏阙上《平黎策》，欲开道置县，以靖乡土，识者壮之。"① 意谓海瑞中举后，上京应考进士时，向朝廷献上《平黎策》，建议在海南开通十字大道和增设县级地方政权，以安定海南的社会秩序，有见识的人都赞同其说。

四是海瑞当教谕时，鼓励学生异日为国家建伟业。海瑞任南平县教谕时，制订《教约》，从严治教。要求学生读书立说要与"世务"相结合，要学以致用，理论联系实际，时刻关注国家政事，要有高度的社会责任感。"勿以恶小而为之……集义以生浩然之气，为贤为圣，异日为国家建伟业无难矣！"②

五是海瑞上疏旨在匡正君道。《明史·海瑞传》载：海瑞为户部主事时，看到"世宗享国日久，不视朝，深居西苑，专意斋醮，督抚大吏争上符瑞，礼官辄表贺，廷臣自杨最、杨爵得罪后，无敢言时政者。"③ 遂毅然决然独上疏。该奏疏的事由也说："户部云南清吏司主事臣海瑞谨奏：为直天下第一事，以正君道，明职责，求万世治安事。"④ 意谓：户部云南清吏司主事海瑞在这里上奏：为了匡正君道，明确臣下的职责，求得万世治安，我要直陈天下第一事。这明显说明，海瑞上疏的目的并非骂皇帝，而是为匡正君道，为社会安定着想的。

六是海瑞申请退休时，还关心国家治安大事。如《明神宗实录》卷171载：万历十四年二月甲申，"南京吏部右侍郎海瑞恳恩致仕，兼陈治安天下事……"⑤

七是时人对海瑞有很高的评价，以为当朝伟人。明人顾允成《小辨斋偶存》卷2载："臣等自十余岁时，即闻海瑞之名，以为当朝伟人，万代瞻仰，真有望之如天上人，不能及者。""瑞三朝直臣，四夷共仰。""当世庙时，一疏格君心，定国体，批鳞犯颜，不顾生死，可谓大义。去就进退，一惟君命是恭，可谓知礼。忠君爱国一念，皎如青天白日。"⑥

---

① 《明史》卷226《海瑞传》，第5927页。
② 海瑞：《教约》，朱逸辉等校注《海忠介公全集》，第273页。
③ 见《明史》卷226《海瑞传》，第5928页。
④ 海瑞：《治安疏》，朱逸辉等校注《海忠介公全集》，第113页。
⑤ 又见《国榷》卷73神宗万历十四年二月甲申。
⑥ 顾允成：《小辨斋偶存》卷2《疏·恳除邪险疏》，文渊阁《四库全书》本。

《明史》卷231《顾允成传》也载："臣等自幼读书，即知慕瑞，以为当代伟人。"

又明人叶权《贤博编》载：海瑞巡抚江南时，"洁行廉约，志存经济。减节驿传，均平徭役，兴利革弊，张胆敢为。不避权贵，豪强敛迹。海内肃然，观听顿改……公以天下为己任，执法必行，不恤一身患害，足方古人。"[①]

从以上内容可见，海瑞具有强烈的社会责任感。正是在这种高度责任感的驱使下，他才不顾个人的安危而慨然上疏的。

2. 忠君爱民情结

海瑞自小就接受儒家的思想教育，儒家的忠君爱民思想对他有深刻的影响。下面先谈海瑞的忠君情结。其忠君情结主要体现在以下四点：

一是海瑞在疏文中明确申明其冒死竭忠和诚恳进言的目的，充满着浓厚的忠君情结。海瑞《治安疏》末尾说："夫君道不正，臣职不明，此天下第一事也。于此不言，更复何言？大臣持禄而外为谀，小臣畏罪而面为顺，陛下有不得知而改之行之者，臣每恨焉。是以昧死竭忠，惓惓为陛下言之。一反情易向之间，而天下之治与不治，民物之安与不安决焉，伏惟陛下留神，宗社幸甚，天下幸甚。臣不胜战栗恐惧之至，为此具本亲赍，谨具奏闻。"[②] 意谓君道不正，臣职不明，是天下第一大事。于此不言，更复何言？大臣为保乌纱帽而阿谀奉承，小臣害怕获罪表面顺从，陛下有错误却不知道，不能改正不能执行，臣每想到这里便痛心疾首。所以今天便冒死竭忠，诚恳地向陛下进言。望陛下能够改变心思，转换方向，而天下之治与不治，民物之安与不安都取决于您，若陛下真能采纳，是我宗庙、社稷、国家的幸运，是天下黎民百姓的幸运！这段文字不仅说明海瑞有高度的社会责任感，而且说明他有浓厚的忠君情结。

对此，明人顾允成在其《小辨斋偶存》里也有同感：臣至稍知学，"得海瑞《直言天下第一事疏》，读之，其大有功于宗庙、社稷，垂之千万年不磨，盖从万死一生中，树节于我朝者。""当世庙时，一疏格君心，定

---

① 叶权：《贤博编》，转引自周伟民、唐玲玲辑《历代文人笔记中的海南》，海南出版社，2006，第138页。

② 海瑞：《治安疏》，朱逸辉等校注《海忠介公全集》，第117页。

国体，批鳞犯颜，不顾生死，可谓大义。去就进退，一惟君命是恭，可谓知礼。忠君爱国一念，皎如青天白日。"①

二是连嘉靖皇帝也承认海瑞有"比干之忠"。如《明史·海瑞传》载："帝得疏大怒，抵之地。顾左右曰：'趣执之，无使得遁。'宦官黄锦在侧曰：'此人素有痴名，闻其上疏时，自知触忤当死，市一棺，诀妻子，待罪于朝，僮仆亦奔散无留者，是不遁也。'帝默然，少顷，复取读之，日再三，为感动太息，留中者数月。尝曰：'此人可方比干，第朕非纣耳！'会帝有疾，烦懑不乐，召阁臣徐阶议内禅。因曰：'海瑞言俱是。朕今病久，安能视事？'"

明梁云龙《海忠介公行状》也载："然窃闻公疏入时，上初览，怒甚，抵其章于地。已复取置御案，日再三读，为感动太息，称有比干之忠。又密谕辅臣华亭公云：'今人心之恨不新其政，此物可见也，他说的都是。'语在《华亭集》中。"② 按：所谓"华亭公"即内阁首辅徐阶。他是明代松江府华亭县人，故其文集亦称《华亭集》。

又明人叶权《贤博编》也载：海瑞"上书直谏，所言皆关大体。世宗皇帝手诏，谓公有比干之心。"③

三是海瑞闻嘉靖帝崩即大恸。《明史·海瑞传》载："帝初崩，外庭多未知。提牢主事闻状，以瑞且见用，设酒馔款之。瑞自疑当赴西市，恣饮啖不顾。主事因附耳语：'宫车适晏驾，先生今即出大用矣！'瑞曰：'信然乎？'即大恸，尽呕出所饮食，陨绝于地，终夜哭不绝声。"

四是海瑞逝世后，"谥忠介"。④ 所谓"忠介"，意谓对皇帝的忠诚、耿介。这也说明朝廷君臣都完全认可海瑞的忠君情结。

至于海瑞的爱民情结，则主要体现在以下两方面：

一是海瑞入仕后所为，皆意主于利民。如《明史·海瑞传》载：海瑞以右佥都御史巡抚应天十府时，"锐意兴革，请浚吴淞、白茆，通流入海，民赖其利。素疾大户兼并，力摧豪强，抚穷弱，贫民田入于富室

---

① 顾允成：《小辨斋偶存》卷2《疏·恳除邪险疏》，文渊阁《四库全书》本。
② 梁云龙：《海忠介公行状》，朱逸辉等校注《海忠介公全集》，第831页。
③ 叶权：《贤博编》，转引自周伟民、唐玲玲辑《历代文人笔记中的海南》，海南出版社，2006，第138页。
④ 《明史》卷226《海瑞传》，第5932页。

者，率夺还之。""自为县以至巡抚，所至力行清丈，颁一条鞭法，意主于利民。"

又明人顾允成《小辨斋偶存》卷2载："瑞巡抚南畿时，所至如烈日秋霜，搏击豪强则权势敛迹，禁绝侵渔则民困立苏。兴水利，议条编，一切善政，至今黄童、白叟皆能道之。近日起自海滨，无不曰：'海都堂又起！'转相告语，喜见眉睫。"①

又明人叶权《贤博编》载：海瑞"居淳安，甚得民心，邑中大治。矿贼千余，久聚山中为患，公单骑往说散之。"②

又雍正《广东通志》载：海瑞为"金都御史巡抚应天，豪民、墨吏望风敛戢。吴淞江久淤为陆，而常熟白茆港河道日堙。瑞疏浚之。身乘小舟，督畚锸，不期月告成，赈活饥民数十万。清丈三吴田土，豪右受献者，悉令还民。"③

二是海瑞深受江南人民的衷心爱戴。如明人张萱《疑耀》卷2载："余谓温公之后，又有一人焉，余乡海忠介是也。忠介久居田里，岁癸未，起南京都察院。入京之日，黄童、白叟填溢街巷，以观公。凡乡民过其第者，必求一见，踵相接也。公每归私第，辄危坐听事，不退居，亦不闭门，以便乡民之求见者。公问：'见我何为？欲言事乎？'乡民叩首：'无事，止愿一见海爷颜貌耳！'自朝至暮不少休。及卒于官，人争画其像，画士亦多致厚资。还榇之日，老幼提携，顶炉香夹道，呼'海爷爷！'号泣如丧考妣。倾城皆至舟次，罢市数日。今江南郡邑，相传公已为神，皆尸祝于家。每于公死日，相率追荐，至有费千金设一醮者。此与温公何异？"④

又明人顾允成《小辨斋偶存》卷2载："臣谓瑞为县令、为巡抚，百姓戴之如亲父母，可谓至仁。"⑤

又《明史·海瑞传》载："瑞抚吴甫半岁，小民闻当去，号泣载道，家绘像祀之。"海瑞在南京逝世后，"小民罢市。丧出江上，白衣冠送者夹岸，酹而哭者，百里不绝。"

---

① 顾允成：《小辨斋偶存》卷2《疏·恳除邪险疏》，文渊阁《四库全书》本。
② 叶权：《贤博编》，转引自周伟民、唐玲玲辑《历代文人笔记中的海南》，海南出版社，2006，第138页。
③ 雍正《广东通志》卷46《人物志三·琼州府·海瑞》。
④ 张萱：《疑耀》卷2《司马文与正海忠介》，文渊阁《四库全书》本。
⑤ 顾允成：《小辨斋偶存》卷2《疏·恳除邪险疏》，文渊阁《四库全书》本。

从上面可见，海瑞深得民心，因而获得人民的衷心爱戴。这也说明海瑞确实全心全意地爱护人民。

以上史实足以说明：海瑞的忠君爱民情结非常浓厚。这无疑也是驱使他不顾个人安危而上疏的动力之一。

3. 刚正不阿的性格

明梁云龙《海忠介公行状》载：海瑞四岁失父，在母亲严厉管教下成长。"然公立志之坚，任道之勇，则故其天性然也。"按此，则海瑞性格的形成既有母亲的影响，也有先天因素。

海瑞刚正不阿的性格，主要表现有四：

一是坚决维护师道尊严，绝不跪拜上官。海瑞当教谕时，认为学校为养士之重地，师长应受到尊敬，拒不跪拜莅校视察的上官。对此，文献记载很多。诸如：

明人叶权《贤博编》载：海瑞"由举人初署教谕，谒太守，止长揖。后与两训导同见，训导各跪，公独中立。太守笑曰：'左右低而中间高，似一笔架。'人因号海笔架。"①

明梁云龙《海忠介公行状》载："郡守诸大夫视学，升堂，教官谒，左右跽，公居中挺立。诸大夫色觟，语侵曰：'安所得山字笔架来。'盖指公也。"又载：按院至延平府，海公率诸生候郭门，有分守道某先进，"见公长揖不跪而谁之，侍者以海教官对。随令侍者物色，公接按院作何状。已，按院进，公礼如前。分守道闻之，吐舌曰：'今世有若教官耶？'夫《会典》宪纲，故事皆废格，而独创举于公，虽若不无骇迕，而理有同。然则固更相叹服，谓当于古人中求焉。"

明王弘诲《海忠介公传》载："抗学官礼于台使者及监司使者，务守《会典》宪纲，独立行一意而已，台使者、监司使者相惊叹，以为古。"

《明史·海瑞传》载："御史诣学宫，属吏咸伏谒，瑞独长揖，曰：'台谒当以属礼，此堂，师长教士地，不当屈。'"

雍正《福建通志·名宦·海瑞》也载："参谒上官，二同僚皆跪，瑞独长揖。上官不悦，曰：'安所得笔架教官耶？'后闻其清节，加礼踰等。"②

---

① 叶权：《贤博编》，转引自周伟民、唐玲玲辑《历代文人笔记中的海南》，第 138 页。
② 雍正《福建通志》卷 31《名宦三·延平府·明·海瑞》，文渊阁《四库全书》本。

海瑞维护师道尊严的举动，对学生们起到了很好的示范作用。因而，获得后人的赞扬。如清代广东著名学者屈大均说："吾粤善司教者有六公，一曰海公瑞。"① 对海公的治教有方给予充分的肯定。

二是反对"乡愿"的处世态度。明梁云龙《海忠介公行状》载："其平生所学，惟务识真，必为圣贤，不为乡原。"又载：海瑞上疏后，即访海南老乡庶吉士王弘诲于玉堂公署，首以后事为托。"已而，对酒论文，谈古今治乱、兴衰之故甚悉，至语及士大夫立身行己，惟以事事认真，集义养气为主。徐而曰：'今之医国者只一味甘草，处世者只两字乡原，古治之盛，何由而见？'语毕，从容赴朝房，席稿待罪，鼎镬自甘，绝无几微可怜之色。"所谓"乡原"即"乡愿"，指乡里中貌似谨厚，而实与流俗合污的伪善者。始见于《孟子·尽心下》："孔子曰：'乡原，德之贼也。'……《孟子》曰：'阉然媚于世也者，是乡原也。'……非之无举也，刺之无刺也。同乎流俗，合乎污世。居之似忠信，行之似廉絜，众皆悦之，自以为是，而不可与入尧、舜之道，故曰'德之贼'也。"

三是不畏强暴。《明史·海瑞传》载：总督胡宗宪子"过淳安，怒驿吏，倒悬之。瑞曰：'曩胡公按部，令所过，毋供张。今其行装盛，必非胡公子。'发橐金数千，纳之库，驰告宗宪，宗宪无以罪。都御史鄢懋卿行部过，供具甚薄，抗言'邑小不足容车马。'懋卿恚甚，然素闻瑞名，为敛威去。"

四是力摧豪强，铁面无私。《明史·海瑞传》载：海瑞"素疾人户兼并，力摧豪强，抚穷弱，贫民田入于富室者，率夺还之。徐阶罢相里居，按问其家无少贷。下令飙发凌厉，所司愓愓奉行，豪有力者至窜他郡以避。"徐阶虽是海瑞的救命恩人，但其家人霸占民田，也被勒令退田。

从上述可见，海瑞刚正不阿的性格乃世所罕有，这对其上疏显然有所影响。

综上所述，海瑞之所以胆敢上疏批评嘉靖皇帝，其主要原因，显然首先是受到当时社会环境的影响。因为任何人都是现实社会的人，都带有时代烙印，其言行都或多或少地受到该时代的政治、经济、文化思想等制度的制约和影响，而不可能完全超越时代和脱离社会的限制而为所欲为。海

---

① 屈大均：《广东新语》卷9《事语·司教》，中华书局，1985，第286页。

瑞生活在明朝中后期，这既是中国封建社会的衰落时期，又是中国封建社会的开放时期。当时政治环境的宽松，必然使人们畅所欲言。试想，如果海瑞生活在高度专制统治的洪武、永乐年间，他胆敢上书批评明太祖或明成祖吗？由此可见，明朝中后期政治环境的宽松，为海瑞上疏提供了非常有利的条件。

在海瑞入仕之前，海南已"鼎臣继出，名满神州"，并出现了一批耿介之士，尤其是唐胄的光辉榜样，对海瑞上疏必然产生深刻的影响。

但是，如果海瑞是一般人或懦夫，那么，即使当时政治环境多么宽松和海南先辈唐胄的事迹多么辉煌，也难以驱使他大胆上疏。由此观之，海瑞的个人因素，对其上疏显然也起到重要的作用。

（作者单位：海南师范大学文学院）

"偏激"的海瑞

薛 泉

海瑞（1514~1587），字汝贤，号刚峰，海南琼山人。明朝后期著名的政治家，同时也是一个颇有争议的历史人物。要客观、公正地评价海瑞，直面争议是非常必要的。本文拟就其性格中的偏激及其成因加以探析。

一 海瑞偏激性格概观

偏激，主要是指思想、言论等过火，有失平允，或者说语言、思想、认识过于极端，没有任何回旋的余地。偏激是海瑞性格的一个重要方面。明何良俊谓："海性既偏执，又不能询谋谘度，喜自用。"[①] 于慎行谓其"行事过于核克。"[②] 沈德符曰："忠介……好为不近人情之事"，[③]"无端性褊而执"。[④] 其实，海瑞自己也意识到自己这一性格特点，其《复史方斋琼分巡道》即云："人之知己，莫若己之自知；人之责我，莫若我之自责。"他也曾想"克去任性之偏，大加涵泳之力"。[⑤] 然而，他并没能做到，故而招致诸多诟病。纵观海瑞一生，其偏激性格主要表现在为政与持家两个方面。

---

① 何良俊：《四友斋丛说》卷13，中华书局，1959，第108页。
② 于慎行：《榖山笔麈》卷5，中华书局，1984，第52页。
③ 沈德符：《万历野获编》卷22，中华书局，1959，第556页。
④ 沈德符：《万历野获编·补遗》卷3，第886页。
⑤ 陈义钟编校《海瑞集》下编，中华书局，1962，第434页。

一是为政方面。海瑞偏激性格，在为政方面表现最为突出，且贯穿其仕途始终。早在嘉靖三十四年（1555）任南平教谕时，其偏激性格已初步显露。梁云龙《海忠介公行状》载：

> 郡守诸大夫视学升堂，教官谒，左右跪，公居中挺立，诸大夫色艴，语侵曰："安所得山字笔架来？"①

"山字笔架"，即指海瑞。于慎行记之更详："御史大夫海忠介瑞公，尝为闽中邑博士，御史行县，诣学宫，令长以下皆伏谒堂下，惟公平立不跪，曰：'若到院台，当以属礼见，此堂乃师长教士之地，不当诎体。'两训导夹公而跪，公立其中，时谓之'笔床博士'。"②见上司行跪拜礼本是常事，海瑞却以在学宫为由，拒不行礼，这固然见其正直，但也足以显示出其偏激的一面。他还专门制定了课士条文："相见拜谒外，不许更持一货物进；参谒礼义，一遵会典宪纲，力以其身为标帜。明伦堂不跪，道旁不跪，迎送郭门不出。上官至，一见后不复同有司作三日揖。其教约十六条大略如此。"③不但自己偏激，也要求学生如此。

嘉靖三十七年（1558）五月，海瑞到浙江淳安县任知县，刚踏入县境，目睹生民疾苦万状，询其所以，便叹息道："天下事都被秀才官作坏了，岂直不才贪残，剥充囊橐，即贤者亦乡原正道，交战胸中，穷竭膏脂。"④刚入县境，略作询问，就说出这样的话，似乎有点过头，打击面有些宽泛。

嘉靖四十五年（1566）二月，海瑞因"世宗享国日久，不视朝，深居西苑，专意斋醮。督抚大吏争上符瑞，礼官辄表贺。廷臣自杨最、杨爵得罪后，无敢言时政者"，⑤于是独自上疏论之，并言"天下因即陛下改元之号，而亿之曰：'嘉靖者，言家家皆净而无财用也。'……陛下之误多矣，大端在修醮。"⑥出言不可谓不偏激，以至于激怒嘉靖皇帝：

---

① 陈义钟编校《海瑞集》下编附录，第536页。
② 于慎行：《穀山笔麈》卷5，第51~52页。
③ 王国宪：《海忠介公年谱》，陈义钟编校《海瑞集》下编，第581页。
④ 梁云龙：《海忠介公行状》，陈义钟编校《海瑞集》下编，第537页。
⑤ 《明史》卷226《海瑞传》，中华书局，1974，第5928页。
⑥ 陈义钟编校《海瑞集》上编，第218~219页。

> 帝得疏，大怒，抵之地，顾左右曰："趣执之，无使得遁。"宦官黄锦在侧曰："此人素有痴名。闻其上疏时，自知触忤当死，市一棺，诀妻子，待罪于朝，僮仆亦奔散无留者，是不遁也。"上默然。①

对海瑞的偏激，嘉靖帝是心知肚明，事后即密谕辅臣云："他说的都是理，但言过激尔。遽加刑戮，恐后无此人了。"② 黄锦也深知海瑞之为人，"此人素有痴名"之语，即道出海瑞的偏激，他准备以死这种偏激行为，唤起嘉靖皇帝的觉醒。

穆宗隆庆朝，海瑞曾"疏引胡铨谏孝宗语曰：《诗》云：'毋听妇人之言。'今举朝之士皆妇人也。言若激而过，然性憨直而鄙阿谀。"③ 其言论，连其侄孙都感到过激。"今举朝之士皆妇人也"，出自海瑞的《告养病疏》：

> 仍敕阁部大小臣工，不得如前虚应故事，不得如前挨日待迁，必求仰副皇上求治之心，毋负平生学古之志。不求合俗，事必认真，九分之真，一分放过，不谓之真，况半真半假者乎……今举朝之士皆妇人也，皇上勿听之可也。宗社幸甚，愚臣幸甚。④

这里的"认真"，就有固执、少变通的意味。"今举朝之士皆妇人也"，更是出语惊人，殊为绝对，可见其性格之偏激。

隆庆四年（1570），海瑞巡抚江南，在整顿吏治、禁止投献等事务中，做了很多时人看来不近人情的偏激事情。沈德符记云：

> 忠介在江南，一意澄清，而不识时务，好为不近人情之事。如缙绅之升补及奉差者，藩臬之入贺万寿者，俱赍有勘合，而鼓吹旌旗八人者改为一人，舆夫扛夫二十四名改为四人，人不能堪，或雇倩，或迂道他去。又令郡邑庭参不得俯首，然属吏畏威，莫敢仰视。吾乡一郁姓者，以乙科为其属绩溪令，高年皤腹，俯仰艰楚，入谒时独起止迂缓，腰领屹然。海大喜，以为此第一强项吏也，立疏特荐，新郑即召入为比部郎，其治状与资簿不问也。盖矫枉过正，亦贤者之一蔽

---

① 《明史》卷226《海瑞传》，第5930页。
② 《海忠介公传》，《海瑞集》卷之首，李锦全、陈宪猷点校，海南出版社，2003，第12页。
③ 海迈：《备忘集跋》，陈义钟编校《海瑞集》下编，第606页。
④ 陈义钟编校《海瑞集》上编，第242页。

云。海开府吴中，人人以告讦为事，书生之无赖者，惰农之辨黠者，皆弃经籍、释耒耜，从事刀笔间。后王弇州为华亭画计，草匿名词状，称柳跖告讦夷齐二人，占夺首阳薇田。海悟，为之稍止，寻亦以言去位。而此风既炽，习为故常，至今三吴小民，刁顽甲于海内，则庚午、辛未间启之也。又如吴中士习最醇，间有挟娼女出游者，必托名齐民，匿舟中不敢出。①

海瑞的偏激行为，使当时的一些官员不能忍受，以至于"或雇倩，或迂道他去"。"高年皤腹"的官员，不方便俯首行礼，反而被当作楷模升迁，其矫枉过正，以至被蒙蔽，流于形式。他急于为给百姓申冤，有状必收，以致"人人以告讦为事，书生之无赖者，惰农之辨黠者，皆弃经籍、释耒耜，从事刀笔间"，民风刁顽，无赖之徒伺机滥投诉状，捏词诬控，造成一些冤假错案。李延昰《南吴旧话录》卷下载：

> 沈凤峰瘠田数百亩，当海中丞时，售田者亦诬为侵夺。公即裂券还之，私谓所亲曰："存翁遇中丞厚，中丞闻其纪纲多怙势，故有意惩之，欲为徐氏敛福。不意刁民起而四应，其风旁及我辈。稍与之辨，则激中丞之怒。横流满地，到海自平，中丞必有悔时耳。"②

"存翁"即"存斋相公"徐阶，对海瑞有知遇之恩。当时徐阶致仕家居，其家仆人多行不法之事，海瑞着力打击，以为可为徐阶敛福。流风所向，有些无辜者也因此遭殃，沈凤峰便是其一。

几经宦海沉浮，在上书请求退休时，海瑞的偏激性格依旧未改。万历十四年（1586）二月，时任南京吏部右侍郎的海瑞上书乞休，兼陈一日治安天下事云：

> 自张居正刑犯而后，乾纲独断，无一时一事不惟小民之念。有其心不收其效者，失之有刑而刑轻也。诸臣莫以其故闻，诸臣皆是贪风俗中人。待士有礼之说，借口而非其正不可信。夫待士当礼，而民何辜乎？太祖初，剥皮囊草。洪武三十年定枉法八十贯绞之律。弘治士

---

① 沈德符：《万历野获编》卷22，第556页。
② 李延昰：《南吴旧话录》卷下，上海古籍出版社，1985，第170页。

多廉介之节，民无渔夺之忧。政刑原非德礼外事。士乎？民乎？太祖之权衡审而两全之矣。正德初年，美意始变。世宗朝，詹事霍韬所以有文官恶其励已，托钦定事例，改杂犯之疏也。贪，其害之大者，与犯此者，抚按臣为甚。吏部未有执之而酌抚按进退者，抚按得以容贪，贪可得而禁乎？京师，四方之极。而京官借口公费，无一衙门无有。以摹毂下而义利之辩不明至此，贪又可得而禁乎？①

此时海瑞已七十四岁，为求得天下大治，他偏激至极，竟然劝明神宗恢复酷刑。《明史·海瑞传》谓其："规切时政，语极剀切。独劝帝虐刑，时议以为非。"② 其偏激言论一出，招致一片非议。三月，山东道御史梅鹍祚弹劾道："南京吏部侍郎海瑞，言今日刑轻，侈谈高皇帝剥皮囊草之法者。以清平之世，创闻此不祥之语。岂引君当道志于仁者哉！"③ 四月，巡按直隶监察御史房寰又弹劾之，谓其"莅官一无善状，惟务诈诞，矜己夸人，一言一动无不为士论所嗤笑。妄引剥皮囊草之刑，启皇上好杀之心。"④

海瑞的偏执，往往成为时人的谈资，其"一言一动无不为士论所嗤笑"。周晖《金陵琐事》即载："海刚峰巡抚应天时，矫激之过，令人不堪。言官劾之。刚峰辩疏有'举朝柔懦无为皆妇人'之语。李石麓朝回，值扬州贡士曾同笔砚者来访。石麓曰：'适见海疏中，谓举朝皆妇人。我非一老躯乎？惶恐惶恐！'贡士曰：'只此惶恐，尚有丈夫气。'石麓默然者久之。"⑤ 之前的沈德符，在《万历野获编》中早就记载了诸多此类事情。⑥ 我们不否认其中有虚构的成分，但也从一个侧面显示出海瑞的行为偏执。

不过，海瑞为政偏激多是出于公心，求治心切。何良俊即云："海刚峰之意，无非为民。为民，为朝廷也。"⑦《明史·海瑞传》亦称："自为县以至巡抚，所致力行清丈，颁一条鞭法，意主于利民，而行事不能无偏。"⑧ 话又说回来，如果海瑞再能变通些，"识大体"，注意与僚属的关

---

① 《明神宗实录》卷171，台北：中研院历史语言研究所1962年校印本，第3108~3019页。
② 《明史》卷226《海瑞传》，第5932页。
③ 《明神宗实录》卷172，第3128页。
④ 《明神宗实录》卷173，第3188页。
⑤ 周晖：《金陵琐事》"举朝皆妇人"条，南京出版社，2007，第35~37页。
⑥ 沈德符：《万历野获编·补遗》卷3"台疏讥谑"，第885~886页。
⑦ 何良俊：《四友斋丛说》卷13，第109页。
⑧ 《明史》卷226《海瑞传》，中华书局，1974，第5933页。

系,吏治效果可能好些。何良俊早就指出海瑞性格中这一缺陷:"海老既去之后,复有辩本。疏中言今满朝皆妇人也。其言虽为切直,然岂可谓秦无人?夫卿相则雍雍,百僚则侃侃,古盛朝事也。岂有满朝之人,终日忿忿,为足以了公家事耶?且大臣去国,固自有道,岂有既斥之妇,依栖门庭,但去寻闹!古无此事,亦是不识体耳。"① 偏激性格很大程度上成就了海瑞的清官名声,也使其颇受诟病。

二是持家方面。在持家方面,海瑞也表现得相当偏激。他对家人、仆人要求甚为严格,几乎有些不近人情。民国16年刊《丘海合集》中的梁从龙《海忠介公传》载:

> 率其真而必为圣贤,不为乡原,力破夫无害从俗之说。居室间,人所易忽,公独谓此正君子造端之道。位内位外伤己刑家,一切男女仆役至老死不逾阃阈相往来。处伯仲姻娅,肃肃雝雝;坐立跪拜,惟礼是闲。②

虽说在理学盛行的明代以礼教严格要求家人、仆人是天经地义之事,但规定"一切男女仆役至老死不逾阃阈相往来",还是有些苛刻、不近人情。

在持家方面,海瑞最为偏激的应当是几次休妻娶妻、无故逼死女儿。沈德符《万历野获编》载:

> 近过苏松,会抚臣王元敬,按臣邓炼,又相与言及瑞之为人。二臣皆自广东而来,臣问其居家何状?应曰:"此老大概好异,作事多不近人情。居家九娶,而易其妻,无故而缢其女,是皆异常之事。"臣问其妻女有可出可杀之罪否,曰:"如有可出可杀之罪,而出之杀之,则贤者之能事,非所谓不近人情矣。"臣长叹曰:"吴起杀妻,易牙烹子,斯其人欤?奈何世之贤瑞者啧啧耶!"今瑞已耄,而妻方艾,人欲固无所不极。女既杀而子亦无,天道或不尽爽也。③

在这里,沈德符主要记录下海瑞两件"不近人情"的事:九娶易妻、

---

① 何良俊:《四友斋丛说》卷13,中华书局,1959,第109页。
② 《海瑞集》卷之首,李锦全、陈宪猷点校,第7页。
③ 沈德符:《万历野获编·补遗》卷3"台疏讥谑",第886页。

无故缢女。关于前者,梁云龙《海忠介公行状》早就指出:

> 前娶许氏,生二女,出。后娶潘氏,不越月亦出。侧室二,丘氏、韩氏。人之口实公者,谓公此处认真太过,至六娶七娶。不知公娶惟三而慎选,辄易则侧室,其出其死,抑亦所遭不幸,乃其中尚有人不能堪者,而公且安之也。①

黄仁宇也认为海瑞是三娶:"曾经结过三次婚,又有两个小妾。他的第一位夫人在生了两个女儿以后因为和婆婆不和而被休。第二位夫人刚刚结婚一月,也由于同样的原因而逐出家门。第三位夫人则于1569年在极为可疑的情况下死去。"② 这恐怕不是"慎选"所能了得的。不管三娶还是九娶,皆落时人口实,对妻妾的"出"与死,海瑞却能"安之",足见其性格冷酷与偏激。

不仅如此,海瑞还偏激到逼死自己的亲生女儿。明人姚叔祥《见只编》卷上语云:

> 海忠介有五岁女,方啖饵,忠介问:"饵从谁与?"女答曰:"僮某。"忠介怒曰:"女子岂容漫受僮饵,非吾女也;能即饿死,方称吾女。"此女即涕泣不饮啖,家人百计进食,卒拒之,七日而死。余谓非忠介不生此女。③

周亮工《书影》亦有类似记载。周作人《记海瑞印文》,也引用了姚叔祥的记录,并评论道:"余读之而毛戴。海瑞不足责矣,独不知后世啧啧称道之者何心,若律以自然之道,殆皆虎豹不若者也。"④ 关于海瑞逼死女儿,目前尚存争议。有人认为,这是小说家之言,不足为信。但自沈德符、姚叔祥、周亮工至周作人,皆将矛头指向海瑞,恐怕不会是无中生有;退一步说,即使海瑞没有无故逼死女儿,也可从一个侧面见其偏激。

---

① 陈义钟编校《海瑞集》下编,第544页。
② 〔美〕黄仁宇:《万历十五年》,中华书局,1982,第156页。
③ 姚士麟:《见只编》卷上,中华书局,1985,第3~4页。
④ 钟叔河编订《周作人散文全集》第8册,广西师范大学出版社,2009,第71页。

二 海瑞偏激性格的成因

海瑞偏激性格的形成，固然是多方面因素共同作用的结果，但其中早期教育与家庭生活、政治背景下的治世意识、明人的矫激意识，应当是三个不可忽视的重要因素。

一是家庭教育与生活不幸的影响。家庭早期教育在一个人性格的形成过程中，占有非常重要的地位。明陆世仪曾有言："教子工夫，第一在齐家，第二在择师。"[1] 此处所谓"齐家"，就是治家，是父母教育子女的重要内容，比"择师"更为重要。法国思想家福罗倍尔说过："国家的命运与其说操在掌权者手里，倒不如说掌握在父母的手里。"家庭教育，尤其是父母的教育的重要性，于此进一步得以彰显。海瑞并非"无端性褊而执"，其偏激性格的形成，与其早年丧父、母教甚严有很大关系。其《乞终养疏》云：

> 甫四岁，父瀚不幸蚤世，时母谢氏年二十八，誓自砺守，勉针指纺绩，资之育臣教臣，至有今日。原父止生臣一人，别无以次兄弟。母念父嗣如线，爱臣尤笃。[2]

海瑞四岁丧父，年轻的母亲立志守节，靠做针线、纺织贴补家用，抚养教他长大成人，走向仕途。海瑞自认为，能有"今日"，多是母亲的功劳。他在不同的场合，曾不止一次谈及此事。其《与琼乡诸先生书》言之更详：

> 瑞甫四岁丧父，时母谢氏年二十八，承父志励节确守，经今三十有四春秋矣。一终之行，无毫厘玷秽。古称陶婴、共姜辈，直可以相上下而无愧焉者。盖母幼粗识书史语，瑞少学，口授《孝经》、《学》、《庸》等篇。质禀近刚一，父性警敏不羁，不事家人生业，相励护持，能使内外不致乏绝。先后苦针裁、营衣食、节费资，督瑞学，至今虽

---

[1] 陆世仪：《思辨录辑要》卷10，《丛书集成新编》第23册，台北：新文丰出版股份有限公司，1985，第381页。
[2] 陈义钟编校《海瑞集》上编，第224页。

衰疾相仍，不能一息少暇女事，为疾忧计。日夜同瑞寝处。访询戚近，倦倦然举而托之严明之师，以琢以磨，兼有父道。瑞今日稍知礼义，勉自慎饬，若非冲年背父者，尽母氏谆谆开我力也。持家有纪法，教子有义方，律身以正义。丧父之日，有所亲以日者推算进，母举焚之，誓不再醮如日者语，执之今日不变。①

海母之为人，由此亦可大略知之。作为一个早年守寡的妇女，她"质禀近刚一"，勤劳节俭，持家有纪法。因长期处于严厉督管儿子状态，生活逐渐变得单调缺味，心态也可能有点异常。又加之海瑞是单传，她将其视为自己的全部，甚至重于一己生命，凡事都要过问与参与。她对海瑞的关爱是无微不至，甚至有些过头，同时又有些苛刻、不近人情。海瑞自小与母亲"日夜同寝处"，走入仕途后依然如此，"母之待臣，虽年当强仕，日夕相依，不殊襁褓。"② 年过三十之人还与母亲一屋同住，这在一定程度上减少了海瑞与他人沟通的机会，逐渐变得孤僻偏激。不仅如此，母亲对海瑞的要求简直有些苛刻、残酷。朱国祯谓海瑞："家贫，谢矢志教育，有戏谑，必严词正色诲之。"③ 海母竟然粗暴地干涉童年海瑞的游戏权利，禁止他如其他的孩子那样嬉戏玩耍。因此，海瑞自小就少"戏谑"，多是一本正经的样子。在母亲这种极端教育方式下，海瑞的自由成长空间变得很狭小，自小缺乏合作意识，不注重换位思考，自然容易养成孤僻自闭的心理，行事任性偏激。多娶易妻、逼死亲女，由此亦可得到诠释。黄仁宇称，"历史学家们认为海瑞的刚毅正直，其中就有着他母亲的影子"。④ 海瑞的偏激，又何尝没有他母亲的影子？这从海瑞的言语中可隐约看出："瑞今日稍知礼义，勉自慎饬，若非冲年背父者，尽母氏谆谆开我力也。"海瑞"慎饬"中，就有偏激的成分，当然也有受母亲影响的因子。

家庭生活的不幸，也是促成海瑞偏激性格不可或缺的因素。海瑞多娶易妻、逼死亲女，很大程度上是其偏激性格所致。反过来，也程度不一地也加剧了其性格偏激，特别是接二连三的丧妻失子。其《复徐五台都

---

① 陈义钟编校《海瑞集》下编，第415页。
② 陈义钟编校《海瑞集》上编，第224页。
③ 朱国祯：《涌幢小品》卷20，中华书局，1959，第474页。
④ 〔美〕黄仁宇：《万历十五年》，第156页。

宪》云：

> 宗依大方，瑞初念甚壮，七月内天降祸谴，妻妾继亡。每一思及，百念灰矣。即欲援例扶柩归，虑寇中止。初之所以烦公依公者，今又在狐疑往来间也。奈何！奈何！今日较前五六年天渊矣。①

"妻妾继亡"之事，发生在隆庆二年（1568），海瑞时年56岁，王国宪《海忠介公年谱》"隆庆二年"条记载：

> 七月十五夜，公妾韩氏卒于任所。二十四日，公妻王夫人又卒。故公《复徐五台都宪书》云："瑞初念甚壮，七月内天降祸谴，妻妾继亡。每一思及，百念灰矣。即欲援例扶柩归，虑寇中止。奈何！奈何！"是公母老在堂，膝下尚亏，妻妾继亡，晨昏何以奉侍，恐伤慈心。公之境遇，其何以堪。宜其书中有泪痕也。②

他的"第三位夫人则于1569年在极为可疑的情况下死去"，③连丧三位夫人，可谓是人生极大不幸。这里所谓的"膝下尚亏"，是指此时海瑞尚无子嗣。梁云龙《海忠介公行状》载，海瑞有"子男二，长中砥，次中亮，皆王恭人出，一十一岁，一九岁，以公在狱时殇逝。晚又生一子中期，邱侧室出，三岁而殇。"④晚年，邱氏又为海瑞生了一个儿子，取名中期，以期望此子传宗接代中兴海家。岂料三岁时又夭折了。这对海瑞来说是一连串致命的打击。黄仁宇即称："第三位夫人和小妾一人先后生过三个儿子，但都不幸夭折。按照传统观念，不孝有三，无后为大，这是海瑞抱恨终天的憾事之一。"⑤连续丧子失妻，使海瑞痛心疾首，难以保持心理上的平衡，变得愈加孤僻偏激，甚至干出逼死亲女之事来。

二是政治背景下的忧患意识使然。瑞自幼就接受过传统的儒家思想教育，具有强烈的忧患意识，以期"天下之治""太平之业"。⑥嘉靖、万历

---

① 陈义钟编校《海瑞集》下编，第430~431页。
② 王国宪：《海忠介公年谱》，陈义钟编校《海瑞集》下编，第590页。
③ 〔美〕黄仁宇：《万历十五年》，第156页。
④ 陈义钟编校《海瑞集》下编，第544页。
⑤ 〔美〕黄仁宇：《万历十五年》，第156页。
⑥ 陈义钟编校《海瑞集》下编，第315页。

时期，是明代政治较为黑暗、腐败的时期。这更加激发起他的忧患意识，他自言道："自执政以来，忧勤国事，休休有容，有足多者。"① 他要"整顿吏治，救民疾苦"，② 如其《享安县政事序》云："见天下之有饥寒疾苦者必哀之；见天下之有冤抑沉郁不得其平者必为忿之。"③

嘉靖皇帝迷信道教，宠信道士，一意修醮，二十年不理朝政。任用严嵩父子二十年，残害忠良，祸国殃民，危机四伏。面对如此局势，他忧心忡忡，力求变革现实。他的历次上疏、过激的吏治言行，多是针对时弊而发。王国宪《海忠介公年谱》即称："公之留心吏治，至老不倦。"④ 嘉靖四十五年（1566），他上《治安疏》时的偏激言行，就是有感于局势的严重性而发：

> 陛下则锐精未久，妄念牵之而去矣，反刚明而错用之，谓遥兴可得而一意修玄。富有四海，不曰民之膏脂在是也，而侈兴土木。二十余年不视朝，纲纪弛矣。数行推广事例，名爵滥矣。二王不相见，人以为薄于父子；以猜疑诽谤戮辱臣下，人以为薄于君臣；乐西苑而不返宫，人以为薄于夫妇。天下吏贪将弱，民不聊生，水旱靡时，盗贼滋炽，自隆下登极初年，亦有之而未甚也。今赋役增常，万方则效，陛下破产礼佛日甚，室如悬罄，十余年来极矣。天下因即陛下改元之号，而亿之曰："嘉靖者，言家家皆净而无财用也。"……陛下之误多矣，大端在修醮……君道不正，臣职不明，此天下第一事也。于此不言，更复何言！大臣持禄而外为谀，小臣畏罪而面为顺，陛下诚有不得知而改之行之者，臣每恨焉。是以昧死惓惓为陛下一言之。一反情易向之间而天下之治与不治，民物之安与不安，于焉决焉。伏惟陛下留神，宗社幸甚，天下幸甚。⑤

海瑞之志冒死进谏，就是自己"每恨焉"的以"修醮"等诸多弊端所激发，希望嘉靖皇帝多加"留神"，加以改正。

万历一朝，政治更为黑暗。赵翼《廿二史札记》谓："明之亡，不亡

---

① 《明史》卷226《海瑞传》，第5931页。
② 王国宪：《海忠介公年谱》，陈义钟编校《海瑞集》下编，第584页。
③ 陈义钟编校《海瑞集》上编，第37页。
④ 王国宪：《海忠介公年谱》，陈义钟编校《海瑞集》下编，第595页。
⑤ 陈义钟编校《海瑞集》上编，第218~221页。

于崇祯,而亡于万历。"① 孟森亦谓:"明之衰,衰于正、嘉以后,至万历朝则甚焉。明亡之征兆,至万历而定。"② 就内而言,此时政治已黑暗透顶。万历皇帝在位四十八年,昏庸至极,"怠于临政,勇于敛财,不郊不庙不朝者三十年,与外廷割绝。"③ 由此而造成朝内权臣倾轧、党派林立、宦官专权、横征暴敛、民不聊生等一系列弊政。就外而论,兴起于辽东的女真族,已构成明代的严重边患,东南沿海地区倭寇猖獗,危害无穷。海瑞此时虽已年迈,但仍不遗余力斥责时弊,多方弥补。万历十年(1582)春,其《赠喻邃川得抚按奖劝序》云:"今府县官有顾父母提调之名而思其义者乎?模不模,范不范,言提调失官,则百年来视父母为甚。起于厚学校之为私,谬于借士誉之为累,事之牢不可破,其大也……盖官中以得盗为功,奇货可居,富户也。"④ 王国宪《海忠介公年谱》称:"此皆公言县官坐视盗贼劫掠,从中图利之弊;士人出入请托,结官长,代为延誉之害。痛切言之,以救士习之流失、官司之贪污,可为后人垂戒。"⑤ 海瑞任职南京不久,针对当时腐败吏治,"比古人尸谏之义"⑥ 的极端方式进谏,又"独劝帝虐刑"。去世前的一年,他尚"用世极锐……诸司素习偷惰,公以身矫之"。⑦ 海瑞对自己的偏激言行早有意识,但他认为矫枉必须过直。其《启谭次川侍郎》云:

> 矫枉过直,古今同之。不过直不能矫其枉,然生之所矫者,未见其为过直也。事期有成,必不至于宋人之戒。但公之言自是龟鉴不可少者。感荷一念,何可如之!何可如之!江南粮差之重,天下无有,古今无有。生至地方,始知富饶全是虚名,而苦楚特甚。其间可为百姓痛哭,可为百姓太息者,难以一言尽也。⑧

在海瑞看来,矫枉必过正。"江南粮差之重,天下无有,古今无有",

---

① 王树民校证《廿二史劄记校证》卷35 "万历中矿税之害",中华书局,1984,第797页。
② 孟森:《明史讲义》,上海古籍出版社,2002,第255页。
③ 孟森:《明史讲义》,第246页。
④ 陈义钟编校《海瑞集》下编,第401~402页。
⑤ 王国宪:《海忠介公年谱》,陈义钟编校《海瑞集》下编,第596页。
⑥ 王国宪:《海忠介公年谱》,陈义钟编校《海瑞集》下编,第597页。
⑦ 王国宪:《海忠介公年谱》,陈义钟编校《海瑞集》下编,第598页。
⑧ 陈义钟编校《海瑞集》下编,第422页。

"富饶全是虚名",虽有言过其实之处,他认为不如此,不足以引起皇帝的震惊。对海瑞这种偏激言行,时人有不少认同者。万历十四年七月,海瑞因上疏获罪,给事中顾允成、彭遵古、诸寿贤上《三进士申救疏》,为海瑞求情,即有着眼于此的一面:

> 古君子不得已而矫世,则往往有偏重之论。故孟子之宽大,不如万章之严也。此非瑞一人之言,乃先儒救时之言也。其非孔孟之受赐者,盖痛近时之鄙夫托孔孟之说,以文其盗贼之身。故有激而言之……瑞之意,以愤世过激之言,破假托圣贤以便身图者之窟。①

三人一致认为,海瑞的过激言语、偏重之论,皆为"愤世"所致,是"不得已而矫世"。

三是明人矫激意识的浸淫。明中后期不少学者文士自视高大,唯我独尊,陈文新先生称这种心态为"大家情结",② 不再赘述。这里要谈的主要是大家情结的一种极端表现——矫激意识,对海瑞偏激性格形成所起的作用。大家情结若错乱方寸,易于走向极端,导致矫激。明中后期不少文士染有此疾。黄容《江雨轩诗序》曾讥讽刘崧:"人不短则己不长,言不大则人不骇。"③ 谓其有大言压人、打击别人抬高自己之意。丘濬《会试策问》指出:

> 曩时文章之士固多浑厚和平之作,近或厌其浅易,而肆为艰深奇怪之辞,韩、欧之文果若是乎?议政之臣固多救时济世之策,近或厌其循常,而过为闳阔矫激之论。陆、范之见果若是乎?④

可见,至明中叶文士矫激意识已相当严重,甚至已形成一种社会风气。四库馆臣为王直《抑庵集》所作提要亦毫不客气地指出:"盖明自中叶以后,文士始好以矫激取名。"⑤ 海瑞生活的时代,矫激之风依然很盛

---

① 陈义钟编校《海瑞集》下编,第 628 页。
② 陈文新:《明代诗学》,湖南人民出版社,2000,第 23 页。
③ 叶盛:《水东日记》卷 26,中华书局,1980,第 257 页。
④ 丘濬:《重编琼台稿》卷 8,《影印文渊阁四库全书》第 1248 册,台北:商务印书馆,1986,第 164~165 页。
⑤ 永瑢等:《四库全书总目》卷 170,中华书局,1965,第 1485 页。

行。房寰弹劾海瑞，就有矫激取名的一面。顾允成、彭遵古、诸寿贤《三进士申救疏》："寰起自寒贱，初尚矫饰以图荐剡。"① 三进士上"申救疏"又何尝不是矫激邀名！同一时代的人或多或少地受时代风气的影响，海瑞的偏激性格，自然亦与此风浸淫有一定关系。鉴于此，海瑞有很强的矫激意识，他自谓"矫枉过直，古今同之。不过直不能矫其枉"，即是最有力的明证。同时代的人亦如是观之，从上面引文不难看出。不仅如此，海瑞还以"矫激"褒扬他人，其《祭吴南瀛先生文》就称："平生不能少贬一二，时沉时浮，为诡随态度，矫激昭著，述世称贤。匡君活国，干济为肩。"② 他上疏嘉靖时的过激言语、"市一棺，诀妻子，待罪于朝，憧仆亦奔散无留者"的行为，主要动机固然是忧患救世，但也不能否认有矫激取名的一面。宦官黄锦"此人素有痴名"，即道出其矫激取名的一面。张伯行《海刚峰先生文集序》云："夫彼乡原者流，挟似乱真，何知名节，以严气正性为矫激，以软熟依违为圆通，究之宫室妻妾动其心，脂韦喔嚅移其习，奸回邪媚，情态万端，德之贼也，莫斯为甚。宜乎大圣贤于此为人心世道重防维，而不得不亟深拒而痛绝之也。"③ 张氏看来，矫激也是为政不得而为之，当然还可邀名，这恰是海瑞"严气正性"名节的表现。海瑞为政的种种偏激言行，都或多或少带有矫激邀名的成分。持家方面，也大抵如此。他对仆人要求过于苛刻、逼死五岁的女儿，就多少有偏激邀名的意图。

这里需要特别指出，从上文分析可看出，促成海瑞偏激性格的三个因素是相互影响、相互渗透的。

总之，海瑞的偏激性格，主要表现在为政与持家两个方面。海瑞偏激性格的形成，是多方面因素共同作用的结果。其中，家庭教育与生活的不幸、政治背景下的忧患意识、明人的矫激意识，无疑是三个不可或缺的因素。正确面对这一问题，有助于客观、公正地评价海瑞。

（作者单位：海南师范大学文学院）

---

① 陈义钟编校《海瑞集》下编，第626页。
② 陈义钟编校《海瑞集》下编，第480页。
③ 陈义钟编校《海瑞集》下编，第618页。

一种人生　　两极评价*
——《论海瑞》与《评新编历史剧〈海瑞罢官〉》

常如瑜　岳　芬

吴晗的《论海瑞》①一文及新编历史剧《海瑞罢官》曾在20世纪五六十年代的中国社会引起轩然大波，并对中国当代学术界产生深远影响。时至今日，学界对海瑞的评价仍旧众说纷纭。一种观点认为，海瑞是能够代表中国古代传统官员品德和操守的典型；另一种观点则针锋相对，最具代表性的是姚文元——他的文章《评新编历史剧〈海瑞罢官〉》②一经发表，便将海瑞这个历史人物推向了当代社会文化热潮的风口浪尖。

吴晗在《论海瑞》中对海瑞做出了许多积极的、正面的评价，他将海瑞放置在20世纪五六十年代的社会语境之下，对其清廉、耿直以及革命精神和斗争精神都给予充分的肯定。

姚文元的评价则与吴晗先生的认识截然相反，他不仅严厉批评了吴晗眼中的海瑞，而且认为吴晗塑造的海瑞是"一个假海瑞"，用这个"假海瑞"去教育他人会产生消极的影响，甚至会产生恶果。姚文元不仅彻底否定了海瑞的正面形象及其历史地位，而且对吴晗的《论海瑞》和新编历史剧《海瑞罢官》等作品也做出了强烈批判。

两种相悖的观点反映了时代和社会思潮的深刻变迁，时值海瑞诞辰500周年之际，将吴晗的《论海瑞》和姚文元的《评新编历史剧〈海瑞罢官〉》等文章进行比较和反思，对于海瑞研究应当有一定的借鉴意义。

---

* 本文为海南省社科规划课题【项目编号：HNSK（JD）13~72】的研究成果。
① 吴晗：《论海瑞》，《人民日报》1959年9月21日。
② 姚文元：《评新编历史剧〈海瑞罢官〉》，《文汇报》1965年11月10日。

一

　　《论海瑞》一文开宗明义："海瑞（公元 1515～1587，明武宗正德十年——神宗万历十五年）是我国十六世纪有名的好官、清官，是深深得到广大人民爱戴的言行一致的政治家。他站在农民和市民的立场上向封建官僚、大地主斗争了一生"。[①] 吴晗的观点十分鲜明，对海瑞基本上持肯定的态度，甚至对海瑞大加赞赏。通观全文，吴晗几乎塑造了一个值得古今效仿的完美形象。

　　吴晗首先将海瑞还原到其历史时期，认为海瑞的品德不仅弘扬于当代，早在明朝，他的品行就已经得到充分的认可："总的评论是当时的人民说他好，当时的大地主说他不好"。作为一位历史学家，吴晗用最直接的方式——即大量的历史资料来支持他对海瑞的评价。

　　一方面，吴晗认为，海瑞不仅在政绩和清廉方面得到当时社会的一致好评，而且在生活上，也具有常人无法超越的"真男子"的品性。诸如梁云龙、王弘海等历史名流都对海瑞赞赏有加，他们分别在《海瑞行状》《海忠介公传》等文章中热烈称赞海瑞的品行和事迹。

　　另一方面，吴晗看到，许多贪腐的官员正是因为海瑞的耿直而不喜欢他，甚至恨他，在这些官员中，房寰上书造谣污蔑海瑞，结果却遭到许多官员猛烈攻击的例子最能够说明海瑞当时的境遇。按照吴晗的观点，虽然也有一些正直的官员赞同海瑞，但是大多数乡官、大地主以及一些在职的官员是憎恶他的，房寰代表了许多既得利益者，就连当时的名臣徐阶、高拱、张居正等人也都不喜欢海瑞，个中原因自是不同，但他们反对海瑞却是一致的，主要的原因还是在于海瑞推行的土地政策同传统的土地观念和制度之间冲突。

　　在吴晗看来，海瑞受到的攻击恰恰从一个侧面反映了他的功绩，因为即使咒骂海瑞的官员，也都不得不承认他是一个为百姓做了好事的人。从两个方面出发，吴晗将他对海瑞的评价归于一点：海瑞是一个为民、为朝廷的好官。

[①] 以下引文均出自吴晗《论海瑞》，《人民日报》1959 年 9 月 21 日。

在比较了海瑞所受评价之后，吴晗接下来对海瑞的人生进行探讨，他认为："海瑞的一生是斗争的一生，他反对坏人坏事，不屈不挠，从不灰心丧气，勇敢地把全生命投入战斗"。从读书时候起，海瑞便受到了中国传统教育深刻影响，既主张知行合一，而且强调严以律人、严以律己的结合，他既能够强迫自己接受他人的批评，而且在批评他人方面也绝不手软。在这样的信条之下，海瑞无论在处事方面还是在行政方面，难免会得罪人，对此，吴晗也记述了关于海瑞得罪人的两件比较典型的事例，一是"拿办总督胡宗宪的公子"，二是"挡了都御史鄢懋卿的驾"，这两件事充分说明海瑞的处事原则很难为当时的权贵和社会主流思潮所容忍。他甚至还上书皇帝，虽然因此受到排挤和刁难，但是吴晗强调，这些事件最后都以海瑞成功告终。

海瑞同地主、官员的斗争并非仅止于"斗争"这个层面，更重要的还在于"斗争"的结果是有利于民众的。吴晗认为，海瑞率领民众同灾害进行抗争、贯彻执行"一条鞭法"等举措，都在一定程度上改善了当时普通民众的生活，客观上有利于平民阶层，也有利于经济发展和社会稳定。

除了削弱地主、扶持平民之外，海瑞的"斗争"最重要的方面还在于反腐："海瑞一生积极反对贪污，反对奢侈，主张节俭，生活朴素，是言行一致的极少见的清官"。他也因此得到了很多赞誉，并为很多人所尊奉。但是，海瑞的反腐只是触及了腐败的皮毛，难以根治业已形成的社会风气，由于得罪了权贵阶层，海瑞"斗争"的结局是可想而知的。

通观海瑞一生，就个人而言，海瑞的人生是悲剧性的，他最后也死于"斗争"，他不屈服于社会，却不得不接受挫败的结局。但是，吴晗并没有因此而否定海瑞的"斗争"，相反，他认为海瑞的一生是应当受到歌颂的：

> 这样的历史人物，从今天来说，建设社会主义的新时代，该不该肯定，该不该歌颂？
> 答案是应该肯定，应该歌颂。

这段话是吴晗对海瑞的总评和最终的历史定位，不仅肯定，而且赞赏有加。在吴晗眼中，海瑞堪为中国传统官员的楷模，是个一心为民为国的好官。

但是，吴晗对海瑞的正面描写和评价并没有引起相应的反响，相反，他的文章同当时的政治运动和社会思潮之间产生了激烈碰撞,《论海瑞》以及随后上演的《海瑞罢官》均受到质疑和批评,吴晗对历史人物的描绘被认为是在影射当代社会,他的作品和思想都遭遇了"过度阐释"。

二

针对吴晗的《论海瑞》以及其剧本《海瑞罢官》,姚文元进行了强烈批判,他的《评新编历史剧〈海瑞罢官〉》一文观点鲜明而且目的明确。在该文中,姚文元不仅对海瑞评价很低,而且连带批评了吴晗。相比而言,在所有的批评者中,姚文元几乎是最为激烈的。

姚文元一开场便用了较大篇幅来介绍吴晗的《海瑞罢官》这场戏——他花费大量笔墨复述众人皆知的戏本是有深层目的的。在复述中,姚文元尽可能地选取那些歌颂海瑞、衬托海瑞高大形象的部分剧本,以引起读者的注意:"看完这出戏,人们强烈地感到:吴晗同志塑造的这个英雄形象,比过去封建时代许多歌颂海瑞的戏曲、小说都塑造得高大多了。"[①] 姚文元认为,吴晗有意突出海瑞在剧中的舞台形象——使之具有某种光辉的象征意义。他据此提出质疑,戏中的海瑞根本不是历史上真实的海瑞,这个海瑞是不是脱离客观历史的、被吴晗编造出来的人物:

> 尽管吴晗同志在剧本的单行本前面特地写了历史说明,还在"海瑞罢官本事"中摘录了许多条史料,企图使人们得到这样的印象:他是完全根据历史事实来写戏的;但是,人们仍然不能不发出这样的疑问:封建社会的统治阶级当中,难道真的出现过这样的英雄吗?这个"海青天"是历史上那个真海瑞的艺术加工,还是吴晗同志凭空编出来的一个人物呢?

姚文元认为,《海瑞罢官》中的海瑞只是吴晗主观臆想出来的人物,甚至是他一厢情愿的产物,并非历史上真正的海瑞,而是"一个假海瑞",因为"戏中所描写的历史矛盾和海瑞处理这些矛盾时的阶级立场,是违反历史真实的",戏中的海瑞和历史上真实的海瑞及其阶级属性大相径庭。

[①] 以下引文均出自姚文元《评新编历史剧〈海瑞罢官〉》,《文汇报》1965年11月10日。

吴晗只是"为了宣扬自己的观点"才编造了一个海瑞,并不符合历史事实,相反,真实的历史同吴晗的描写大相径庭。

接下来,姚文元根据部分史料还原历史上的海瑞:海瑞打击大地主,并且要求其清退的田地最终并没有落回到农民手中,而是回到了中小地主手里,这些土地原本就是中小地主出于种种目的敬献的,海瑞所做的事只限于统治阶层内部,并没有超出地主阶级的范畴,资源的再分配并没有落实在农民身上。而且,海瑞令大地主退田的真实目的在于维护大地主的长久统治,即"为了缓和本阶级的内部矛盾,防止兼并恶性发展,以利于巩固整个地主阶级专政",而非真正为民做主。所以,姚文元得出结论认为:"海瑞从来没有想从根本上解决农民同地主之间的矛盾。他只是想缓和这个矛盾"。

在证明吴晗所描写的海瑞退田的功绩其实是"假的"之后,姚文元又批判"平冤狱"这一描绘。《海瑞罢官》中的"坏人"并没有受到如戏中所写的下场,徐阶的儿子最后也只是受到一定的责罚,并没有被判死刑。姚文元认为,《海瑞罢官》严重歪曲了事实,臆造了历史,在海瑞这样一些代表地主阶级利益的官员领导下,农民是不可能过上真正的好日子的。

否定了《海瑞罢官》中的海瑞形象,姚文元笔锋一转,指向剧作者吴晗,提出"《海瑞罢官》宣扬了什么"这一问题。姚文元认为,吴晗对海瑞的描写具有一定的欺骗性,他混淆了地主与农民之间的阶级对立,过分强调清官的作用,乃至于否定阶级斗争的历史意义。

姚文元这样比喻海瑞的形象:"自从人类社会有阶级和国家以来,世界上就没有出现过'大老爷为民作主'的事情"。他认为吴晗肯定海瑞无疑就是肯定封建制度中的某些合理性,抬高海瑞不仅是对历史人物的臆断,而且容易产生不良的影响,因为,在宣扬海瑞之后,吴晗便要求大家学习他所描绘的海瑞。无论是海瑞的"退田"还是"平冤狱",都遭到姚文元的坚决反对,他认为这些成绩都没有任何现实意义,既无法学习,也不应该学习。

在批判了吴晗塑造的海瑞形象之后,姚文元的文章最后才进入正题,即批判"罢官"。他对"罢官"的批评不仅具有鲜明的政治色彩,而且产生了重大的历史影响。他将吴晗对海瑞的描绘视作对当时历史潮流的反动。

在"罢官"这个问题上,姚文元更多的是用毛泽东的一些文章及其中的观点来批判吴晗,他还给吴晗带上了很大的批判帽子:"'退田'、'平冤狱'就是当时资产阶级反对无产阶级专政和社会主义革命的斗争焦点",吴晗是在给被打倒的有资产阶级倾向的人翻案。

总之,姚文元对吴晗的批判是历史性的,他的文章同当时的很多历史事件有着密切联系。纵观其文,姚文元从"退田""平冤狱""罢官"最终走向翻案,批海瑞和吴晗只是"项庄舞剑,意在沛公",也绝非指向吴晗一人,而是意在打压反右之后部分平反的声音。姚文元背后还有更大的支持者,因而,他的文章在日后的历史发展中产生了极大的消极影响。

小　结

在文章写法上,吴晗的《论海瑞》和姚文元的《评新编历史剧〈海瑞罢官〉》刚好相反:一个是开篇点题,一开始便提出观点统摄全文;另一个则层层剥茧,最后点出主旨。写法的差异反映了动机的差异,吴晗是为了证明海瑞的历史价值,而姚文元则是出于某种政治目的。

从史学层面来说,吴晗和姚文元这两篇批评对象相同却观点相异的文章,是针对同一历史人物的学术争鸣;从思想的深层维度来看,两种相悖的观点反映了20世纪五六十年代中国社会主流思想的复杂性,观点的此消彼长也预示着社会思潮的发展方向。

对海瑞这样一个重要历史人物的评价和定位能够反映一个时代的思想潮流,但是,无论是正面的还是负面的评价,都无法改变历史人物的命运,只会对当时代主流思想产生重要影响,故意歪曲只能盛行一时,历史最终都会还以公正。

(作者单位:海南大学人文传播学院、海南省历史文化研究基地)

附一　吴晗《论海瑞》节选

看过"三女抢板"（或生死牌）的人，大概都记得那个挺身出来反对豪强，救了两家人性命的巡抚海瑞。这是民间流传关于海瑞的许多故事中的一个。海瑞究竟是什么样的一个人呢？

海瑞（公元1515~1587，明武宗正德十年——神宗万历十五年）是我国十六世纪有名的好官、清官，是深深得到广大人民爱戴的言行一致的政治家。他站在农民和市民的立场上向封建官僚、大地主斗争了一生。

明朝人论海瑞

为了了解海瑞，让我们先看看当时的人们是怎样评论他的。

总的评论是当时的人民说他好，当时的大地主说他不好。

但是，有点奇怪，反对海瑞的人中间，有不少人也还是不能不称赞海瑞是好官，是清官，他是为民的，想做好事的，而且，也做了好事。

海瑞是同官僚地主作斗争的。既然如此，为什么官僚地主中又有人称赞他呢？这一方面是由于海瑞在人民中间的威望，一方面也是由于海瑞的斗争究竟还没有突破封建制度所能容许的限度。海瑞在主观上和客观上都还是忠君爱国的，所以何良俊说："海刚峰之意无非为民，为民，为朝廷也。"他和官僚地主有矛盾的一面，但也有一致的一面，因之，有些官僚地主们在大骂，排挤，攻击之后，也还是说海瑞一些好话。

斗争的一生

海瑞的一生是斗争的一生，他反对坏人坏事，不屈不挠，从不灰心丧气，勇敢地把全生命投入战斗。

……

海瑞是封建统治阶级的左派，和右派及中间派进行了长期的斗争。尽管遭受多次失败，有时候很愤慨，说出了"这等世界，做得成甚事业！"的气话。但在闲居十六年以后，有重新作事业的机会，他又以头童齿豁的高年参加了。不气馁，不服老，不怕挫折，真是"铮铮一汉子"。

海瑞的历史地位

海瑞在当时，是得到人民爱戴，为人民所歌颂的。

他反对贪污，反对奢侈浪费，主张节俭，搏击豪强，卵翼穷民，主持清丈田亩，贯彻一条鞭法，裁革常例，兴修水利，这些作为对农民，特别对贫农、中农是有利的，农民爱戴他，歌颂他是很自然的。

他对城市人民，主要是商户，裁减里甲负担，禁止无偿供应物品等等，这些措施对减轻城市工商业者的负担，是有好处的。城市人民爱戴他，歌颂他，也是很自然的。此外，他还注意刑狱，特别是人命案件，着重调查研究，在知县和巡抚任上，都亲自审案，处理了许多积案，昭雪了许多冤狱。对农民和地主打官司的案件，他是站在农民一边的。海知县、海都堂是当时被压抑，被欺侮，被冤屈人们的救星。他得到广大人民的称誉，赞扬，被画像礼拜，被讴歌传颂，死后送丧的百里不绝。他的事迹，主要是审案方面的故事，一直到今天，还流传在广大人民中。尽管海瑞在他的时代，曾经遭受攻击，排挤，辱骂，坐过牢，丢过官，但是，就封建统治阶级内部来说，他也还是被一部分人所歌颂的，赞扬的。不只是有些青年人仰慕他，以为是当代伟人，连某些反对他的人，大地主阶级的某些代表人物，如高拱，张居正，何良俊等人，都不能不对他说一些好话。死后，被谥为忠介，皇帝派官祭奠，祭文里也说了一大堆赞扬肯定的话。当时的史家何乔远、李贽都写了歌颂他的传记。清修明史也把他列入大传，虽然说他行事不能无偏，有些过火，但又说他从作知县一直到巡抚，作的事用意主于利民，也是肯定的。

海瑞在历史上是有地位的。

这样的历史人物，从今天来说，建设社会主义的新时代，该不该肯定，该不该歌颂？

答案是应该肯定，应该歌颂。

评价历史人物，应该从当时当地的情况出发，应该从这个人的作为是否有利于当时的人民，当时的生产出发。从以上的分析，从明朝嘉靖到万历初期这几十年间，从当地，海瑞作过官的地区，江苏、安徽、浙江、江西、福建，那时代那地区的人民，以至更广大地区的人民，是爱戴、歌颂海瑞的。反对他的人也有，只是极少数的大地主大官僚。他的主张和措施，有利于当时人民，有利于当时生产，而不利于某些大地主的兼并，不利于某些大地主的逃避赋役，转嫁给穷苦人民的恶劣勾当。

为广大人民所爱戴、歌颂，为少数大地主大官僚所攻击、反对，这样的人物，难道还不应该为我们所肯定，所歌颂吗？

我们肯定、歌颂他一生反对坏人坏事；肯定、歌颂他一生反对贪污，反对奢侈浪费，反对乡愿；我们肯定、歌颂他一生处处事事为百姓设想，为民谋利；我们肯定、歌颂他一生不向困难低头，百屈不挠的斗争精神；我们肯定、歌颂他一生言行一致，里外如一的实践精神。这些品质，都是我们今天所需要学习和提倡的，而且只有社会主义时代，这些品质才能得到充分的发扬，虽然我们今天需要的海瑞和封建时代的海瑞在社会内容上有原则的不同。

在今天，建设社会主义社会的今天，我们需要站在人民立场，工人阶级立场的海瑞，为建成社会主义社会而进行百折不挠斗争的海瑞，反对旧时代的乡愿和今天的官僚主义的海瑞，深入群众、领导群众、鼓足干劲、力争上游的海瑞。

这样，封建时代的海瑞，还是值得我们今天学习的。

但是，决不能也不许可假冒海瑞，歪曲海瑞。海瑞是站在人民方面的，一生反对坏人坏事，从没有反对过好人好事。即使在徐阶和高拱的斗争中，他没搞清楚，对徐阶只看到好的一面，不知道他坏的一面，对高拱只知道他的缺点，没有弄明白他的政治品质好的一面，作了错误的支持和抨击。但是，几年以后，弄清楚了，就自己检查，承认了错误，并且在行动上改正了这个错误。

有些人自命海瑞，自封"反对派"，但是，他们同海瑞相反，不站在人民方面，不站在今天的人民事业——社会主义事业方面，不去反对坏人坏事，却专门反对好人好事，说这个搞早了，搞快了，那个搞糟了，过火了，这个过直了，那个弄偏了，这个有缺点，那个有毛病，太阳里面找黑子，十个指头里专找那一个有点毛病的，尽量夸大，不及其余，在人民群众头上泼冷水，泄人民群众的气。这样的人，专门反对好人好事的人，反对人民事业的人，反对社会主义事业的人，不但和历史上的海瑞毫无共同之点，而且恰好和当年海瑞所反对而又反对海瑞的大地主阶级代表们的嘴脸一模一样。广大人民一定要把这种人揪出来，放在光天化日之下，大喝一声，不许假冒！让人民群众看清他们的右倾机会主义的本来面目，根本不是什么海瑞！

这样看来，研究海瑞，学习海瑞，反对对于海瑞的歪曲，是有益处的，必要的，有现实意义的。

（原文见《人民日报》1959年9月21日）

附二 姚文元《评新编历史剧〈海瑞罢官〉》节选

从一九五九年六月开始，吴晗同志接连写了《海瑞骂皇帝》、《论海瑞》等许多歌颂海瑞的文章，反复强调了学习海瑞的"现实意义"。① 一九六一年，他又经过七次改写，完成了京剧《海瑞罢官》，还写了一篇序，再一次要求大家学习海瑞的"好品德"。剧本发表和演出后，报刊上一片赞扬，有的文章说它"深寓着丰富的意味"、"留给观众以想象的余地"，鼓吹"羞为甘草剂，敢做南包公"；② 有的评论文章极口称赞吴晗同志"是一位善于将历史研究和参加现实斗争结合起来的史学家"、"用借古讽今的手法，做到了历史研究的古为今用"，这个戏更是"开辟了一条将自己的历史研究更好地为社会主义现实、为人民服务的新途径"；③ 有的文章还说："人们在戏里表扬'清官'……是在教育当时的做官的，起着'大字报'的作用。"④

既然《海瑞罢官》及其赞扬者提出了这么重大的问题，并且广泛地宣传了他们的主张，我们就不能不认真地进行一次研究。

《海瑞罢官》是怎样塑造海瑞的？

在这个历史剧里，吴晗同志把海瑞塑造得十分完美，十分高大，他

---

① 吴晗：《论海瑞》，《人民日报》1959 年 9 月 21 日。
② 《羞为甘草剂，敢做南包公》，《北京文艺》1961 年 3 月号。
③ 《评〈海瑞罢官〉》，《北京文艺》1961 年 3 月号。
④ 《从海瑞谈到"清官戏"》，《北京晚报》1961 年 6 月 23 日。

"处处事事为百姓设想","是当时被压抑,被欺负,被冤屈人们的救星",① 在他身上,你简直找不出有什么缺点。看来,这是作者的理想人物,他不但是明代贫苦农民的"救星",而且是社会主义时代中国人民及其干部学习的榜样。

看完这出戏,人们强烈地感到:吴晗同志塑造的这个英雄形象,比过去封建时代许多歌颂海瑞的戏曲、小说都塑造得高大多了。尽管吴晗同志在剧本的单行本前面特地写了历史说明,还在"海瑞罢官本事"中摘录了许多条史料,企图使人们得到这样的印象:他是完全根据历史事实来写戏的;但是,人们仍然不能不发出这样的疑问:封建社会的统治阶级当中,难道真的出现过这样的英雄吗?这个"海青天"是历史上那个真海瑞的艺术加工,还是吴晗同志凭空编出来的一个人物呢?

一个假海瑞

我们不是历史学家。但是,根据我们看到的材料,戏中所描写的历史矛盾和海瑞处理这些矛盾时的阶级立场,是违反历史真实的。戏里的海瑞是吴晗同志为了宣扬自己的观点编造出来的。

海瑞要乡官退田,是要地主向农民退还土地吗?不是。《明史》及几个海瑞传记都写明,海瑞要求乡官退田是退出"受献"的土地。"公严厉以治,下令受献者悉退还,或许赎回。"这是削弱兼并,打击大地主。除退回官府之外,退出去的田,绝大部分还是落到原来"献田"的"弱者"、"富户"即中小地主和富农手中,实际上保护了中小地主和富农的利益。贫雇农既无田可"献",无钱去"赎","退田"当然不会退到他们手里。怎么能够臆造出海瑞是一心一意为贫农获得土地而"战斗"呢?

对"退田"的描写是假的。"平冤狱"的描写是真的吗?根据我们查到的资料,只能做出否定的回答。松江知府、华亭知县根本没有被杀、被革。海瑞任应天巡抚时,苏、松一带没有撤掉任何一个县以上的官。徐阶的儿子根本没有死,曾被判充军。这件事也不是海瑞干的,而是徐阶罢相后,徐阶政敌高拱再起时干的,张居正上台,这个判决就取消了。《明

---

① 吴晗:《论海瑞》,《人民日报》1959 年 9 月 21 日。

史·高拱列传》是这样写的："阶子弟颇横乡里，拱以前知府蔡国熙为监司簿录其诸子，皆编戍，所以扼阶者无不至。逮拱去位，乃得解。"《徐阶列传》中也有相同的记载。抓徐阶儿子这件事，性质上是高拱乘机报复，执行者也是另外的官僚，同海瑞不相干。严嵩垮了之后，徐阶、高拱、张居正之间进行过长期的夺权斗争。把内阁中不同政治集团的倾轧，硬移到海瑞身上，变成海瑞"站在穷农民一边"去"平民愤"，这不是违背了基本的历史事实吗？吴晗同志明明知道历史上"徐阶的儿子只被判处充军"，但为了极力美化海瑞，仍旧要这样写，这说明他为了塑造自己理想的英雄，是不惜改写历史的！

《海瑞罢官》宣扬了什么？

我们希望吴晗同志把自己塑造的海瑞形象，把通过这个形象宣扬的那些观点，同毛泽东同志一再阐明过的马克思列宁主义的观点对照起来看，就不难发现，吴晗同志恰恰用地主资产阶级的国家观代替了马克思列宁主义的国家观，用阶级调和论代替了阶级斗争论。在今天宣传这些地主资产阶级吹嘘了千百年的陈旧观点，究竟是为什么？究竟是对谁有利？需要分清是非。

《海瑞罢官》要人们学习什么东西？

学习"退田"吗？我国农村已经实现了社会主义的集体所有制，建立了伟大的人民公社。在这种情况下，请问：要谁"退田"呢？要人民公社"退田"吗？又请问：退给谁呢？退给地主吗？退给农民吗？难道正在社会主义道路上坚决前进的五亿农民会需要去"学习"这种"退田"吗？

学习"平冤狱"吗？我国是一个实现了无产阶级专政的国家。如果说什么"平冤狱"的话，无产阶级和一切被压迫、被剥削阶级从最黑暗的人间地狱冲出来，打碎了地主资产阶级的枷锁，成了社会的主人，这难道不是人类历史上最彻底的平冤狱吗？如果在今天再要去学什么"平冤狱"，那末请问：到底哪个阶级有"冤"，他们的"冤"怎么才能"平"呢？

我们认为：《海瑞罢官》并不是芬芳的香花，而是一株毒草。它虽然是头几年发表和演出的,但是,歌颂的文章连篇累牍,类似的作品和文章大量流传,影响很大,流毒很广,不加以澄清,对人民的事业是十分有害的,需要加以讨论。在这种讨论中,只要用阶级分析观点认真地思考,一定可以得到现实的和历史的阶级斗争的深刻教训。

(原文见《文汇报》1965年11月10日)

综述

海瑞研究史综述

沈 琦

海瑞,中国历史上著名清官,身处衰败腐朽的明朝后期,为政清廉,刚直不阿。他的政绩不仅在当时就广为传播,为人民群众所爱戴,而且对后世的中国政治史和文化史亦产生深远影响,以至于著书立传、讨论评论其生平事迹者不绝如缕。本文分明清时期、新中国成立后、改革开放后三个阶段,集结各家方论梳理海瑞研究的历史,以期展现各个历史时期的海瑞观,加强对海瑞的研究。

一 明清时期

明清时期,很多学者已然开始关注海瑞,研究多集中在整理、记述海瑞的生平事迹,并从自身见闻出发,对其生平事迹给予评价。清代学者张廷玉等撰写的《明史》中曾为海瑞作传,从南平县教谕至南京都察院右都御史,将海瑞跌宕起伏的为官经历做了简明扼要的叙述。传文中记载,"瑞独长揖""布袍脱粟""为母寿,市肉二斤""发橐金数千,纳之库",[1]以及全文引用《治安疏》等,均是择取了海瑞一生中比较典型的事例来体现其做人为官的准则,并做出中肯的评价:

> 瑞生平为学,以刚为主,因自号刚峰,天下称刚峰先生。尝言:"欲天下治安,必行井田。不得已而限田,又不得已而均税,尚可存

---

[1] 《明史》卷 226《海瑞传》,中华书局,1974,第 5927 页。

古人遗意。"故自为县以至巡抚，所至力行清丈，颁一条鞭法。意主于利民，而行事不能无偏云。①

海瑞秉刚劲之性，戆直自遂，盖可希风汉汲黯、宋包拯。苦节自厉，诚为人所难能。②

《明史》一方面极为赞赏海瑞清正廉洁、以民为本的为官之道，但同时也指出海瑞行事时有所偏差。相似的论断也出现在明代学者王弘诲的《海忠介公传》和梁云龙的《海忠介公行状》中。王弘诲在传文中大加称赞海瑞的廉洁自律，但文末也提出疑问："乃海公之砥节砺行，而搢绅又多遗议，何也？"③梁云龙在文中赞海瑞"正气直节，独行敢言，业已简在帝心，昭于国史，即愚夫稚子，俱能道之，安所事状？"④转而含蓄地指出："公之出处生死，其关于国家气运，吾不敢知。其学士大夫之爱憎疑信，吾亦不敢知。"⑤明代李贽、⑥过庭训、⑦何乔远、⑧黄秉石、尹守衡⑨也为海瑞作传，清末民初学者王国宪在前人基础上整理编撰了《海忠介公年谱》。⑩这些传记在记述海瑞生平的同时，也对他的秉性刚直做出了积极的评价。黄秉石在《海忠介公传》中称赞海瑞：

自有生民以来，惟天纵我高皇帝全有天下之聪明睿知矣，而又起民间，无境不历，如龙潜九渊而飞九天之上，其析民至隐而行天至健，故其时吏治极清也。治久习刑，以至嘉隆之际，簋簋挫隅，苞苴狃政，间有诛放，而器忌种易，终不可改。独海忠介公起海隅，处下位，而以身砥柱天下。⑪

---

① 《明史》卷226《海瑞传》，第5933页。
② 《明史》卷226《海瑞传》，第5949页。
③ 王弘诲：《海忠介公传》，陈义钟编校《海瑞集》下编，中华书局，1962，第533页。
④ 梁云龙：《海忠介公行状》，陈义钟编校《海瑞集》下编，第533页。
⑤ 梁云龙：《海忠介公行状》，陈义钟编校《海瑞集》下编，第544页。
⑥ 李贽：《续藏书》卷23"太子少保海忠介公传"。
⑦ 过庭训：《本朝分省人物考》卷112《海瑞传》。
⑧ 何乔远：《名山藏·臣林记·嘉靖臣六》"海瑞传"。
⑨ 尹守衡：《明史窃》卷60《海瑞传》。
⑩ 王国宪：《海忠介公年谱》，陈义钟编校《海瑞集》下编，第577页。
⑪ 黄秉石：《海忠介公传》，陈义钟编校《海瑞集》下编，第548页。

除上述为海瑞作传的诸多叙述、评价外，还有很多学者选取海瑞生平的片段来叙述，并作简要评价。明代范濂在《云间据目抄》中记载了海瑞任南直隶巡抚期间施行大户退田制度所产生的不良后果，认为"海公名臣，竟为东南造此业障，亦千古之遗恨。"① 另一方面，一些明清学者围绕海瑞与徐阶之间就归田一事的博弈展开论述，包括明代丁元荐的《西山日记》、② 明代朱国祯的《涌幢小品》、③ 明代谈迁的《国榷》、④ 明代吴履震的《五茸志逸随笔》⑤ 和清代章有谟的《景船斋杂记》⑥ 等，这些著述中均肯定了海瑞的政绩，退田政策有力地打击了豪强，海瑞也受到当地百姓的爱戴。

还有一部分明清学者围绕海瑞的《治安疏》作阐述，像明代涂山在《明政统宗》中评价海瑞"以刚正动一时"，⑦ 清代屈大均在《广东新语》中提及"公之学以刚为主，其在朝气象岩岩，端方特立，诸臣僚多疾恶之，无与立谈，顾黄中贵何人，乃独知其为忠，曲为拯救，非至诚之极而能感动若是乎！"⑧ 此外，明代于慎行的《榖山笔麈》、明代沈德符的《万历野获篇》、⑨ 明代黄景昉的《国史唯疑》、⑩ 清代张岱的《石匮书》⑪ 等均对海瑞的冒死谏君给予高度评价。这篇直言天下第一疏《治安疏》在关于海瑞的传记中也多次出现，《明史》中全文引用《治安疏》，并形象地记述了嘉靖帝收到《治安疏》后的情形。

> 帝得疏，大怒，抵之地，顾左右曰："趣执之，无使得遁。"宦官黄锦在侧曰："此人素有痴名。闻其上疏时，自知触忤当死，市一棺，诀妻子，待罪于朝，僮仆亦奔散无留者，是不遁也。"帝默然。少顷复取读之，日再三，为感动太息，留中者数月。尝曰："此人可方比

---

① 范濂：《云间据目抄》卷2《记风俗》。
② 丁元荐：《西山日记》卷上《日课》。
③ 朱国祯：《涌幢小品》卷9"华亭归田"。
④ 谈迁：《国榷》卷66。
⑤ 吴履震：《五茸志逸随笔》卷8。
⑥ 章有谟：《景船斋杂记》卷上。
⑦ 涂山：《明政统宗》卷28。
⑧ 屈大均撰《广东新语》卷7《人语》"海忠介"，中华书局，1985，第225~226页。
⑨ 沈德符：《万历野获篇·补遗》卷3"台疏讥谑"。
⑩ 黄景昉：《国史唯疑》卷8。
⑪ 张岱：《石匮书》卷163。

干,第朕非纣耳。"①

明代思想家李贽也在《太子少保海忠介公传》中对海瑞上《治安疏》的情况作了概述:"时肃皇帝尚玄修,朝政多旷,公慷慨言天下大计,谓兴土木为伤民,数推广事例为鬻爵,以师陶仲文为非礼,以仙桃药丸为怪妄,甚者以不见二王,不还大内,诽谤猜疑,僇辱臣下,为薄于父子、夫妇、君臣。其言皆敌以下所不能堪者。"②清末民初的王国宪在搜集前人资料和地方调研的基础上,对海瑞上疏后的言行进行描述:

> 公疏出,一日而直声震天下。上自九重,下及薄海内外,无不知有海主事也。公退朝后,即访同乡庶吉士王忠铭先生。相见间自分必死,首以后事为托。询其所由,袖中出奏草一篇。人方危公,而公且谈笑自若。至所遗后事,惟白金二十两。曰:"死,于尔乎殡,还我首邱足矣。"已而对酒论文,谈古今治乱兴衰之故甚悉。至语及士大夫立身行己,惟以事事认真,集义养气为主。徐而曰:"今之医国者只一味甘草,处世者只两字乡愿。古治之盛,何由而见!"语毕,从容赴朝房,席藁待罪。鼎镬自甘,绝无几微可怜之色。嗟乎!死生之际大矣,而公就义从容若此,岂市直沽名,侥幸于一试者哉!③

自古谏诤多遭杀身之祸,《治安疏》如此犯颜直谏,在中国封建社会历代奏疏中也属罕见。上述各位学者夹叙夹议的传记内容,一方面反映出当时吏治腐败、经济凋敝的种种社会问题;另一方面集中体现了海瑞刚正不阿的气节和为民请命的赤诚,其忧国忧民的精神从古至今一直为人们所称颂。

另有部分学者在杂记中记述海瑞的生平小故事,明代顾启元的《客座赘语》中记载:"一日,因送表向三山门内一孝廉家借坐,孝廉家屋极壮

---

① 《明史》卷226《海瑞传》,第5930页。
② 李贽:《续藏书》卷23"太子少保海忠介公传",陈义钟编校《海瑞集》下编,第546页。
③ 王国宪:《海忠介公年谱》,陈义钟编校《海瑞集》下编,第588页。

丽，惮公清严。闻其来，尽撤厅事所陈什物，索旧敝椅数张待之。人谓有杨绾减驺彻乐之风。"[1] 类似这种反映海瑞清正节俭，执政严明的片段还散见于明代李乐的《见闻杂记》、[2] 明代周晖的《金陵琐事》、[3] 清代赵吉士的《寄园寄所寄》、[4] 清代梁绍壬的《两般秋雨盦随笔》、[5] 清代徐开任的《明名臣言行录》[6] 中。清代朱钧在《二十四史论新编》中专题评论海瑞：

> 有明一代人才，皆偏于刚者也。逮其末流，厥病为客气、为沽名、为党同伐异。若夫居风气之中，不为末流所驱，粹然独葆其天真者；中叶以后，吾未睹其人焉。嘉靖隆庆间，海忠介公瑞，以鲠直事君，以果敢任事。考其事，虽未尽协圣人之中道；揆其指趣，大抵任天而动，表里如一者也。余尝综论古人而得四人焉，汉之汲黯、唐之宋璟、宋之包拯、明之海瑞、其刚气劲节，仿佛相似。[7]

大多数明清文人学者在研究海瑞生平事迹的基础上，均给予海瑞极高的评价，成为历代清官的典范，尊师重道，严守儒家道德规范，且为官清正廉洁，受到百姓的爱戴等。虽然张廷玉、王弘诲等学者对海瑞悲剧的官场之路存有一定思考，但也仅是一笔带过而已，未作深入的辩证探讨，将笔墨着重在塑造海瑞清廉自律的形象上。相反，海瑞严厉打击的豪强大户对他为人为官的评价则是另一番景象，这也在情理之中。明代松江的大地主何良俊曾在《四友斋丛说》中严厉批判海瑞的行为：

> 海刚峰欲为之制数度量，亦未必可尽非。但海性既偏执，又不能询谋咨度，喜自用，且更革太骤，故遂至于偾事耳。

> 海刚峰不怕死，不要钱，不吐刚茹柔，真是铮铮一汉子。但只是有些风颠，又寡深识，动辄要煞癫，殊无士大夫之风耳。

---

[1] 顾启元：《客座赘语》卷7"海忠介公"。
[2] 李乐：《见闻杂记》卷2。
[3] 周晖：《金陵琐事》卷1"宦官重谏臣""举朝皆妇人""清苦回恨""执照""刚峰宦囊""讲书"，《金陵琐事续编》卷下"补靴""咒不可发"。
[4] 赵吉士：《寄园寄所寄》卷2。
[5] 梁绍壬：《两般秋雨盦随笔》卷3。
[6] 徐开任：《明名臣言行录》卷6。
[7] 朱钧：《二十四史论新编》卷23《明纪·海瑞论》。

海刚峰第一不知体，既做巡抚，钱粮是其职业，岂有到任之后，不问丈田均粮，不清查粮里侵收，却去管闲事。

　　海刚峰之意无非为民。为民，为朝廷也。然不知天下之最易动而难安者，人心也。刁诈之徒，禁之犹恐不缉，况导之使然耶，今习诈得志，人皆效尤，至于亡弃家业，空里巷而出，数百为群，阚门要索，要索不遂，肆行劫夺。吾恐更一二年不止，东南之事，必有不可言者。幸而海公改任，此风稍息，然人心动摇，迄今未定也。①

　　海瑞要限制富户占有大量土地，缩小贫富差距的良好愿望本没有错，但封建土地所有制的形式决定了海瑞退田于民的政策仅是水中花、镜中月，并使一些心怀叵测之人乘虚而入，扰乱社会治安。权贵阶层对海瑞的反面评价虽有以偏概全之嫌，但仍能反映出一些海瑞为人做官方面的端倪。综合其他溢美之词，明清时期学界对海瑞的研究还是比较中肯、客观的，同时不排除受中国传统清官思想影响，对海瑞一些生平事迹过高评价的现象。

　　在一些州府县志中，海瑞的生平、政绩被记述较多，偶有评论研究出现。清咸丰年间的《琼山县志》曾评论海瑞"所作劲气直达，侃侃而谈，有凛然不可犯之概"。②此外，明清时期戏曲小说发达，海瑞的生平事迹多次被改编写入戏曲小说中，明代李春芳所作《海刚峰先生居官公案传》和明人所作《海公大小红袍全传》③是代表性的章回体小说。《海公大小红袍全传》还被改编为弹词收录于《说唱海公奇案》中，另有传奇作品《海瑞市棺》和京剧《梁鸣凤》等。这些戏曲小说作品的主基调均是歌颂清官海瑞清正廉洁、为民请命的精神气节。虽不能作为史料研究，但大量歌颂海瑞的戏曲小说的出现，足以体现明清时期民间创作者对海瑞的总体倾向。

二　新中国成立至改革开放前

　　明清时期，相继有文人学者为海瑞立传评论，对海瑞的研究总体来看

---

① 何良俊：《四友斋丛说》卷13，陈义钟编校《海瑞集》下编，第633~634页。
② 李文恒修，郑文彩纂《咸丰琼山县志》卷19。
③ 作者不详。

是中肯的。然而，新中国成立至改革开放前的海瑞研究则不然，政治性极强，尤其是"文化大革命"期间，学术研究与政治斗争完全混为一谈，在全国掀起了一股研究海瑞的浪潮，但研究面却极为狭窄，大多集中在明史学家吴晗创作的剧本《海瑞罢官》上。海瑞研究的总体走势也趋于极端化，前期高度赞扬、全面学习，后期则演变为全盘否定，缺乏中肯的学术论断。

1959年4月，毛泽东在上海参加中共八届七中全会时观看了湘剧《生死牌》，对剧末出现的海瑞十分感兴趣，遂经阅读《明史·海瑞传》，对海瑞刚正不阿、直言敢谏的精神极为赞赏，由此全国开始倡导海瑞精神，关于海瑞的研究也骤然兴起。可是，伴随着反右扩大化后"真假海瑞"的探讨，吴晗的《海瑞罢官》成为"文化大革命"的导火索等一系列政治事件，对于海瑞的研究俨然成为一场政治运动，违背了学术研究的原则。从1959年至1970年《人民日报》共发表170多篇关于海瑞的评论文章，其中1965～1966年就有160多篇，大部分是批判吴晗的《海瑞罢官》，政治意图的倾向性已十分明显。

在前期政治局势并不十分严峻的情况下，一些著述还是比较中肯客观地进行海瑞研究。早在全国提倡学习海瑞精神之前，戏剧学者蒋星煜便已开始着手撰写新时期关于海瑞的第一部传记。1957年，蒋星煜所著《海瑞》由上海人民出版社出版，书中对海瑞为人先作了全面评述，用以刻画出总体精神风貌。然后，分章节剖析海瑞的政治、教育和哲学思想。总结出海瑞思想体系的特色，如培养立身行教的致用人才，主张人法兼资的立国政策，固本培元的重民意识，求真求实的认识方法，实事求是的思想路线。最后，该书对海瑞思想作综合性的评价，进而论证其在中国思想史上的成就与局限。在传记的基础上，为了配合全国学习海瑞精神的大背景，蒋星煜又于1959年4月17日在《解放日报》上发表了评论《南包公——海瑞》，核心仍是肯定海瑞刚正不阿、直言敢谏的精神。1959年9月21日的《人民日报》刊载了吴晗的《论海瑞》，全文同样肯定海瑞刚正不阿的精神，但却以批评"右倾机会主义分子"结尾，此时正值反右扩大化时期，吴晗此处意图明显，就是要将海瑞与正遭受批评的彭德怀划清界限。

1959年轰轰烈烈的海瑞精神学习热潮阴差阳错地促成了海瑞学术研究的一大成果，这便是1962年中华书局出版的《海瑞集》，到目前为止，

《海瑞集》仍然是收集海瑞著述最为完备也最为便捷实用的一个本子。《海瑞集》采用明刻本《海刚峰集》为底本,参校大量明清刻本,并搜集多种材料,精细编校。同时,《海瑞集》将各种版本的海瑞文集和各种地方志中海瑞的诗文均予收录,包括传、序、跋、稿引、奏疏、策、训谕、参评、参语、申文、禀帖、告示、条例、册式、党考、志铭、祭文、书简、议论、诗、四书讲义等,尤其是附录相当丰富,收入了很多明清学者所写的海瑞传记。

吴晗于1961年1月将《海瑞罢官》的剧本发表在《北京文艺》上,同时由北京京剧团正式排演。全剧共9场,以农妇洪阿兰一家的不幸遭遇来展现明中后期尖锐的阶级矛盾。剧中对海瑞关心人民疾苦、敢于为民请命的行为进行了充分的描写,并重在颂扬海瑞惩强扶弱的精神。演出之后,曾一度受到肯定和好评。然而,姚文元的《评新编历史剧〈海瑞罢官〉》却完全否定了吴晗的创作意图,认为"戏中所描写的历史矛盾和海瑞处理这些矛盾时的阶级立场,是违反历史真实的","海瑞是地主阶级利益忠心的保卫者",[①] 过分夸大了阶级斗争在《海瑞罢官》中的作用,并直接将《海瑞罢官》定性为一株毒草。由此正式拉开了"文化大革命"时期对吴晗及《海瑞罢官》的批判。张兆麟在《评价海瑞的根本分歧》一文中直指吴晗创作的《海瑞罢官》歪曲历史,有意美化海瑞这个封建统治下的忠臣、良吏,而且用"清官"这个封建社会残留下的概念混淆视听,"实际上提出了一系列和马克思列宁主义、毛泽东思想背道而驰的理论观点"。[②] 向阳生在《从〈海瑞罢官〉谈到"道德继承论"——与吴晗同志商榷》一文中指出剧中所盛赞的海瑞道德品质,实际上是封建统治阶级的道德标准,并且吴晗所宣扬的"道德继承论"违背了马克思历史唯物主义观点,甚至将"资产阶级的民主和自由也列为无产阶级可以继承的东西"。[③] 艾力耘在《以革命的批判精神评价历史人物——与吴晗同志商榷》一文中认为吴晗同志的历史观存在问题,"同毛主席的教导恰恰相反,他背弃了无产阶级的革命的批判精神,在评价历史人物问题上陷入了复古主

[①] 姚文元:《评新编历史剧〈海瑞罢官〉》,《历史研究》1965年第6期。
[②] 张兆麟:《评价海瑞的根本分歧》,《历史研究》1965年第6期。
[③] 向阳生:《从〈海瑞罢官〉谈到"道德继承论"——与吴晗同志商榷》,《前线》1965年第23期。

义的错误。"① 将吴晗提出的评价历史人物要用"当时当地的标准"解读为封建主义的标准、资产阶级的标准，从而断定吴晗背弃了无产阶级批判的革命精神，陷入唯心主义中。穆昆在《"清官"的实质和〈海瑞罢官〉的"现实意义"》一文中紧跟姚文元的观点，同样将剧中退田的情节看作带有强烈的阶级属性影射，认为吴晗在剧中"鼓吹学习刚直不阿的现实意义，就是从经济上、政治上、思想上来破坏和反对社会主义。"②

上述批判《海瑞罢官》的文章仅仅是冰山一角，从1965年至1966年，全国各省文化部门、各高校掀起一股批判《海瑞罢官》狂潮。江苏省文学艺术界联合会编辑出版《历史剧〈海瑞罢官〉和有关问题的讨论资料汇编》，浙江省哲学社会科学研究所与浙江历史学会联合编辑出版了《〈海瑞罢官〉问题讨论资料》，北京出版社推出《〈海瑞罢官〉代表一种什么社会思潮——关于〈海瑞罢官〉及其他有关问题的讨论》，上海人民出版社推出《〈海瑞罢官〉问题参考资料》。江西省一连推出三套资料汇编，分别是江西省文化局推出的戏剧创作学习资料《关于批判〈海瑞罢官〉问题专辑》，江西省社联办公室编辑出版的《关于海瑞和〈海瑞罢官〉问题辩论选编》和《关于批判吴晗同志〈海瑞罢官〉及其他问题的资料吴晗同志有关著作汇集》。各高校也频频编辑出版讨论研究《海瑞罢官》的资料汇编，北京师范大学编印了《关于〈海瑞罢官〉的讨论参考资料》，中国人民大学编印了《复印报刊专题资料〈海瑞罢官〉及有关问题的辩论》，北京大学校刊编辑室推出《〈海瑞罢官〉讨论专辑》，西北大学中文系编印了《关于〈海瑞罢官〉问题讨论资料》，陕西师范大学汉语语言文学系文学教研组推出《当代文学评论关于讨论海瑞罢官问题的学习资料》，山东师范学院中文系编印了《关于海瑞罢官问题讨论资料》，上海师范学院图书馆推出《关于〈海瑞罢官〉问题的讨论资料索引》，广西师院中文系资料室推出《海瑞罢官及历史剧问题讨论资料索引》。尤其值得注意的是，姚文元等将此前批判《海瑞罢官》的文章整理编印，1965年底由中国人民大学附属剪报资料图书卡片社出版《〈海瑞罢官〉及有关问题的辩论》。

① 艾力耘：《以革命的批判精神评价历史人物——与吴晗同志商榷》，《前线》1965年第24期。
② 穆昆：《"清官"的实质和〈海瑞罢官〉的"现实意义"》，《学术月刊》1966年第1期。

统观这一阶段对《海瑞罢官》的评论文章，不谈剧作本身的历史性、文学性和戏剧性，片面地就阶级问题而论，"文化大革命"过后，吴晗及其所创作的《海瑞罢官》得以平反，该阶段大量评论文章的学术价值也不言自明。即使在"文化大革命"如此严峻的政治斗争形势下，虽然有部分学者被政治热浪、阶级斗争冲昏头脑，肆意撰文批判吴晗和《海瑞罢官》，但仍有学者敢于坚持学术原则、敢于坚持真理。冯开煦曾于1966年撰写《替〈海瑞罢官〉平反》，与姚文元的《评新编历史剧〈海瑞罢官〉》针锋相对，批判姚文元反历史唯物主义的观点，揭露其捏造历史、颠倒是非的文痞手法，驳斥强加给吴晗的"借古讽今"罪名。文中指出，姚文元"把十六世纪中叶阶级斗争的情形，比拟成二十世纪60年代的情形"，照其观点来看，"写历史剧，只能写封建社会的残暴统治，不能写封建社会的优秀人物。谁写了就是借古讽今、美化古人、凭空捏造。"[①] 除了冯开煦这篇驳斥姚文元的文章外，江苏省文联资料室还比较客观公正地编印了《有关海瑞的史料》。较中华书局版《海瑞集》中附录所收关于海瑞的史料更加翔实，不仅有历代文人学者为海瑞所作传记，还包含了很多文人杂记中与海瑞相关的记载。

1959年开始在舞台上演出的京剧《海瑞上疏》《海瑞背纤》，主旨同明清歌颂海瑞的戏曲相一致，均是通过对海瑞生平事迹的演出，来体现海瑞抑制豪强权贵，敢于为民请命，冒死谏言的精神气节。演出过程中，一直为大家所称颂，但在《海瑞罢官》遭到批判后，这两出剧目也被定性为宣扬封建统治，反对无产阶级的大毒草，艺术价值被政治斗争所掩盖。

三　改革开放后

"文化大革命"的硝烟退出学术研究领域后，关于海瑞的研究开始恢复。尤其是改革开放至今，对于海瑞的研究呈现多元化的态势。不再拘泥于原有根据海瑞生平事迹来做评价的研究，也摆脱了阶级斗争对学术研究的束缚，更多的是结合当代语境对海瑞作专题性的学术探讨。

---

① 冯开煦：《替〈海瑞罢官〉平反》，《现代法学》1979年第1期。

（一）生平事迹评价研究

承继前人的研究成果，当代人依然热衷于为海瑞著书立传，一方面起考证校对的作用，另一方面希望通过对其生平事迹的再书写获得更加全面的认知。

20世纪80年代开始，张德信、王孙、王召理、李锦全、熊良智、王培公、阎根齐、陈宪猷等均先后为海瑞著书立传，集中展现了海瑞刚正不阿的形象。其中，李锦全所作《海瑞评传》将海瑞的具体政绩与思想活动结合起来，对海瑞的精神风貌、教育思想、哲学思想等作了较详细的分析与论述，给予了海瑞实事求是的评价，肯定了海瑞思想的历史地位。张德信除作《海瑞》一书外，还推出了《明史海瑞传校注》。1995年，海南学者李鸿然在已有海瑞年谱研究的基础上，用有别于传统的观点和方法重新写作《海瑞年谱》，记录了海瑞的生平、思想和著作，以及与海瑞直接相关或对海瑞有重要影响的历史事件，同时澄清了旧年语中某些失实的记载，编入了认真考辨后获得的新材料，力图使年谱达到科学性、史料性和传记性的统一。2003年，海南地方文献丛书编纂委员会集结学者力量推出海南先贤诗文丛刊，其中包括了李锦全、陈宪猷点校的《海瑞集》。此版《海瑞集》与1962年中华书局版相比，在海瑞作品的分类上大体相似，特别之处在于增补了许多海南地方史料，尤为珍贵。此外，黄仁宇2006年采用新史学方式所作的《万历十五年》也有对海瑞的专题研究。他对这位古怪的模范官僚做了一番阐释：

> 和很多同僚不同，海瑞不能相信治国的根本大计是在上层悬挂一个抽象的、至美至善的道德标准，而责成下面的人在可能范围内照办，行不通就打折扣。而他的尊重法律，乃是按照规定的最高限度执行。如果政府发给官吏的薪给微薄到不够吃饭，那也应该毫无怨言地接受。

> 海瑞从政20多年的生活，充满了各种各样的纠纷。他的信条和个性使他既被人尊重，也被人遗弃。这就是说，他虽然被人仰慕，但没有人按照他的榜样办事，他的一生体现了一个有教养的读书人服务于公众而牺牲自我的精神，但这种精神的实际作用却至为微薄。他可以

和舞台上的英雄人物一样，在情绪上激动大多数的观众；但是，当人们评论他的政治措施，却不仅会意见分歧，而且分歧的程度极大。在各种争执之中最容易找出的一个共通的结论，就是他的所作所为无法被接受为全体文官们办事的准则。①

黄仁宇的这番论断在一定程度上回答了王弘诲与梁云龙在为海瑞写传记时的疑问，肯定海瑞刚正不阿、廉洁自律的同时，也对海瑞悲剧式的官场生涯做了深入挖掘。

除传记、年谱外，一些学者还针对海瑞的生平做衍生研究。左书谔在《海瑞性格及其形成原因初探》中对海瑞的性格进行总结、归纳，即刚直、认真、清高、任性偏激。并认为这种性格的形成是"家庭生活、个人经历与社会影响共同作用的结果。这样的性格，使他置生死于不顾，犯颜直谏为民请命，出污泥而不染，不徇私情、不为利诱、不为势屈、执法如山，也是他成为名留青史的'清官'的重要因素。"② 张小莉在《简析海瑞的性格特征及政治行为缺陷》一文中同样对海瑞的性格加以概括，即忠诚、清廉、爱民、刚直。并从行为政治学的角度分析，这种性格特征及相关的政治智慧导致海瑞未能在政治舞台上充分施展才华。熊召政的《海瑞，清官但非能臣》一文与张小莉观点相仿，认为清官并非好官，"清官之廉洁，是品行的优良，这是一种道德的评判。但当官仅有良好的品行是不够的，还要有为朝廷增辉，为百姓谋福的能力。有好的品行，又有很强的执政能力，方是好官，若仅有好的品行，则只能算是好人。"③ 海瑞则属于后者。

刘菊英在《海瑞族属考辨》一文中认为，海瑞具有穆斯林血统，是回族，对海氏家族的历史源流进行了相关的考证。此后，陈涛撰文《海瑞研究若干问题刍议》，对其族别、生卒年月、赠官谥号、墓葬等问题进行一一辨析。在族别问题上，认为海瑞的迁琼始祖原为回族，之后按汉族习惯生活，所以自认为是汉人。

另有部分学者对前人评价海瑞"尽忠如蝼蚁，尽孝似禽兽"的观点颇

---

① 〔美〕黄仁宇：《万历十五年》，中华书局，2006，第116页。
② 左书谔：《海瑞性格及其形成原因初探》，《海南大学学报（人文社会科学版）》1991年第1期。
③ 熊召政：《海瑞，清官但非能臣》，《国学》2007年第2期。

感兴趣,围绕海瑞的愚忠和憨孝展开研究。其中包括兰殿君的《尽忠如蝼蚁,尽孝似禽兽的海瑞》、张祖涛的《做清官海瑞的妻女真难》等。在兰殿君看来,"海瑞确是清廉的封建官吏,为维护统治阶级的根本利益他视死如归地上疏骂皇帝,为了孝敬寡母,又不惜休妻虐女,置时人的诟病于不顾,这就是历史上真实的海瑞。"①

(二) 从政理念研究

海瑞以清正廉洁流传后世,因此其从政理念便成为众多学者探讨的热点,尤其是在当下大力推进反腐倡廉的背景下,海瑞的廉洁形象被一再书写。

范稳、刘正刚、洪小如、郦波先后出版了探讨清官海瑞从政理念的著作。赵瑜的《海瑞官场笔记》则是应官场文化小说之时,重新诠释了海瑞的为官之道,认为海瑞的人生信仰与官场抱负达到了完美的融合。也有学者指出,这本书实则是在洗白海瑞,为大家展示了海瑞的另一张面孔,在表面强硬、刚直的背后,也懂得变通、相时而动。《海瑞官场笔记》中的海瑞固守节操却不迂腐,忠君亲民却不僵化,疾恶如仇却不冷酷,敢犯天颜却不盲动。

黄君萍曾就海瑞的廉政发表了一系列论文。在《海瑞的革新思想》一文中,将海瑞敢于抨击社会弊政、锐意改革、认真整顿,把"为民"思想作为行动的出发点,把提出平等思想,又能秉公执法,为民申冤与除害,抑制土地兼并等看作海瑞革新思想的具体表现。在《海瑞的廉政举措》一文中总结出海瑞的六项廉政措施,即惩贪赃赏贤明、提倡廉洁奉公、严禁馈送受贿、为官立法立规、实行精兵简政、厉行勤俭节省。在对其革新思想和廉政举措的分析总结基础上,又撰文《明代回族政治家海瑞治兴业绩述评》和《论海瑞发展海南的战略构思》,以期将海瑞的廉政做系统研究。在《海瑞教育思想论纲》中,指出海瑞对于德育、教师地位、教育改革和教育管理的重视。常校珍所撰《海瑞的"清廉为政"之道》大体与黄君萍所总结的海瑞廉政举措相仿,同样包含了锐意兴革、打击富豪、禁绝贿赂等。其他学者所做的关于海瑞廉政的研究也不外乎这些方面,只不过各有

---

① 兰殿君:《尽忠如蝼蚁,尽孝似禽兽的海瑞》,《文史天地》2009年第5期。

侧重。像吴申元的《海瑞重农思想初探》则是主要研究海瑞的重农思想，概括为利国足民论、井田名实论和均平赋役论。在奕南所作《论海瑞的经济思想》中，重点研究了海瑞的土地政策和财政政策，其中也涉及了海瑞的重农思想。当然还有黄志红所作《海瑞的治国思想》、任淑文的《从海瑞的"清、慎、勤"居官之道说起》、任克敏的《浊世中的一股清流——从〈淳安政事〉看海瑞吏治革新思想》、任静的《海瑞清官思想及其现代启示》和王建国所作《海南建设国际旅游岛要发扬海瑞精神》等，均从不同层面来阐述海瑞的廉政精神。

值得一提的是南炳文的《海瑞之廉洁反贪与传统文化的优秀成分》，将海瑞刚正不阿的品格与中国传统文化联系在一起，认为"其之所以能够洁己洁人、反对贪黩，与以儒家思想为主流的中国传统文化优秀成分的陶冶密切相关，也因受到了严正而纯朴、娴于礼义的家庭和故乡社会环境的积极影响。"[①] 但究其为何仕途不顺、生活清贫，南炳文也在文中阐明，国家和社会需要对海瑞这类廉洁反贪的斗士给予关怀和支持。李锦伟也在《试析海瑞的儒家施政思想》一文中肯定海瑞的从政理念受到儒家思想诸多影响。

另有一些学者将海瑞从政理念研究的外延逐步扩大，试图通过海瑞这一形象来看待相关的时代症候。郦波所撰《清官背后的海瑞——从海瑞骂皇帝看明代政体的意义》以海瑞冒死谏言为切入点，探讨了晚明时期社会种种的不安现状以及剧烈的社会转折。蔡苏龙在《政治制度中的角色冲突：海瑞及其命运的再思考》一文中，认为中国皇权制度中的道德情结决定了海瑞的历史命运，并从中西方道德之治和法律之治的对比中分析中国皇权政治制度的道德化特征，坦言改造这一制度的路向必须是施以法治，而政治制度的法律化及其技术发展是中国走向法治的难点和突破点。谭平在《论封建帝国最重要的三种官员类型——以宋朝和明朝为例》一文中，阐述了中国封建国家机器和政治生态中的三类官员，即张居正、王安石，王旦、徐阶和包拯、海瑞。这三种官员对于国家应对危机或实现长治久安都是十分重要的，且不可互相取代。其中又重点阐述了包拯、海瑞类官员发挥作用的局限，徐阶、王旦类官员实际上对历史的正面影响更值得关

---

① 南炳文：《海瑞之廉洁反贪与传统文化的优秀成分》，《史学集刊》2011年第4期。

注。此类外延性探讨，改变了长久以来颂赞海瑞廉洁的研究模式，带有批判的论调来看待海瑞及其折射的王朝政体。

（三）法律思想研究

对于海瑞从政理念的研究不仅向广域推进，且在深度上也在不断挖掘，一些学者开始关注对海瑞法律思想的研究，这也是在现代法律制度的影响下产生的。

黄君萍在对海瑞革新、廉政举措概括总结的同时，又撰文《海瑞法律思想述论》，指出海瑞主张礼法统一、严惩贪赃枉法、持法不持私、依法判罪等鲜明的法律思想。范晓东在《中国传统文化中清官的法律思想——以包拯、海瑞为研究对象》一文中，不仅对海瑞这些法律思想加以阐述，而且推己及人，认为这些观念和主张也正好较为清晰地勾勒出中国传统文化中清官法律思想的大体内容。邵苗的《海瑞法律思想初探》和王动动的《海瑞职官法律思想与实践研究》，作为硕士学位论文则比较详尽、系统地梳理了海瑞的法律思想，并相应地结合海瑞的生平事迹、时代背景探讨海瑞法律思想的理论渊源，又从行政法的角度对海瑞关于职官的选拔和任命、职官的工作原则和方法以及对职官的考核方面进行系统的研究，均是希望对当下法律体系有所借鉴。

刘森林、陈智合作的《浅析海瑞的审判思想和审判原则》，倾向于从现代法理来研究海瑞法律思想，从严格执法、重视证据和依情理断案等方面分析海瑞的审判思想和审判原则。刘廷华的《海瑞定理的生成与演化——从苏力到桑本谦》倾向性更为明显，通过对海瑞定理的分析，指出"在处理疑案时，应力争将预期错判损失与证明成本之和最小化，并严格按照符合社会强势观念的预设规则执法以降低当事人不服判决造成的成本，而现代司法制度中的证明责任制度正是海瑞定理在制度层面上的建构与拓展。"[①]

（四）思想艺术研究

海瑞精神主要体现在其为人为官方面，但有学者关注到海瑞在思想艺

---

① 刘廷华：《海瑞定理的生成与演化——从苏力到桑本谦》，《北京科技大学学报（社会科学版）》2013年第1期，第84页。

术领域的修为一定程度上影响着其为人为官的准则，因此，对海瑞在哲学、诗歌、书法、文艺理论等方面的成就进行了广泛研究。

李锦全的《海瑞哲学思想述评》一文中认为海瑞既然作为政治实干家，必然有自己的一套世界观、指导思想。最终得出结论："海瑞的主观唯心论哲学只是来自圣贤经传，但他在实际行事中对此却进行了不自觉的改造，因而形成他思想上的矛盾。这是海瑞在哲学世界观上既已师承儒家的心学传统，但在实际行事上却又闪耀着不少唯物主义思想的认识论亮光。"①

在海瑞诗歌研究方面，刘菊英在《本真在我，因触而诗——海瑞诗歌的思想艺术特色初探》一文中认为"海瑞的诗歌透露了他的政治主张，表现了他的人格，艺术上不拘于成法，其思想和艺术特色颇为鲜明"。② 罗彦莲又作《海瑞诗歌的写景艺术》来对海瑞诗歌进行具体手法分析。在此基础上，罗彦莲在《海瑞的文艺理论及其文学价值观》一文中采用辩证的方式，深入探讨了海瑞的文艺理论与文学价值观，积极肯定海瑞文学创作上的真情实感和凛然正气，同时也指出其在文学观上的狭隘性。

在海瑞书法研究方面，黎向群在《人有比干之忠，书具平原之骨——海瑞的学术思想及其书法》一文中评价海瑞书如其人，学问及人格以刚正为主，书法亦然，笔力卓绝，劲气内敛，以风骨著称。梁继也曾撰文略论海瑞书法艺术。

同时，以海瑞故事为主的戏曲作品也层出不穷，有《海瑞复官》、秦腔《海瑞驯"虎"》等。提及海瑞戏曲作品，历史的印迹无法在学者心中被抹去。"文化大革命"一结束，便有两部著作推出为《海瑞罢官》平反，一是苏双碧的《评姚文元〈评新编历史剧海瑞罢官〉》，另一部是人民出版社重新出版的《吴晗和〈海瑞罢官〉》。汤兆云的《从赞海瑞精神到批〈海瑞罢官〉》、胡学常的《毛泽东与〈评新编历史剧海瑞罢官〉的若干史实》，以及黄擎的《权力话语与批评话语齿轮的咬合——从新编历史剧〈海瑞罢官〉的遭际反观20世纪50~70年代的文艺批评》等均开始反思历史，重新定位《海瑞罢官》的现实意义。

---

① 李锦全：《海瑞哲学思想述评》，《学术研究》1984年第6期。
② 刘菊英：《本真在我，因触而诗——海瑞诗歌的思想艺术特色初探》，《海南大学学报（人文社会科学版）》1992年第3期。

对海瑞的研究仍在继续，尤其是现今全国各地都在施行廉政建设时期，海瑞是一个不能略过的话题，特作此综述，一是继承前人丰厚的研究成果进行实践指导，二是坚持学术立场，铭记历史教训，学术立场与政治立场需彼此独立，在一定条件下和谐共通为宜。

（作者单位：海南师范大学教育科学学院）

海瑞诞辰五百周年学术研讨会会议综述

纪晓娇

2014年1月13、14日,"海瑞诞辰五百周年学术研讨会"在中国(海南)改革发展研究院国际学术交流中心举行。这次会议由中共海南省纪委、中共海南省委宣传部主办,海南大学承办,得到中国社会科学院、南开大学等科研机构和高校的支持。省内外近百名学者参加了此次会议。

在海南大学党委书记刘康德的主持下,海南省委常委许俊、中国明史学会学术委员会主席南炳文教授等先后致辞、做主旨演讲。南炳文先生指出海瑞极为突出的一点就是孜孜不倦地进行兴利除弊的改革,是一个改革家。他的政治生活共经历了八个时期,改革的亮点体现在主攻方向正确、办事作风深入扎实、各项规定明晰公开、推行态度坚决彻底、以身作则、有"为国为民"的崇高信念支撑等。海瑞的改革和今天的改革在本质上是相通的,值得借鉴。

在大会的发言中,参会学者主要围绕海瑞思想、海瑞精神以及海瑞身世等问题进行讨论。

一 海瑞思想

海瑞及其思想研究是本次会议的主旨之一,与会代表对海瑞的思想进行了全方位解读,部分学者还特别关注海瑞在江南等地的施政思想。

田澍(西北师范大学)认为"清官海瑞"应上升到"改革家海瑞"。时代特点造就海瑞的与众不同,嘉靖皇帝以"小宗"身份合法继承了皇位,对当时的政治社会产生了重要影响。嘉靖革新的时代也是个打破独重进士局面的年代。海瑞是嘉隆万改革的真正实践者，他的清廉刚正就是他反腐自保的法宝。

郭培贵（福建师范大学）指出海瑞为官的三点奇特经历：一是以地方教官转升为行政官员；二是由地方县官升任京官；三是进谏忤逆皇帝后虽下诏狱但半年多后生还，且连续四次升职。海瑞的仕途之奇也表明了嘉靖和隆庆初年的官场还保留着相当的正气，才能容得下海瑞式的人物。

张明富（长江师范学院）释读了海瑞的权力价值观，权力的目的是行义行道以实现天下大治、使用方向是为民，权力应保持自身的圣洁性。曾超（长江师范学院）讨论了海瑞深厚的民生情怀，着实是想百姓之所想，急百姓之所急，利百姓之所利。刘祥学（广西师范大学）讲到海瑞由清官变神明有不少因素作用，如他自身恪守传统道德、廉以处己以及社会大众心理需求等。李建军（湖南师范大学）也谈论了海瑞的"为民"思想，教育、吏治、赋役、赈济、招抚皆是为民。张学亮（云南师范大学）从社会政治史的角度切入，初步解析海瑞忠君、爱民与报国的行政理念。张士怀（海南省纪委）论述了海瑞的"清廉"对当代的廉政文化的促进作用和现实意义。汪韶军（海南大学）列举了一些学者表述的海瑞思想中的诸多矛盾，认为海瑞是一个置身于儒学学派之外的独立思考的思想者。

范金明（南京大学）研究了海瑞出任江南地方官时对江南的兴利除弊，主要包括大兴水利、搏击豪强、均平赋役、振风肃纪等。董郁奎（浙江省地方志办公室）通过举例，说明海瑞在浙江为官时如何抵制与处罚当时官场中的奢侈之风和违法行为。赵毅（辽宁师范大学）讲述了海瑞淳安的施政，高度评价了海瑞兴利除弊的决心。

二　海瑞精神

海瑞精神可以被看作是海南文化精神的象征，海瑞也因此成为海南历代文人效仿的楷模。

叶显恩（广东省社会科学院）就海瑞精神和海瑞文化的关系发表意见，海瑞有以苦节自厉、廉洁奉公的精神，有刚正不阿、为重整朝纲而鞠躬尽瘁的耿介精神，有"心怀如海"的气度胸襟。这也反映了海南海洋文明深厚的历史底蕴。高海燕（海南大学）认为海瑞的名扬千古要从他的圣洁抱负和清官践行说起。从立志学做圣贤之后，就以躬践行：不为乡愿，敢犯权贵；不"为"酸文，留心经济；不为"俗儒"，为政清廉。

赵轶峰（东北师范大学）提到了海瑞的浩然之气。"浩然之气"本源于孟子，海瑞的浩然之气是他立身行事的基础，也是建德立功的关键。出仕不应落入流俗，要勇于承担天赋予人的责任；自尊自重塑造的尊严感可以鞭策个人的自律，才能成大事。官员的管理要靠制度，更应该靠自觉，自觉才能持久。林日举（海南省民族研究基地）也强调了海瑞一生所体现的精神，海瑞的形象在今天仍然是"正气"、"正义"的象征，是我们反腐倡廉的精神资源。

胡凡（黑龙江大学）考察海瑞的直言进谏，海瑞精神受海瑞母亲的家教、明代海南文化氛围、中华传统文化中优秀成分影响。李英华（海南大学）试论海瑞精神的儒释道学养根基，"仁"是海瑞精神的核心内涵，"海瑞精神"就是"勤政爱民、刚正不阿、实事求是、廉洁奉公"。

三 海瑞其人

本次会议还就海瑞的身世、祖籍、民族、秉性以及人格等问题进行了探讨，有的学者还对海瑞研究作了综述。

张兆裕（中国社会科学院）以题名为海瑞的《元祐党籍碑考》为考察对象，探讨其成书情况，最后判定其与海瑞并无关系。王薇（南开大学）通过全面考察《海中介公年谱》，认为该年谱的记述带有偏重性和选择性，年谱的重心是政治活动。并从逻辑、儒学、祭品情形等三方面来论证海瑞是汉族人。

王献军（海南师范大学）在海瑞的族籍问题上主要是通过海瑞五世祖"海答儿"这个名字，以及海姓这个姓氏来推测是回族人。阎根齐（海南大学）在海瑞祖居祖墓的考古调查中发现海瑞祖居祖墓反映的是汉族文化、海南本地文化以及明朝封建礼制文化来质疑"海瑞是回族人"。

李勃（海南师范大学）探讨海瑞敢于批评皇帝是因为明朝中后期宽松的政治环境，唐胄的榜样作用以及海瑞自身的社会责任感、忠君爱民情结、刚正不阿的性格。李景新（琼州学院）从诗歌和书法两方面来分析海瑞人格的立体塑造，海瑞不再只是一个刚正不阿、铁面无私的单面人物，他的诗歌体现的是他人生的闲逸的品格,他的书画体现的是海瑞人生的艺术品格。

李小林(南开大学)对四百多年的国内海瑞研究进行了梳理,包括缓慢起步、迅速发展以及全面深化三阶段。缓慢起步阶段主要是对海瑞著述的编印和传记资料的积累,迅速发展阶段包括海瑞精神的提倡和《海瑞罢官》的批判,全面深化阶段是在传记类著述和专题类研究方面取得成果。

四　海瑞与海南

闫广林(海南历史文化研究基地)认为海瑞已经成了海南的一个修辞、一个符号,并列举证明了丘濬、唐胄等海南名臣"从道不从君"的集体意识。这与海南历史文化相关,自然生态多元使得海南士大夫天生有一种直道而行、率性而为的集体无意识,流民和难民为主的移民社会导致松散的社会关系且养成原始淳朴的民风,宗法社会培育了海南士大夫的德馨精神、赤子之情和以道从君之心,科举考试带来的儒家"修身齐家治国平天下"的政治追求。

张朔人(海南大学)以"海南为什么会产生海瑞"发问,探讨了海瑞与海南文化之间的关系。指出海南文化是海瑞的智慧之源:逐步完善的治黎思想,立定革除弊政的决心,形成清廉耿直的品格。而海瑞对海南的贡献包括醇正乡风民俗、关注岛内民生等。海瑞的施政理念和个人品格是海南文化的重要组成部分。

陈光良(广东技术师范学院)对海瑞的"治黎观"进行了述评,海瑞在海南岛生活多年,经历了三次黎乱。海瑞的《治黎策》援经据史,酌古准今,既有对黎族问题的审思,也体现了他经世济民、治国平天下的政治使命。

经过两天的研讨,参会代表就海瑞及其相关历史问题和现实意义提出了很多新观点,也对一些有争议的问题进行交流。总的来说,新的研究成果和思想观点对于海南历史文化研究具有积极的推动作用。

(作者单位:海南大学人文传播学院)

图书在版编目(CIP)数据

海南历史文化. 第4卷/闫广林主编. —北京：社会科学文献出版社，2014.6
 ISBN 978-7-5097-6032-1

Ⅰ.①海… Ⅱ.①闫… Ⅲ.①文化史-海南省
Ⅳ.①K296.6

中国版本图书馆CIP数据核字（2014）第098535号

海南历史文化（第四卷）

主　　编/闫广林
副 主 编/刘复生　常如瑜

出 版 人/谢寿光
出 版 者/社会科学文献出版社
地　　址/北京市西城区北三环中路甲29号院3号楼华龙大厦
邮政编码/100029

责任部门/近代史编辑室　（010）59367256　　　责任编辑/宋　超
电子信箱/jxd@ssap.cn　　　　　　　　　　　　责任校对/卫　晓
项目统筹/宋荣欣　　　　　　　　　　　　　　　责任印制/岳　阳
经　　销/社会科学文献出版社市场营销中心　（010）59367081　59367089
读者服务/读者服务中心　（010）59367028

印　　装/三河市东方印刷有限公司
开　　本/787mm×1092mm　1/16　　　　印　张/18
版　　次/2014年6月第1版　　　　　　　字　数/291千字
印　　次/2014年6月第1次印刷
书　　号/ISBN 978-7-5097-6032-1
定　　价/59.00元

本书如有破损、缺页、装订错误，请与本社读者服务中心联系更换
版权所有　翻印必究